D1755706

HIER+JETZT

ETHistory 1855–2005.
Monika Burri, Andrea Westermann

Sightseeing durch 150 Jahre
Mit Beiträgen von David Gugerli, Kristina Isacson, Patrick Kupper,

ETH Zürich
Daniel Speich und Daniela Zetti

2005   hier+jetzt, Verlag für Kultur und Geschichte, Baden

8 Einleitung

13 **Politkarrieren – die ETH im gesellschaftspolitischen Kontext**
14 **Das Polytechnikum als bundesstaatliches Nischenprodukt**
15 Die Eröffnungsfeier vom 15. Oktober 1855. Bestätigungsbedürfnisse des noch jungen Bundesstaates
18 Elitenbildung in der Schweiz. Der Hochschulartikel von 1848 und die Angst vor einer nationalen Universität
20 Zwischen Lobbying und Bedürfnisklärung. Der polytechnische Fächermix als eidgenössischer Sonderfall

23 **Repräsentationspflichten und Berufungspolitik**
24 Networking um 1855. Der Heidelberger Wissenschaftsagent K. J. A. Mittermaier
27 Föderalismus in der Praxis. Mehrsprachigkeit am Polytechnikum
30 Antisemitismus und Fremdenfeindlichkeit. Die Helvetisierung der Dozentenschaft in der Zwischenkriegszeit

34 **Landesverteidigung und Männerbünde**
35 Männlichkeitsschulen. Seilschaften zwischen Armee und Polytechnikum
38 Testfall Geistige Landesverteidigung. Die ETH an der Landesausstellung von 1939

41 **Das Traktandum Wissenschaftspolitik**
42 Handlungsdruck in der Krisenzeit. Forschungsförderung als Beschäftigungspolitik
45 Sputnik-Schock und Bildungsoffensive. Wissenschaftspolitische Dynamik in den 1960er-Jahren

48 **Contested Science – Wissenschaft unter Legitimationsdruck**
49 Das Referendum gegen das ETH-Gesetz. Radeln für mehr Mitbestimmung
52 Die Macht der Öffentlichkeit. Golden Rice und gentechnisch veränderter Weizen

56 **Der Global Player in der Champions League**
57 Hochschul-Rankings. Instrumente der Internationalisierung
61 Ausländische Studierende. Grenzen des globalen Bildungsmarkts

65 **Konjunkturkurven – die ETH im Schnittfeld industrieller Beziehungen**
66 **Wissenschaftlich-technische Raumverwaltung**
67 Die wissenschaftliche Materialprüfung. Institutionalisierung einer neuen Disziplin
72 Die Polybahn. Städtebau und Bequemlichkeitstechnik der Belle Époque

76 **Investitionen der Industrie**
77 Jubiläumsfonds. Kapitalsammlungen als Finanzierungsstrategie
80 Kunststoffforschung. Lehrstuhlfinanzierung durch die Industrie
84 Das Fernheizkraftwerk. Ein Atomreaktor an der ETH

88 **Zwischen Markt und Wissenschaft**
89 Die ETH als Dienstleisterin. Die Versuchsanstalt für Wasserbau
93 Das Betriebswissenschaftliche Institut und die «Verwissenschaftlichung des Sozialen»
97 Der Eidophor-Projektor. Massenmedien als Wachstumsmarkt

101 **Die Ökonomisierung der Wissenschaft**
102 Start-ups und Spin-offs. Technologietransfer in den 1990er-Jahren
107 Spitzenforschung auf internationalem Parkett. Prinz Andrew an der ETH

111 **Bildungsgänge – Studieren an der ETH**
112 **Die Erfindung der polytechnischen Lehre**
113 Praxisorientierung. Maschinenbau erfolgreich lehren
116 Der Ingenieurblick als Methode. Carl Culmanns grafische Statik
119 Mathematik zwischen Leitdisziplin und Hilfswissenschaft

122 **Gesellschaftliches Anforderungsprofil**
123 Betriebsamer Geist in den Gassen. Zürich als Ort disziplinierender Geselligkeit
126 Berufliche Sicherheit oder Persönlichkeitsbildung? «Studienfreiheit» im 19. Jahrhundert
130 Das Diplom. Zögerliche Karriere eines Bildungspatents

133 **Prüfungen**
134 Das Chemielabor. Einübung in einen kollektiven Denkstil
138 Wie im klassischen Bildungsroman. Das Auslandssemester
141 Leistungsdruck und Prüfungsstress. Zu den Belastungsgrenzen studentischer Selbstdisziplin

144 **Der Student. Selbst- und Fremdbeschreibungen in den 1960er-Jahren**
145 Das lustige Studentenleben. Zur Geschichte eines unverwüstlichen Klischees
149 Weltpolitik und Wohngruppe. Der Linksrutsch des VSETH

152 **Soziale Herkunft. Statuserhalt und Statusgewinn**
153 Der Polyball. Mehr als eine Einladung zum Tanz

157 Forschungspfade – Disziplinenentwicklung und Wissenschaftsalltag an der ETH

158 Die Einheit von Lehre und Forschung
159 Der Hörsaal. Die perfekte Bühne der Professoren
162 Im Feld. Exkursionen der Abteilung für Naturwissenschaften
165 Projektorientiertes Studium POST. Zur Einheit von Lernen und Forschen

170 Wissenschaftspraktiken im Wandel
171 Forschungsalltag im 19. Jahrhundert. Geologisch-paläontologische Fundstücke sammeln und ordnen
174 Entscheidender Paradigmenwechsel in den Ingenieurwissenschaften. Das Maschinenlaboratorium
178 Das Elektronenmikroskop und sein Einbau in die ETH

183 Wissenschaftsnetze
184 Die Konferenz. Ein traditioneller Ort wissenschaftlicher Kommunikation
188 Der Traum von einem nationalen Flugzeug. Die ETH als aerodynamische Denkfabrik
193 Kernphysikalische Grossforschung. Zu den Folgekosten internationaler Kooperationen in den Wissenschaften

197 Life Sciences
198 Life Sciences als Techno Sciences. Das Beispiel der magnetischen Kernresonanzspektroskopie

202 Wissenschaftlicher Ruf und andere Arten von Berühmtheit
203 Albert Einstein. Wissenschaftsgenie und internationaler Popstar
207 Der «Pauli-Effekt». Korrespondierende wissenschaftliche Glaubenssysteme

213 Dienstwege – die ETH verwalten

214 Hochschulverwaltung – eine endlose Aufgabe
215 Das Tagebuch des ersten Polytechnikumsdirektors. Beredtes Zeugnis bürgerlicher Selbstvergewisserung
219 «Raumnot». Hochschulwachstum und Krisenwahrnehmung
223 Die Matrix. Zur eigentümlichen Körperlichkeit von Organisationsstrukturen

227 Hochschulstatus und betriebliche Selbstständigkeit
228 Gefährdeter Hochschulstatus. Reformbedarf nach 1900
231 Die Mensa. Grossküche und Debattierclub
234 Die Kuppel. Aufgesetztes Zeichen der Neuorientierung

238 **Die Ressource Student**
239 Die Einbettung des Polytechnikums in die schweizerische Schullandschaft
242 Heilmethoden für Intellektuelle. Das Sanatorium universitaire in Leysin und seine «Nootherapie»
246 Studentinnen. Geschlechterdiskurs und Bildungspolitik

249 **Datenverwaltung und Informationsflüsse**
250 Das Rechenzentrum. Mit kompetenten Nutzern wird gerechnet
253 Die allmähliche Automatisierung der Verwaltungsaufgaben
257 Die Legitimationskarte. Ein multifunktionales Dokument

260 **Hochschulautonomie**
261 Management an der Hochschule. Zum Bedeutungszuwachs universitärer Verwaltung

266 Bibliografie
272 Bildnachweis
275 Autorinnen und Autoren

ETHistory 1855–2005. Historische
von Monika Burri und Andrea Westermann
Rundgänge durch die ETH Zürich

Exkursionen von Geologen und Botanikern, Studienreisen angehender Architekten oder Fabrikbesichtigungen durch Chemiker und Maschinenbauer standen am eidgenössischen Polytechnikum von Anfang an auf dem Stundenplan. Aber auch eine Technische Hochschule konnte zum Reiseziel werden. 1945 widmete das schweizerische Magazin Atlantis seine neunte Nummer der ETH Zürich. Die «Zeitschrift über Länder – Völker – Reisen» war besonders vom dortigen Forschungsbetrieb fasziniert. Die apparativ hochgerüsteten Labors erschienen neben den klassischen politischen Arenen als neue produktive Schnittstellen, an denen gesellschaftliche Interessen verhandelt wurden: «Immer mehr wird die E.T.H. zu einer Art Forschungslaboratorium des ganzen Schweizer Bundes, und ungezählte Fäden gehen heute hier zusammen, die mit der Schule als solche nichts mehr zu tun haben», berichtete der Herausgeber begeistert (Hürlimann 1945, 397).

Mit ethnologischem Blick die wissenschaftlich-technischen Zentren der modernen Gesellschaft erforschen: Dieses Unternehmen wurde in den 1980er-Jahren unter dem Stichwort «science in action» (Bruno Latour) zu einem innovativen Zugang innerhalb der Wissenschafts- und Technikforschung. Auch das historische Sightseeing durch die ETH lässt sich von dieser Idee leiten: Auf fünf Rundgängen erkundet das vorliegende Buch die Innen- und Aussenbeziehungen der Bundeshochschule und präsentiert ihre 150-jährige Geschichte in Form pointierter Kurzgeschichten. Tatsächlich bietet eine technische Hochschule alles, was ein spannendes Gesellschaftspanorama auszeichnet, von kollektiven Denkstilen bis hin zu subjektiven Identitätstechniken, von politischen und wirtschaftlichen Konjunkturen bis hin zu den administrativen Herausforderungen eines Grossbetriebs.

Die ETH Zürich hat eine bemerkenswerte politische Karriere hinter sich, in deren Verlauf sich die erste nationale Technikerschule der Schweiz als internationale Forschungsuniversität positionierte. Der Rundgang «Politkarrieren» folgt diesem Werdegang und porträtiert das eidgenössische Polytechnikum in seinem gesellschaftspolitischen Umfeld. Ihre Existenz verdankt die höhere Schule für Ingenieurausbildung dem für das 19. Jahrhundert typischen Prozess des nation building: Der noch junge schweizerische Bundesstaat hatte ein starkes Interesse daran, gegenüber den Kantonen eigene Zuständigkeiten zu definieren und der Schweiz nach innen und nach aussen ein geschlossenes Bild zu verleihen. Am einsetzenden bundesstaatlichen Infrastrukturausbau beteiligten sich bei Behörden oder Privatfirmen angestellte Kartografen, Eisenbahningenieure, Geologen, Bau- und Maschineningenieure und Forstwirte – allesamt ausgebildet am Polytechnikum (Gugerli/Speich 2002; Gugerli 1999). Die polytechnischen Lehrpläne hatten sich stets neu an den Anforderungen der industriellen Praxis auszurichten. Schliesslich galten die Studenten und Absolventen – später auch Studentinnen und Absolventinnen – als zukünftige Mitglieder schweizerischer Funktionseliten und damit als zentrale Akteure des gesellschaftlichen Wandels. Sie unterstanden diversen Disziplinierungsinstanzen: Eltern und Professoren, Unternehmer und Politiker sowie nicht zuletzt eine kritikfreudige Öffentlichkeit beobachteten sie scharf. Die tatsächlich absolvierten «Bildungsgänge» der Studierenden sowie die häufigen Diskussionen um die geeignete Ausbildung der Polytechniker verraten viel über Milieuprägungen und Geselligkeitsformen, über Männlichkeitsideale und Leistungsanforderungen des eidgenössisch-bürgerlichen Hochschulumfelds.

In einzelnen Industriezweigen, so etwa im Maschinenbau oder in der Chemie, kam es schon früh zu engen Forschungskooperationen zwischen Polytechnikum und Privatwirtschaft. Im Unterschied zu den staatlichen Behörden, die sich erst in den 1960er-Jahren um eine gezielte Wissenschafts- und Forschungspolitik bemühten, leistete die Industrie seit der Wirtschaftskrise der Zwischenkriegszeit wesentliche

Beiträge zum nationalen Innovationssystem. Den «Konjunkturkurven» folgend erfährt man, wie die wissenschaftlich-industriellen Kollaborations- und Abhängigkeitsverhältnisse durch die jeweils herrschenden wirtschaftspolitischen Schwerpunktsetzungen geprägt waren. Die Finanzierung von Forschungskrediten aus Geldern der Arbeitsbeschaffungsprogramme in den 1940er-Jahren sind dafür ebenso beispielhaft wie die aktuellen Ambitionen der ETH, als «entrepreneurial university», als unternehmerische Hochschule zu reüssieren.

Die Produktivität dieser Zusammenarbeit ist natürlich auch auf innerwissenschaftliche Dynamiken zurückzuführen. Vor allem die traditionellen Ingenieurkünste liessen sich von den methodischen Standards der klassischen Naturwissenschaften inspirieren. Sie etablierten sich in den ersten Jahrzehnten des Polytechnikums überhaupt erst als wissenschaftliche Disziplinen. Gleichzeitig trugen sie im Rahmen des Apparatebaus – von der Materialprüfmaschine über das Elektronenmikroskop bis zum Teilchenbeschleuniger – ihrerseits zur Transformation der internationalen disziplinären Landschaft bei.

Der tiefgreifende Wandel der Hochschulwirklichkeit wurde in der kollektiven Wahrnehmung dadurch etwas abgedämpft, dass manches Muster universitärer Selbstbeschreibung übernommen und als eigene Tradition gepflegt wurde, beispielsweise die Idee der Einheit von Lehre und Forschung oder die Vorstellung der Zugehörigkeit aller Wissenschaftler zu einer jenseits politischer und organisatorischer Differenzen existierenden Gelehrtenrepublik. Die «Forschungspfade» erkunden solche Praktiken und Wendepunkte des Wissenschaftsalltags.

Die Ökonomisierung der Wissenschaft und das aktuelle Interesse an Management und Öffentlichkeitsarbeit haben die Aufgaben von Hochschulleitung und -verwaltung ins Blickfeld wissenschaftshistorischer Forschung gerückt. Eine nähere Auseinandersetzung mit der Geschichte der ETH-internen «Dienstwege» befreit die Verwaltungskultur der Bundeshochschule vom Stigma staubiger Langeweile. Geld, Raum, Studierende, Infrastruktur, Professoren und Assistenten waren immer wieder aufs Neue in ein erfolgreiches Verhältnis zueinander zu bringen. Letztlich ging es darum, die Voraussetzungen für möglichst viele Patente, Nobelpreise und zitierte Publikationen, für gute Absolventen und Dissertationen sowie für hohe Rankingplätze zu schaffen. An dieser «unendlichen Aufgabe» verzweifelte einst der erste Polytechnikumsdirektor Josef Wolfgang von Deschwanden – und mit ihr beschäftigen sich bis heute die ETH-Leitung und ihre professionellen Berater.

Der vorliegende Band ist der Katalog zur Web-Ausstellung «ETHistory 1855–2005», die am Institut für Geschichte der ETH Zürich zum 150-jährigen Jubiläum der Eidgenössischen Technischen Hochschule entwickelt wurde. Er versammelt ausgewählte Texte aus dem Raum «Besichtigungen» (www.ethistory.ethz.ch/besichtigungen). Konzept und Themen sind aus gemeinsamen Diskussionen aller Autorinnen und Autoren hervorgegangen, David Gugerli, Patrick Kupper, Kristina Isacson, Daniel Speich und Daniela Zetti sei dafür herzlich gedankt. Die sorgfältigen Recherchen und Dokumentationen verdanken wir Christine Wüest und Michel Dennler. Die Mitarbeiterinnen und Mitarbeiter des Archivs und des Bildarchivs der ETH Zürich haben uns bei der Quellensuche und Bildbeschaffung bestens unterstützt. Unser grösster Dank geht an David Gugerli, der sich von der Idee eines Ausstellungskatalogs begeistern liess und der für die Finanzierung dieses Buches besorgt war.

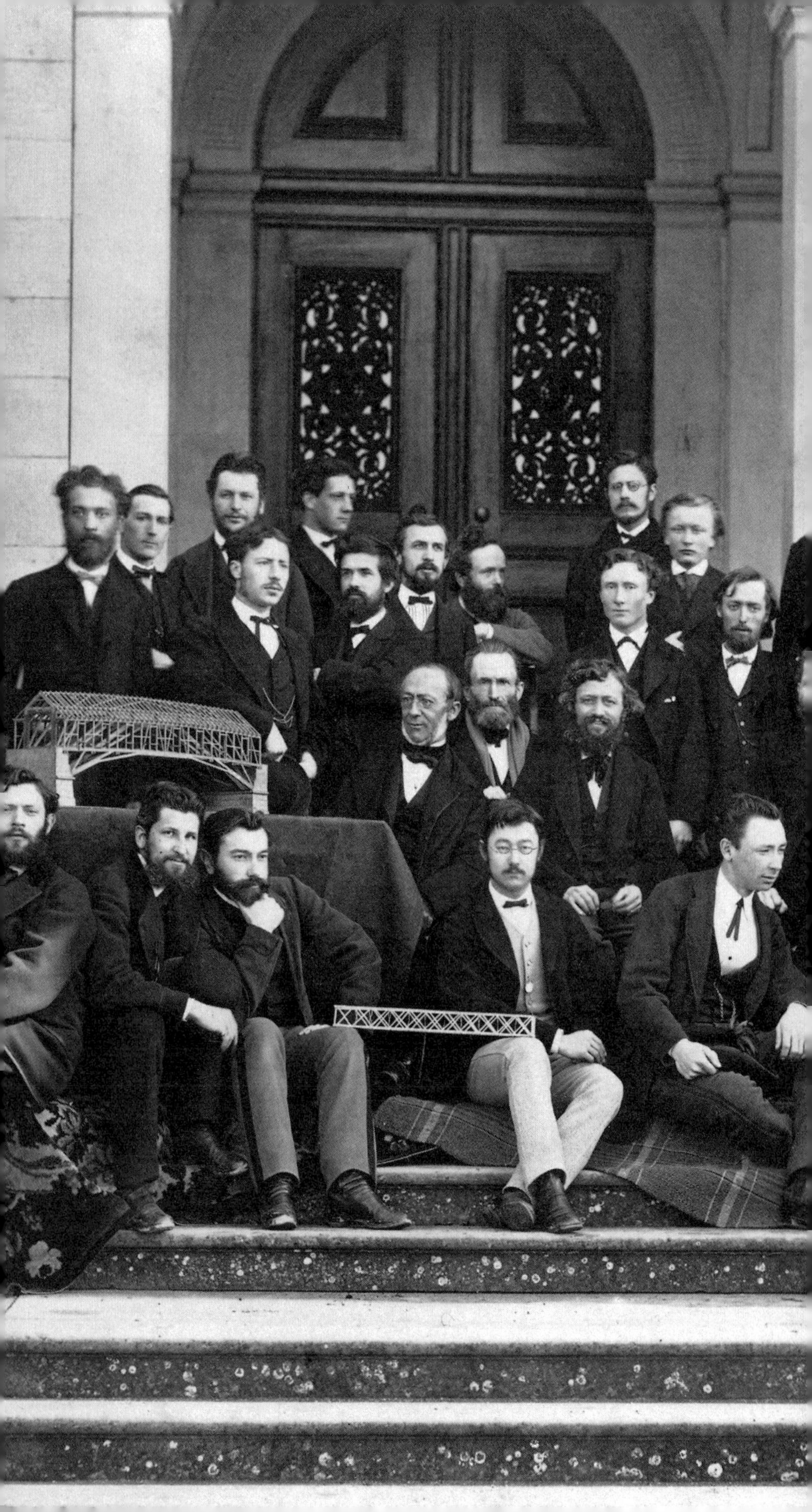

Politkarrieren – die ETH im gesellschaftspolitischen Kontext

Am 7. Februar 1854 wurde die Gesetzesvorlage für eine in Zürich zu errichtende «eidgenössische polytechnische Schule in Verbindung mit einer Schule für das höhere Studium der exakten, politischen und humanistischen Wissenschaften» vom Nationalrat gutgeheissen.

Dem Gründungsbeschluss für das Polytechnikum gingen aufwändige Evaluationen voraus. Im Jargon der Zeit sollte eine «die besonderen Verhältnisse und Bedürfnisse unseres Volkes» berücksichtigende Schule «ins Leben treten». Ausländische Vorbilder und kantonale Vorgaben, wissenschaftliche Ansprüche und industriell-gewerbliche Interessen sollten sich in der «vaterländischen Anstalt» zu einer betont eidgenössischen Lösung verbinden.

Verfolgt man die politische Karriere der ETH von der nationalen Technikerschule bis hin zur internationalen Forschungsuniversität, zeigen sich vielfältige Wechselwirkungen zwischen Hochschule und Gesellschaft.

Das Polytechnikum als bundesstaatliches Nischenprodukt

Im Frühjahr 1854, als die eidgenössischen Räte über die Ausgestaltung des Hochschulartikels debattierten, gab das «Gespenst» einer nationalen Universität mehr zu reden als das Projekt eines Polytechnikums. Insbesondere die Westschweiz befürchtete eine «Germanisierung» der Hochschulbildung. Das eidgenössische Polytechnikum, auf dessen Errichtung man sich schliesslich einigen konnte, weckte weniger grosse Ängste.

Die neue Bildungsstätte sollte in erster Linie dem noch sehr abstrakten Verfassungskonstrukt des Bundesstaates bei seiner Realisation behilflich sein. Eine auf die schweizerischen Bedürfnisse zugeschnittene Ingenieur-Hochschule würde den Aufbau von technischen Infrastrukturen beschleunigen und die Karrierechancen einer nationalen Elite verbessern. Als innovativ galt das zwischen ausländischen Vorbildern und nationalen Ansprüchen vermittelnde Fächerangebot.

Die Eröffnungsfeier vom 15. Oktober 1855. Bestätigungsbedürfnisse des noch jungen Bundesstaates

Auffällig nüchtern gestaltete sich der Festakt zur Eröffnung des eidgenössischen Polytechnikums. Die betonte Normalität war jedoch keine Selbstverständlichkeit, sie gehorchte vielmehr der Logik einer «invention of tradition», eines aufwändig erzeugten Traditionseffekts.

«Die gestern stattgehabte Einweihung des schweizerischen Polytechnikums war nicht vom Wetter begünstigt; gleichwohl darf das Fest als gelungen betrachtet werden», berichtete die Neue Zürcher Zeitung über die offizielle Eröffnung des eidgenössischen Polytechnikums am 15. Oktober 1855. Die Feierlichkeiten waren schlicht gehalten und beschränkten sich auf einen kurzen Festzug vom Rathaus bis zum Fraumünster und auf die durch «bündige Reden» und Orgelspiel umrahmte Übergabe der Stiftungsurkunde. Die wichtigsten Stationen des Festprogramms gab die Tagespresse bereits im Voraus bekannt, und so musste der ziemlich überraschungsfreie Festakt wie eine Bestätigung des Erwarteten erscheinen. Doch diese prononcierte Normalität war trügerisch: Nicht nur wurden alle am Festakt Beteiligten von der neuartigen «Schule», dem eigentlichen Grund der Feier, in eine noch kaum bekannte Pflicht genommen. Auch das Festprogramm selbst hatte einige Klippen zu umschiffen, so etwa die unausgesprochene Ortlosigkeit des Polytechnikums, das zur Zeit seiner Eröffnung noch nicht über ein eigenes Schulgebäude verfügte.

Dass sich die Festgemeinde im Fraumünster und nicht in der Zürcher Hauptkirche versammelte, ist kein Zufall: Das Grossmünster, stark mit der unmittelbar angrenzenden Theologenschule und der zwanzig Jahre zuvor gegründeten kantonalen Universität verbunden, musste auf jeden Fall gemieden werden. Mit dem Polytechnikum sollte eine «die besonderen Verhältnisse und Bedürfnisse unseres Volkes» berücksichtigende Technikerschule «ins Leben treten», eine «vaterländische Anstalt», die sich von bisherigen Instituten deutlich unterschied. In den Worten des Hauptredners Johann Konrad Kern, erster Schulratspräsident und massgeblicher Wegbereiter des Polytechnikums, wollte der Bund mit der Errichtung einer besonderen höheren Lehranstalt für technischen Unterricht «in eine Lücke eintreten». Gemeint war nicht nur die Lücke im schweizerischen Ausbildungsangebot für Ingenieure, welche «die

Das Zürcher Polytechnikum im nationalmythologischen Hochgebirge, Ansichtskarte von 1906.

Kantone und ihre Finanzen gelassen haben und lassen mussten». Die Schöpfer des Polytechnikums wurden nicht müde zu betonen, dass die in zahlreichen Evaluationen, Entwürfen, Sitzungen und Vernehmlassungen erst allmählich geformte polytechnische Schule ein innovatives und massgeschneidertes Produkt darstelle, eine betont «eidgenössische» Lösung, die zwischen ausländischen Vorbildern und kantonalen Vorgaben, zwischen wissenschaftlichen Ansprüchen und industriell-gewerblichen Interessen eine eigenständige Nische gefunden habe (Kern 1855).

Die betonte Normalität, mit der das Polytechnikum bei seiner Eröffnung in die schweizerische Institutionenlandschaft eingepasst wurde, gehorchte somit nicht zuletzt der Logik einer «invention of tradition» (Eric Hobsbawm), der Logik eines mit rituellen und rhetorischen Mitteln erzeugten Traditionseffekts. Die republikanisch nüchterne Feier konnte zum einen als liturgisch sauber konzipierte Selbstbestätigung des noch jungen Bundesstaates gedeutet werden. Zum anderen wurde der beim Sitzen, Schreiben und Streiten erst allmählich entstehende Prototyp einer eidgenössischen Hochschule – eigentlich ein Flickwerk aus unzähligen unübersichtlichen Kommissionsentscheiden – erst durch den klar strukturierten Festakt und seine historischen Einbettungen in eine kommunizierbare Grösse übergeführt: in eine mit einer überblickbaren Vergangenheit und einer viel versprechenden Zukunft ausgestattete Bildungsinstitution.

Die Einweihungsfeier des 15. Oktober 1855 stellte den Abschluss einer gründlichen, über mehrere Jahre geführten politischen Debatte dar. Zuhinterst, fast vergessen und in aufgelöster Marschordnung, gingen die Schüler, die bei dieser Inszenierung noch nichts zu suchen hatten und doch bereits ein wenig dabei sein mussten. «Die Anstalt soll eine öffentliche sein, u. man scheint die Eltern, deren Söhne an derselben gebildet werden sollen, an keinem Theile des Festes Theil nehmen lassen zu wol-

len. Die Anstalt ist für die Jugend, die Schüler errichtet worden, u. man schliesst gerade diese von der ganzen einen Hälfte des Festes aus», hatte Josef Wolfgang von Deschwanden, der erste Polytechnikumsdirektor, schon drei Wochen zuvor leicht verärgert seinem Tagebuch anvertraut. «Mittags Eröffnungsfeier des eidgenössischen Polytechnikums und abends den grössten Teil der Schüler in besoffenem Zustande. Wahrlich ein niederschlagender, ärgerlicher Anfang», lautete schliesslich sein Festtagsrapport (Gyr 1981). Die Schüler hatten offenbar schneller begriffen, dass das Fest eben doch nicht ihnen gegolten hatte, sondern primär dem Bundesstaat, der sich nun rühmen konnte, die nationalstaatlichen Träume zweier Generationen von Bildungspolitikern endlich an einem Ort geerdet und verankert zu haben.
David Gugerli und Monika Burri

Elitenbildung in der Schweiz.

Die einen erblickten in ihr einen «Zankapfel», andere schwärmten von

Der Hochschulartikel von 1848

der «Krone des verfassungsmässigen Baues»: Die Idee einer eidgenös-

und die Angst vor einer natio-

sischen Universität erhitzte die Gemüter mehr als das Projekt einer

nalen Universität

polytechnischen Schule. Ein Blick in die Parlamentsdebatten zur

Gründung des Polytechnikums.

In der ganzen Schweiz gebe es keine Anstalt, die den Namen Universität verdiene. Wer eine anständige wissenschaftliche Ausbildung suche, sei «genötigt, die Schweiz zu verlassen und zu einem deutschen oder welschen Nachbarlande seine Zuflucht zu nehmen», klagte der Luzerner Philosophieprofessor Ignaz Paul Vital Troxler in der Vorrede seiner 1829 publizierten Logik. Ähnlich wie der spätere Bundesrat Stefano Franscini in der «Statistica della Svizzera» von 1827 forderte Troxler die Bündelung aller Kräfte zur Schaffung einer nationalen Hochschule, die es mit den namhaften Universitäten Europas aufnehmen könne. Der Ruf nach einer eidgenössischen Universität, der im Umfeld der Bundesstaatsgründung laut wurde, war nicht neu.

Die Idee einer helvetischen «Zentralschule», aus der nicht nur «einsichtsvolle und sorgfältige Ärzte, aufgeklärte Sittenlehrer, helldenkende Gesetzgeber, fähige Regenten, sachkundige Richter, sinnvolle Gelehrte», sondern auch «erfindungsreiche Künstler, geschickte Baumeister und Ingenieure» hervorgehen sollten, hatte bereits Philipp Albert Stapfer, der Unterrichtsminister der Helvetischen Republik, in der 1798 verfassten «Botschaft des helvetischen Direktoriums» zur Diskussion gestellt (Oechsli 1905). In einer Zeit, als in Basel die einzige Universität der Schweiz zu finden war, wirkten die an der Pariser Ecole Polytechnique orientierten Vorschläge zur Verbesserung und Vereinheitlichung der Hochschulbildung ziemlich visionär.

«Der Bund ist befugt, eine Universität und eine polytechnische Schule zu errichten»: Der Artikel 22, der so genannte «Hochschulartikel», war 1848 nur mit einer sehr knappen Mehrheit in die Bundesverfassung aufgenommen worden. Im Unterschied zum Projekt einer polytechnischen Schule, das eher kurzfristig und ohne grossen Widerstand zu einer wünschbaren Staatsaufgabe erklärt wurde, diskutierte man bereits bei der Bundesstaatsgründung äusserst kontrovers über die Chancen und Risiken einer nationalen Universität. In den Parlamentssitzungen im Januar 1854, wäh-

Zukünftige Funktionselite: Ingenieurschule des Polytechnikums um 1870.

rend der in hitzigen Redeturnieren über die Ausgestaltung des Hochschulartikels debattiert wurde, scheiterte schliesslich das als «geistige Stückgiesserei» apostrophierte Projekt einer eidgenössischen «Zentralakademie». Widerstand regte sich aus unterschiedlichen Lagern: Die Westschweiz, die sich in den 1830er-Jahren noch für ein interkantonales Vorgehen stark gemacht hatte, befürchtete nun eine deutschschweizerische Dominanz und damit den Verlust der kulturellen «Mannigfaltigkeit». Die konservative Seite konnte sich mit der Vorstellung einer «Vermengung» von «reformirten und katholischen Jünglingen» nicht recht anfreunden (NZZ, 20. 1. 1854).
Ausschlaggebend für den Rückzug waren aber nicht nur die separatistischen Drohgebärden aus der Westschweiz und aus den ehemaligen Sonderbundsständen. Ausschlaggebend für das Scheitern des Universitätsprojekts waren auch liberale Stimmen, wie etwa diejenige des St. Galler Nationalrats Hoffmann, der den neuen Bundesstaat mit möglichst passenden Institutionen ausstaffieren wollte: «Die jetzigen deutschen Anstalten passen nicht mehr. Die französischen Anstalten sind besser, praktischer. Bis man nicht etwas praktischeres zu Wege bringen kann, eile man langsam und suche die Sache nach und nach ins Leben einzuführen» (NZZ, 19. 1. 1854). Der Antrag, den die Hochschulbefürworter in «einem parlamentarischen Kunstreiterstück einiger Freisinniger» (Hans von Greyerz) hatten nachfolgen lassen, hielt sich zwar nicht an die empfohlene Besonnenheit. Doch mit der Gesetzesvorlage für eine in Zürich zu errichtende «eidgenössische polytechnische Schule in Verbindung mit einer Schule für das höhere Studium der exakten, politischen und humanistischen Wissenschaften», die am 7. Februar 1854 mit 63 zu 25 Stimmen verabschiedet wurde, sollte eine auf nationale Bedürfnisse zugeschnittene Kaderschmiede geschaffen werden.
Monika Burri

Zwischen Lobbying und Bedürfnisklärung. Der polytechnische Fächermix als eidgenössischer Sonderfall

Im Vergleich zu ähnlichen Einrichtungen im Ausland bot das eidgenössische Polytechnikum im 19. Jahrhundert ein ausserordentlich breites Fächerspektrum an. Dies lag daran, dass das Polytechnikum lange Zeit die einzige bundesstaatliche Hochschule war.

1892 ersuchte der Schulrat den Bundesrat, den ordentlichen Bundesbeitrag an das Polytechnikum um die Hälfte auf 800 000 Franken jährlich zu erhöhen. Einen Teil des Mehrbedarfs begründete der Schulrat mit der Notwendigkeit, sechs neue Professuren zu schaffen. Dabei geriet er in einen gewissen Erklärungsnotstand. Mit den 51 Lehrstühlen für fest angestellte Professoren, welche die Anstalt zu Beginn des Schuljahres 1892/93 aufwies, nahm sie im deutschen Sprachraum nämlich bereits die Spitzenposition ein. Die Technische Hochschule in Berlin, deren Frequenz mit über 2000 Studenten und Hörern doppelt so hoch war wie diejenige des Zürcher Polytechnikums, musste im selben Schuljahr mit lediglich 37 Professoren auskommen.

«Die Zahl von Professoren mag gar gross erscheinen neben der, welche auswärtige technische Hochschulen gleichen Ranges aufweisen; der unmittelbare Vergleich mit diesen kann aber nicht zutreffen», erläuterte der Schulrat in seinem Antrag diesen Sachverhalt, «denn unsere Schule hat eine vielgestaltigere, umfänglichere Anlage, die eine grössere Zahl von Lehrern aller Art bedingt. Die auswärtigen technischen Hochschulen enthalten keine Abteilungen für Landwirtschaft, keine auf so breiter Grundlage angelegte, gleich der mathematisch-naturwissenschaftlichen Fakultät einer Universität ausgestattete Abteilung der Fachlehrer; keiner der auswärtigen Schulen ist eine allgemeine philosophische und staatswirtschaftliche Abteilung in gleichem Umfange wie die VII. Abteilung unsers Polytechnikums beigegeben, und keine hat für Unterricht in zwei Landessprachen zu sorgen.»

Was die personelle Dotierung der technischen Abteilungen betreffe, stehe das Zürcher Polytechnikum hinter den führenden technischen Hochschulen des Auslandes zurück. Hier bestehe daher Handlungsbedarf, wenn Zürich seinen Rang im internationalen Spitzenfeld behaupten wolle. Die schulrätlichen Hinweise auf die Vielfalt der eigenen Fächerpalette waren noch nicht einmal vollständig. Forstwissenschaf-

Festkarte zu den Jubiläumsfeierlichkeiten von 1905. In den ersten fünfzig Jahren wuchs am Polytechnikum ein weit verzweigter Disziplinenbaum heran.

ten bot im deutschsprachigen Raum lediglich noch Karlsruhe als Hochschulfach an, Kulturingenieure und Pharmazeuten bildeten nur eine Minderheit der deutschen technischen Hochschulen aus. Die Verankerung der Militärwissenschaften an einer Hochschule war gar ein Zürcher Unikum. Von den Randfächern technischer Hochschulen waren einzig die Bergbauwissenschaften und die Hüttenkunde in Zürich nicht vertreten. Kurz gesagt: Das Zürcher Polytechnikum stach aus der deutschsprachigen Hochschullandschaft heraus (Zöller 1891).

Die vier technischen Kernfächer Hochbau-, Ingenieur- und Maschinenbauwissenschaften sowie technische Chemie wurden in Zürich von einem bunten Strauss weiterer Fächer umgeben. Einige dieser Fächer waren der Schule bereits bei ihrer Gründung mitgegeben worden: die Forstschule, der pharmazeutische Lehrgang, die allgemeine philosophische und staatswissenschaftliche Abteilung. Andere wurden in den folgenden Jahrzehnten an die Schule herangetragen. Zum Jahr 1866 wurden die mathematischen und naturwissenschaftlichen Fächer zu einer eigenen «Abteilung für Bildung von Fachlehrern» aufgewertet, 1871 wurde eine landwirtschaftliche Schule, 1878 eine Militärabteilung und 1888 eine Kulturingenieurschule angegliedert.

Die Initiative zu diesen Erweiterungen ging stets von professionellen Interessensorganisationen aus, die ihre Anliegen jeweils direkt an den Bundesrat richteten: vom schweizerischen Lehrerverein, von landwirtschaftlichen Organisationen und vom Militär. Nicht immer nahm die Schulleitung diese Anregungen wohlwollend auf. Die ersten Begehren zur Schaffung einer Landwirtschaftsschule und einer Militärabteilung lehnte der Schulrat aus inhaltlichen Gründen ab. Beide Abteilungen wurden erst nach mehreren erfolglosen Anläufen verwirklicht (Oechsli 1905, 275–306).

Für die sich zunehmend auf nationalstaatlicher Ebene organisierenden Interessensverbände wurde das Polytechnikum als einzige bundesstaatliche Lehranstalt zur at-

Die Forstschule, eine eidgenössische Spezialität. Aufnahme des akademischen Forstvereins, 1905.

traktiven Adresse, an der sie ihre berufsspezifischen Bildungswünsche zentral deponieren konnten. Indem das Polytechnikum diese Wünsche berücksichtigte und teils berücksichtigen musste, wie im Falle der Militärwissenschaften, die schliesslich über die Revision der eidgenössischen Militärorganisation von 1874 ans Polytechnikum beordert wurden, stärkte es seine Stellung als nationale Schule. Andererseits musste die Anstalt darauf achten, dass bei den Arrondierungen des Disziplinenkanons ihre eigenen Standards für Lehre und zunehmend auch für Forschung nicht in Mitleidenschaft gezogen wurden. Diese richtete das Polytechnikum an internationalen Massstäben aus, insbesondere an den führenden technischen Hochschulen Deutschlands. Als 1882 das eidgenössischen Parlament die Frage klären wollte, «ob die landwirtschaftliche Schule am Polytechnikum der vaterländischen Landwirtschaft nicht nutzbarer gemacht werden könnte», betonte der Schulrat: «Nach dem Gründungsgesetz ist die landwirtschaftliche Abtheilung eine wesentlich höhere wissenschaftliche Anstalt ohne Gutsbetrieb. An dieser Organisation ist auch in Zukunft festzuhalten.» (Jahresbericht ETH 1883, 18)
Patrick Kupper

Repräsentationspflichten und Berufungspolitik

Wissenschaft und Nation stehen in einem komplizierten Verhältnis zueinander: Zum einen strebt die Wissenschaft nach internationaler Verständigung und universeller Gültigkeit, zum anderen ist die Entstehung moderner Bildungs- und Forschungsinstitutionen eng mit dem Aufstieg der Nationalstaaten verbunden. Als erste eidgenössische Hochschule war das Polytechnikum von Anfang an mit nationalen Repräsentationspflichten konfrontiert. Nicht nur während der Debatten der Gründerjahre, in denen über den Standort und die Unterrichtssprachen verhandelt wurde, spielte die politische Symbolik eine wichtige Rolle. Auch bei den Berufungen zeigen sich staats- und gesellschaftspolitische Konjunkturen. Während das Polytechnikum in den ersten Jahrzehnten seines Betriebs zahlreiche ausländische Dozenten rekrutierte, zeichnete sich mit dem verschärften Nationalismus der Zwischenkriegszeit eine «Helvetisierung» des Lehrkörpers ab.

Networking um 1855.
Der Heidelberger Wissenschaftsagent K. J. A. Mittermaier

«Meiner an Sie gerichteten Bitte ersuche ich Sie nicht zu erwähnen, es würde nur schaden.» Auch wenn der Begriff damals noch nicht geboren war: Networking war in der Gründungszeit des Polytechnikums eine Tätigkeit, die viel Fingerspitzengefühl verlangte.

Als Ende Oktober 1854 in einer Stellenanzeige 32 Professuren ausgeschrieben wurden, nahmen die Bewerbungsschreiben, die seit Monaten beim Polytechnikum eingingen, massiv zu. Berufungen geniessen das Ansehen, zum Kerngeschäft von Wissenschaftspolitik zu gehören. Das Polytechnikum war demnach in einer weiteren heissen Phase angelangt. Jetzt zählten nicht mehr grosse Worte in parlamentarischen Debatten, für tatkräftige Spatenstiche hingegen war es noch zu früh. Die Stunde der grossen Persönlichkeiten aus Lehre und Forschung hatte geschlagen, so könnte man es sehen. Doch der geschäftliche Teil, der einem Star-Rummel – etwa um den aus Tübingen berufenen Professor für deutsche Literatur Friedrich Theodor Vischer – vorausging, lief nicht im Rampenlicht der Öffentlichkeit ab. Im Gegenteil, diese hoch kommunikative Arbeit bedurfte der Diskretion. Einer, der dieses Metier beherrschte, war der Heidelberger Jura-Professor Karl Josef Anton Mittermaier. Sein Engagement während der Gründungsphase des Polytechnikums zeigt, wie zeitgenössisches Networking funktionierte.

Hätte Mittermaier 1854 und 1855 nicht Briefe ans Zürcher Polytechnikum geschickt, wäre etwas falsch gelaufen. Denn Mittermaier, ehemaliges Mitglied der Frankfurter Paulskirchen-Versammlung, kann man als Knotenpunkt eines ausgedehnten wissenschaftlichen Netzwerks bezeichnen. Er gehörte zu denjenigen, die um Auskünfte angefragt wurden und Empfehlungen aussprachen. Schon im Februar 1854 war er über die Ereignisse in der Schweiz informiert worden. Nur drei Tage nachdem man im Parlament die Errichtung eines Polytechnikums beschlossen hatte, berichtete ihm Johann Konrad Kern, der spätere erste Präsident des Schweizerischen Schulrates, Näheres über die neue Schule. Weiter schrieb er, er werde demnächst nach Karlsruhe fahren, «da man auf solchem Wege zuweilen manches erfährt, was der offizielle Verkehr mit den Behörden nicht bietet» (zitiert nach Schlatter 1938, 125).

Gefragter Briefpartner. K. J. A. Mittermaier (1787–1867).

Aus der Sicht Mittermaiers war die Gründung des Zürcher Polytechnikums ein kommunikatives Ereignis ersten Ranges. Die Aussicht auf eine beträchtliche Zahl neuer Lehrstühle bot für ihn nicht nur die Chance, den eigenen Einflussbereich zu erweitern. Sie belebte auch sein bestehendes Netzwerk; sie bot Anlass, sich zu positionieren und Einschätzungen auszutauschen. Der Nachlass Mittermaiers wird heute in der Universitätsbibliothek Heidelberg aufbewahrt und umfasst gut 12 000 Briefe, davon stammen nur etwa die Hälfte aus Deutschland und wenige von ihm selbst. Als Ausdruck wissenschaftlicher Kommunikation des 19. Jahrhunderts werden die Korrespondenzen inzwischen erforscht. Sie verdanken diese Aufmerksamkeit einem sozialwissenschaftlichen Interesse an Netzwerken (Dölemeyer 1997).
Ein Anliegen des Bonner Juristen August Anschütz aus dem Jahr 1855 illustriert, welche Dienste ein solches Netzwerk im 19. Jahrhundert leisten konnte. Da Anschütz an der Professur für Handelsrecht am Polytechnikum interessiert war, schrieb er an Mittermaier und bat um Hilfe. Er brauche jemanden, der ihn für die Zürcher Stelle empfehle. Zwar hatte ihn der Schweizer Achill Renaud bereits empfohlen, doch dessen Renommee war angeschlagen: Renaud selbst war vom Schulrat auf den Lehrstuhl für Handelsrecht berufen worden, hatte sich aber entschlossen, in Heidelberg zu bleiben. Er lehnte den Ruf ab und schlug stattdessen Anschütz vor.
Die beiden befürchteten nun, am Polytechnikum würde man den Missmut ob der Ablehnung Renauds auf den Schützling Anschütz projizieren: «Dass man vielleicht die Empfindlichkeit, die man in Bern über das Ablehnen des Rufs von seiner Seite gegen ihn haben wird, dass man diese Empfindlichkeit auch auf denjenigen übertragen möchte, den er empfiehlt.» Anschütz, sozusagen unverschuldet in Not geraten, bat um Folgendes: Mittermaier sollte Kern schreiben, er habe von Renauds Empfehlung gehört und unterstütze diese, «damit die persönliche Voreingenommenheit

schwindet und sachliche Prüfung eintritt». Anschütz argumentierte nicht etwa, er brauche Vitamin B, sondern spielte geschickter, er suche «sachliche Prüfung». Über Beziehungen verfüge er ja bereits, aber eben in diesem Fall über für ihn wenig förderliche (zitiert nach Jelowik 2001, 418).

Auch wenn die Vorliebe dieser Briefpartner für informelles Wissen und Insider-Informationen auf der Hand liegt, ist ihnen nicht zwingend Vetternwirtschaft vorzuwerfen. Bezeichnet man sie als Beziehungsmanager oder -broker, so rückt das Lebenswerk von Menschen in den Blick, die sonst im Hintergrund bleiben. Der Begriff Networking schafft dafür ein Fenster.

Daniela Zetti

Föderalismus in der Praxis.
Mehrsprachigkeit am Poly-
technikum

Bereits 1854 legte das Polytechnikum ein Bekenntnis zur föderalistischen Sprach- und Kulturpflege ab. Die Umsetzung dieser nationalen Repräsentationspflicht erwies sich von Anfang an als schwierig.

«Hr. Blanchenay ist bekehrt worden und hält nun die französischen Professoren in einer deutschen Stadt auch für ‹Fische ausser dem Wasser›, daher er beantragt, dass an der eidg. Hochschule alle Vorträge in deutscher Sprache gehalten werden sollen; dagegen will er dann 120 000 Fr. für Entwicklung des höheren Unterrichts und eine Ecole d'application in der französischen Schweiz verwenden», berichtete die Neue Zürcher Zeitung vom 26. Januar 1854 aus der laufenden Parlamentsdebatte zur Ausgestaltung des Hochschulartikels. In den definitiven Beschlüssen zum eidgenössischen Polytechnikum fand das Plädoyer für eine nach Sprachgrenzen getrennte Hochschullandschaft allerdings kein Gehör. «Der Unterricht wird nach freier Wahl der angestellten Lehrer in der deutschen, französischen oder italienischen Sprache ertheilt», wird im Artikel 4 des «Bundesgesetzes betreffend die Errichtung einer eidgenössischen polytechnischen Schule» vom 7. Februar 1854 festgehalten. Mit dem Bekenntnis zum sprachlichen Föderalismus sollte nicht zuletzt auch das Gespenst der «Germanisierung» gebannt werden, das insbesondere die Westschweiz wiederholt gegen eine Zentralisierung des Bildungswesens mobilisiert hatte.

Schwieriger gestaltete sich die konkrete Institutionalisierung der Mehrsprachigkeit an der ersten nationalen Hochschule. Nicht nur die Herkunft der Studierenden zeigte ein deutliches deutschsprachiges Übergewicht und liess die Vertreter der Westschweiz und des Tessins als «sprachliche Minderheiten» erscheinen. Auch die meisten Professoren der ersten Stunde waren deutschsprachig und kamen grösstenteils aus den nördlichen Nachbarländern.

«Ausserdem ist es schrecklich, wie es in Zürich von Gelehrten und Literaten wimmelt, man hört fast mehr Hochdeutsch, Französisch und Italienisch sprechen als unser altes Schweizerdeutsch, was früher gar nicht so gewesen ist», schrieb Gottfried Keller, eben nach Zürich zurückgekehrt, im April 1856 an eine Berliner Freundin (Kel-

Wie paritätisch sind die Kantone an der ersten nationalen Hochschule vertreten? Kolorierte Ansichtskarte der ETH-Westfassade, 1902.

ler 1951, 44). «Ich bin vom Strom des Lebens abgeschnitten», klagte Francesco De Sanctis, Freiheitskämpfer, Exilant und erster Professor für italienische Literatur am Polytechnikum. «Mir gelingt es nicht, in die deutschen Angelegenheiten einzudringen und gleichzeitig bin ich von Italien ausgeschlossen: Ich befinde mich in einer abstrakten Situation» (De Sanctis 1913, 71).

Die Dominanz deutschsprachiger Lehrbeauftragter ist nicht nur auf die antiliberale Politik der deutschen Restaurationszeit zurückzuführen, die Kapazitäten wie Gottfried Semper oder Friedrich Theodor Vischer ins Exil trieb und eine «spröde» Kleinstadt wie Zürich zu einer attraktiven Lehrstätte erhob. Bei der Orientierungsfunktion, die das deutsche akademische System im 19. Jahrhundert für die schweizerische Hochschullandschaft besass, war es nicht weiter verwunderlich, dass Deutsch als Unterrichtssprache dominierte. Im ersten Schuljahr beispielsweise wurde nur an der Allgemeinen Abteilung in französischer Sprache doziert, in den Fächern Französische Literatur, Nationalökonomie und Handelsrecht. Ausserdem wurde der Kurs in Differential- und Integralrechnung, für die meisten Fachschulen obligatorisch, zweisprachig angeboten. Mit diesem doch eher mageren Angebot hatte die Frankophonie am Polytechnikum für längere Zeit ihren Höhepunkt erreicht.

Die Zentralisierungsgegner, die wiederholt vor einer «Germanisierung» des Polytechnikums gewarnt hatten, sahen sich durch die personellen Entwicklungen der ersten Betriebsjahre zugleich bestätigt und betrogen. Die beiläufige Erwähnung der alten Idee einer schweizerischen Gesamt-Universität durch den Nationalrat Alfred Escher genügte, um zu Beginn der 1860er-Jahre eine publizistische Kampagne gegen die «Zürcher Eisenbahnbarone» und ihr «Spekulationsgeschäft für deutsche Professoren» auszulösen. «Kein bedeutenderes Fach ist da, das ein welscher Schweizer in seiner Muttersprache studieren könnte. Ja, man habe sogar die wenigen früher er-

Sprachliche Minderheit. Ansichtskarte der «Suisse Romands» in Zürich, um 1900.

nannten französischen Lehrer unter der Hand durch deutsche ersetzt», war etwa in der Genfer Presse zu lesen. Selbst die Schwyzer-Zeitung schrieb von der «Allmacht des Deutschtums am Polytechnikum» und sah Zürich mit dem «Dunst deutschen Flüchtlingswesens», mit «aus Deutschland verjagten Träumern» angefüllt. In den Kampf um eine paritätische Besetzung der Professuren mischten sich in der zweiten Hälfte des 19. Jahrhunderts die aggressiven Diskurselemente des militanten Nationalismus (Gagliardi et al. 1938).
Grund genug, die föderalistischen Repräsentationspflichten des Polytechnikums erneut zu einem Traktandum zu machen. «Da die Anstalt eine eidgenössische ist, so halten wir es für ein Gebot der Billigkeit, dass dem französisch sprechenden Theil unserer schweizerischen Bevölkerung, sowie auch den Italienern, die an Zahl fortwährend zunehmen und welche sich mit der französischen Sprache leichter befreunden, als mit der deutschen, mehr Berücksichtigung geschenkt werde», forderte die Gesellschaft ehemaliger Studierender des eidg. Polytechnikums GEP 1877 in einer Petition. Diese führte Anfang der 1880er-Jahre zur ersten grossen Reform des polytechnischen Unterrichts. Auf vielstimmiges Drängen beschloss die Bundesversammlung 1887 die Einrichtung eines jährlichen Kredits von 20 000 Franken für die Anstellung französischsprachiger Lehrkräfte. Mit diesem wurden in der Allgemeinen Abteilung zwei neue Professuren geschaffen, eine für Geschichte und Geografie sowie eine für Nationalökonomie. Die angestrebte französischsprachige Doppelprofessur für ein technisches Fach wurde hingegen nicht realisiert, und auch die neuen Professuren hatten Mühe, ihr symbolisches Profil über personelle Wechsel hinweg zu behaupten.
Monika Burri

Antisemitismus und Fremdenfeindlichkeit. Die Helvetisierung der Dozentenschaft in der Zwischenkriegszeit

Die Internationalität des Lehrkörpers ist heute unbestrittenes Gütekriterium für eine Hochschule. Das war nicht immer so. Der Ausländeranteil der ETH hat sich stark verändert und war stets ein politisch brisantes Thema.

In den ersten Jahrzehnten ihres Bestehens zeichnete sich die ETH durch einen sehr hohen Anteil ausländischer Studenten und Dozenten aus. Bis Mitte des 20. Jahrhunderts nahm die Internationalität der Schule ab und stabilisierte sich dann auf relativ tiefem Niveau. Erst ab 1966 stieg der Ausländeranteil bei den Dozierenden wieder stark an und beträgt heute fast 60%. Diese «Helvetisierung» der Dozentenschaft war das Resultat einer national orientierten Berufungspolitik. Der Trend setzte bereits in den 1870er-Jahren ein, als die erste Professorengeneration ersetzt wurde, hielt dann an und gewann in der Zwischenkriegszeit noch einmal an Fahrt. Der Schulratspräsident und der Bundesrat waren sich bis in die 1960er-Jahre einig, dass Schweizer Kandidaten auf jeden Fall zu bevorzugen seien, wenn es sich fachlich vertreten liess. Freilich äussert sich in dem niedrigen Internationalitätsgrad der frühen Nachkriegszeit auch die Tatsache, dass Deutschland, das traditionell wichtigste Rekrutierungsfeld, seine Stellung als Zentrum der Wissenschaftswelt verloren hatte. Es kostete die ETH zwei Jahrzehnte, bis sie ab den späten 1960er-Jahren erfolgreich internationale Fachkräfte aus dem neuen Wissenschaftszentrum, den USA, rekrutieren konnte.

Insbesondere in den 1930er-Jahren rückte die Frage der Internationalität der ETH in den Deutungshorizont fremdenfeindlicher Diskurse. 1932 reichte eine Gruppe schweizerischer Studenten und Assistenten bei der Zürcher Fremdenpolizei eine Beschwerde ein, mit der die ETH-Professoren verpflichtet werden sollten, «in Hinblick auf die grosse Zahl arbeitsloser Ingenieure» bei der Anstellung von Assistenten künftig Schweizer zu bevorzugen (Schulratsprotokolle, SR2:1932, 17.9.1932, 80). Das gleiche Anliegen verfolgte auch ein Artikel in der faschistischen Front vom 17. August 1934, der unter dem Titel «Ist unsere Eidgen. Techn. Hochschule ebenfalls verjudet?» scharf gegen jüdische Dozenten und Mitarbeiter anschrieb, die man insbe-

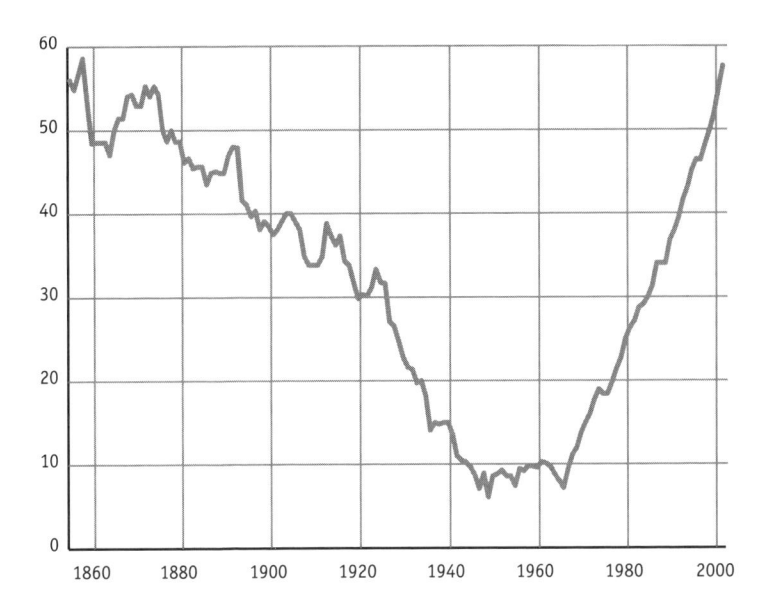

Anteil ausländischer Lehrkräfte am Professorenbestand 1855–2002 in Prozent.

sondere im organisch-chemischen Laboratorium vermutete. Dort beschäftigte Leopold Ruzicka neben dem polnischen Juden Tadeus Reichstein auch den jüdischen Esten Moses Wolf Goldberg als Assistenten. «Der Bund schmeisst seine Söhne aus dem eigenen Haus, damit sich fremde Juden darin recht bequem machen können», war das reisserische Fazit. Die antisemitische Hetze verunsicherte Ruzicka so sehr, dass er seinen Habilitationsantrag für Goldberg erst einreichte, nachdem ihm versichert worden war, «dass ein solches Gesuch nicht etwa aus andern, als fachwissenschaftlichen Gründen auf Schwierigkeiten stossen würde» (Schulratsprotokolle, SR2:1935, Sitzung vom 17.5.1935, 97).

Während sich der Schulrat immer wieder explizit für die Aufnahme ausländischer Studierender einsetzte, begann das Gremium zur gleichen Zeit bei Berufungsgeschäften merkwürdige Rücksichten zu nehmen. Bemerkenswert ist in dieser Hinsicht der Fall Georg Schlesinger, der auf dem Gebiet des scientific management in Europa eine überragende Kapazität war. Auf Grund des nationalsozialistischen «Gesetzes zur Wiederherstellung des Berufsbeamtentums» verlor er 1934 seine Professur an der Technischen Hochschule in Berlin, verbrachte sechs Monate in «Schutzhaft» und floh dann nach Zürich. Obwohl die ETH mit der Einführung des Betriebsingenieurstudiums gerade dabei war, auf Schlesingers Gebiet eine neue Kompetenz aufzubauen, und obwohl alle sachkundigen ETH-Professoren und viele führende Wirtschaftsvertreter sich für Schlesinger stark machten, kam keine Anstellung zu Stande. «Mit Rücksicht darauf, dass Schlesinger deutscher jüdischer Emigrant ist und dass sich in den industriellen Kreisen auch unseres Landes antisemitische Strömungen bemerkbar machen», zog es Arthur Rohn vor, auf die Dienste dieses «hervorragenden Fachmannes» zu verzichten (Schulratsprotokolle, SR2:1934, 22.12.1934, 205). Federführend bei dem erfolgreichen Widerstand gegen Schlesinger war der Winterthurer Industrielle Robert

Entzug der Lehrbefugnis für Paul Bernays durch den preussischen Minister
für Wissenschaft, Kunst und Volksbildung, 21. September 1933.

Sulzer gewesen, dessen judenfeindliche Haltung notorisch war (Schulratsprotokolle, SR2:1935, 16.2.1935, 14).

Für den Schweizer Mathematiker Paul Bernays, der 1933 seine Stelle in Göttingen verlor, fand man an der ETH immerhin die Mittel für einen ständigen Lehrauftrag. Doch erst 1945 erhielt Bernays, den auch die ordentlichen Mathematikprofessoren bei schwierigen Problemen regelmässig konsultierten, ein halbes Extraordinariat (Frei 1994, 60). In den beiden «Fällen» Schlesinger und Bernays nahm der Schulrat eindeutig antisemitische Diskriminierungen vor, denn wenn die Gelehrten nicht Juden gewesen wären, hätten sie ohne Frage ordentliche Professuren erhalten. Es stellt eine spezifisch schweizerische Form des Antisemitismus dar, dass Schulratspräsident Rohn seine Entscheidungen stets mit der Überlegung begründete, er wolle den Anteil von Juden sowohl im Lehrköper als auch in der Studentenschaft möglichst gering halten, damit nicht auch in der Schweiz eine den Antisemitismus befördernde «Judenfrage» entstehe (Picard 1994). In zahlreichen Fällen hat sich der Schulrat aber auch für verfolgte Juden eingesetzt.

1939 erteilte man dem Stuttgarter Kunsthistoriker Hans Hildebrandt einen Lehrauftrag und erleichterte ihm und seiner jüdischen Frau so das Zürcher Exil. 1943 machte sich der Schulrat für die Einbürgerung des Mathematikprofessors Heinz Hopf stark, nachdem sein deutsches Vermögen beschlagnahmt und ihm die Aberkennung der deutschen Staatsbürgerschaft angedroht worden war (Schulratsprotokolle, SR2:1943, 238). Zurückhaltender war der Schulrat dagegen bei der Einbürgerung von Wolfgang Pauli. Nachdem der Fremdenpolizeichef Heinrich Rothmund ihn für «nicht assimilierbar» erklärt und das Gesuch abgelehnt hatte, ging Pauli ins amerikanische Exil. Bevor er 1945 nach Zürich zurückkehrte, fragte er in gewohnt provokativer Art schriftlich an: «Geben nun wieder wissenschaftliche Motive den Ausschlag an den

Schweizer Hochschulen, oder sind sie definitiv eine Art Unterabteilung der Fremdenpolizei geworden mit Herrn Rothmund als de facto Rektor plus Schulratspräsident Rohn als offiziellen Serenissimus?» (Schulratsprotokolle, SR2:1945, Sitzung vom 10.11.1945, 387).
Die Macht der Fremdenpolizei liess nach 1945 an der ETH tatsächlich nach. In einer schnellen Wendung verdrehte sich jetzt der antisemitische Reflex der 1930er-Jahre in eine antideutsche Haltung. 1950 stand die Berufung des Kältetechnikers Peter Grassmann auf der Traktandenliste. Die Wahl war umstritten, aber nicht weil der Kandidat zwischen 1933 und 1945 Mitglied der SA gewesen war. «Wenn wir deutsche Fachleute suchen müssen, die nicht Mitglied der NSDAP oder einer ihrer Formationen waren, so müssen wir ganz darauf verzichten, auf Deutschland zurückzugreifen», meinte dazu etwa Arthur Rohn (Schulratsprotokolle, SR2:1950, 24.6.1950, 217). Das Geschäft war vielmehr grundsätzlich kontrovers, weil mit Kurt Leibbrand bereits kurz zuvor ein Deutscher gewählt worden war. Es sei politisch nicht opportun, meinte etwa der spätere SP-Bundesrat Willy Spühler, «wenn wir fast bei jeder Neuwahl nunmehr einen Deutschen beantragen. Der Deutsche kann bekanntlich seine Mentalität nicht leicht ändern» (Schulratsprotokolle, SR2:1950, 216). Schulrat Gotthard Egli differenzierte: «Wenn Dr. Grassmann sich durch den bekannten deutschen Ton auszeichnen sollte, würde ich allerdings auch eher für Ablehnung eintreten, aber bloss wegen seiner Vergangenheit nicht.» (Schulratsprotokolle, SR2:1950, 219.) Insgesamt beschäftigte die ETH 1950 drei Deutsche, einen Holländer und einen Schweden. Alle anderen Professoren waren Schweizer, nach (endlich) erfolgter Einbürgerung auch Pauli und Hopf.
Daniel Speich

Landesverteidigung und Männerbünde

Dem eidgenössischen Polytechnikum und dem schweizerischen Offizierskorps werden enge personelle und institutionelle Verflechtungen nachgesagt. Stärker noch als der 1878 eingerichtete Lehrstuhl für Militärwissenschaften erwiesen sich die Studentenverbindungen, die im späten 19. Jahrhundert vermehrt in der Form von Männerbünden auftraten, als dienliche Sozialisationsinstanzen. Der elitäre Habitus, den sich die korpsstudentisch geschulten Akademiker anerzogen, galt insbesondere dem Militarismus der Jahrhundertwende als ideale Führungsgrundlage.
In der Schweiz des 20. Jahrhunderts blieb Landesverteidigung nicht auf das Militär beschränkt: Mit dem bundesrätlichen Aufruf zur «Geistigen Landesverteidigung» sollten «Sinn und Sendung des eidgenössischen Staatsgedankens» gestärkt werden. Mit ihrer Omnipräsenz an der Landi 1939 sowie mit der Einführung von öffentlichen «Freitagsvorträgen» stellte sich die ETH in den Dienst des staatlichen Propagandakonzepts.

Männlichkeitsschulen.

Seit der Jahrhundertwende mehrten sich im schweizerischen

Seilschaften zwischen Armee

Offizierskorps die Akademiker, insbesondere Juristen und Polytechniker.

und Polytechnikum

Die männerbündisch organisierten Studentenverbindungen und

Studentenvereine des Polytechnikums und der Universitäten erwiesen

sich als dienliche Sozialisationsagenturen.

«Einen Major oder Oberstleutnant anzusprechen als Person am Feierabend konnte einem Kanonier nicht einmal einfallen; nur die Kellnerin oder der Kellner kamen überhaupt so nahe heran. Die Offiziere waren eine Kaste. Wie man in dieser Kaste wirklich dachte, konnte die Mannschaft nie erfahren.» (Max Frisch, Dienstbüchlein 1974)

Mit der Zentralisierung der vor 1874 kantonal organisierten Armeen und der damit verbundenen Durchsetzung der allgemeinen Wehrpflicht begann sich das Schweizer Militär als staatstragende Sozialisationsinstanz zu etablieren. Die Mobilisierung aller wehrfähigen Männer machte die Armee zu einer geschlechterprägenden Erziehungsanstalt, zu einer Bastion und Brutstätte gesellschaftlich sanktionierter «Männlichkeit». «Das Ziel der soldatischen Erziehung ist Entwicklung männlichen Wesens», hiess es etwa in den Ausbildungszielen des Eidgenössischen Militärdepartements, herausgegeben am 27. Februar 1908. Insbesondere die «Neue Richtung» des Militärdiskurses, die sich im ausgehenden 19. Jahrhundert unter der Federführung von Ulrich Wille durchzusetzen begann, verstand die Armee vorrangig als Charakterschule. Erst körperliche Abhärtung und exzessive, auf Charakterstärke abzielende «Erziehung» machten aus dem Zivilisten einen «kriegsgenügenden» Mann. Dieses neue Konzept der Armee als personalisierter und emotionalisierter Männlichkeitsschule beruhte auf einer klar geregelten Frontstellung zwischen Offiziersautorität und Soldatendisziplin, zwischen homogenem Führerkorps und reflexartig gehorchenden Bürgersoldaten. Auch wenn, wie etwa das Militärorganisationsgesetz von 1907 zeigt, dem preussisch inspirierten Militarismus der «Neuen Richtung» durchaus Einhalt geboten wurde, so machte sich im schweizerischen Offizierskorps seit der Jahrhundertwende doch ein markanter Mentalitätswandel bemerkbar. Insbesondere im Dienstverhältnis zwischen Offizieren und Milizen herrschte ein neuartiger Führungsstil, der auf elitäre

Exerzitium bis zum Morgengrauen. Einladungskarte für den Weihnachtskommers der Polytechniker, um 1910.

und autoritäre Befehlsgewalt setzte. Nicht selten war in diesem Zusammenhang von «Soldatenmisshandlungen» die Rede. Diesem Paradigmenwechsel in der Führungs- und Verhaltenskultur entsprach eine Veränderung der korpsinternen Sozialstruktur. Konnten sich im 19. Jahrhundert hauptsächlich selbstständige Unternehmer oder auch Landwirte eine Offiziersausrüstung leisten, so mehrten sich seit der Jahrhundertwende akademisch, technisch und kaufmännisch gebildete Jünglinge in den Offiziersrängen. Insbesondere in den Führungsorganen der armes savantes, den prestigeträchtigen Waffengattungen Artillerie und Genie, waren die Polytechniker bald unter sich (Jaun 1999).
Die «Neue Richtung» bevorzugte Offiziersaspiranten mit höherer Schulbildung. Nicht weil wissenschaftliche Zugangsweisen geschätzt wurden, im Gegenteil: Es war hauptsächlich der elitäre und virile Habitus der korpsstudentisch geschulten Akademiker, der den Militaristen als eine ideale Grundlage für Autoritätsausübung galt. «Niemals darf man die Eignung zum Offizier nach den Leistungen des Rekruten und nach den Leistungen des Unteroffiziers ausschlaggebend beurteilen. [...] So bleibt als Einziges, das allgemein sicher festgestellt werden kann und deswegen entscheidend sein muss, ob einer zur Offiziersausbildung zugelassen wird; die genügende Bildung des bildungsfähigen Geistes und die Frage, ob der junge Mann aus einem Milieu hervorgegangen ist, das zu der Annahme berechtigt, er habe die ehrenhafte Gesinnung, die für den Offizier notwendig ist», erläuterte Ulrich Wille 1910 in der von ihm gegründeten Allgemeinen schweizerischen Militärzeitung seine «Grundsätze für die Vorschläge zur Offiziersausbildung».
Im so genannten Bierstaat der Studentenverbindungen fand das Offizierskorps der Jahrhundertwende eine dienliche Sozialisationsagentur. Seit den 1880er-Jahren hatten sich nicht nur die meisten der ursprünglich parteipolitisch gefärbten schwei-

zerischen Studentenverbindungen, sondern auch viele studentische Vereine sowie akademische Sänger- und Turnerschaften nach deutschem Vorbild in Couleur tragende Burschenschaften verwandelt (Blattmann 1995).
Der «Comment», ein Regelwerk, das in Form eines Straf- oder Zivilgesetzbuches das Brauchtum dieser Männerbünde festschrieb, trat in den Vordergrund und mit ihm eine Vielzahl von Kneipen, Kommersen und patriotische Festen, an welchen insbesondere der Trinkzwang der hierarchisch strukturierten Korporationen gnadenlos durchexerziert wurde. Im Zentrum des Comments stand der Erziehungsgedanke: In einer mehrjährigen, von Entgrenzungs- und Verbindungsritualen geprägten Initiationszeit wurden die Neumitglieder, die so genannten «Füchse», unter der Willkür der älteren Verbindungsmitglieder zu «Burschen», zu rechtsfähigen Vollmitgliedern, geformt. Als Preis der Zugehörigkeit zu einer Studentenverbindung, die Halt, Orientierung sowie Gewinn bringendes Sozialkapital versprach, mussten die jungen Männer sich in ritueller Selbstüberwindung und Selbstaufgabe üben. Wie im Militär ging es auch in den männerbündischen Studentenorganisationen der Jahrhundertwende nicht um den intellektuellen Austausch von Wissen. Explizites Erziehungsziel war die physische und psychische Konditionierung und die damit einhergehende Formung von elitärer und autoritärer «Männlichkeit».
Monika Burri

Testfall Geistige Landesverteidigung. Die ETH an der Landesausstellung von 1939

Die Schweizerische Landesausstellung, die 1939 an den Ufern des Zürichsees stattfand, gilt als gelungene Verbindung von patriotischer Mobilmachung und technisierter Ausstellungsarchitektur. Bei der Inszenierung der multimedialen Gesinnungsschau half die ETH tatkräftig mit.

«Dem Besucher der Landesausstellung ist das E.T.H.-Signet in fast allen Hallen begegnet», hält der ETH-Jahresbericht von 1938/39 fest. «Zusammenfassend darf festgestellt werden, dass die E.T.H. und deren Lehrkräfte bereitwilligst in weitgehendem Masse und mannigfacher Weise beim grossen Werk der LA mitgewirkt haben.» Tatsächlich zeigte sich die ETH an der vierten Schweizerischen Landesausstellung, die von Mai bis Oktober 1939 an den Ufern des Zürichsees stattfand und als professionell inszenierte und medialisierte Gesinnungsschau ins kollektive Gedächtnis einging, auffällig engagiert und präsent. Zum einen war die ETH «als Ganzes» im Hochschulpavillon vertreten und präsentierte dort unter dem Motto «Wir lehren, wir forschen, wir konstruieren» anhand von Grafiken, Modellen und Maschinen «grundlegende Tätigkeiten der Hochschule».

Zum anderen waren einzelne Institute und Laboratorien an nahezu allen Abteilungen der thematisch organisierten Pavillonlandschaft beteiligt. Neben patriotisch aufgeladenen Schaustücken, wie etwa dem geologisch-tektonischen Gesamtrelief der Schweiz, das aus der Werkstatt des ETH-Professors Eduard Imhof stammte und die Besucher auf den als nationales Kraftzentrum konzipierten «Höhenweg» einstimmte, beeindruckte die eidgenössische Forschungshochburg vor allem mit einer Reihe selbst entworfener Techniksensationen. Dazu zählte der nach Plänen von Paul Scherrer gebaute Tensator, einer der ersten Teilchenbeschleuniger Europas, weiter die avantgardistische «Fernseh-Sendeapparatur» des Instituts für Hochfrequenztechnik oder das Modell einer entgleisungssicheren «Ultraschnellbahn» von Maschinenbau-Professor Kurt Wiesinger in der «Halle für Bahnverkehr».

Die Omnipräsenz der ETH an der LA '39, vom Bund grosszügig finanziert, unterschied sich deutlich von den kleinräumigen Institutsauftritten an den vorangegangenen Landesausstellungen. Es liegt nahe, die Eingliederung der einzelnen Institute und Dozenten in das staatlich dominierte Ausstellungskonzept als pflichtbewussten Vaterlandsdienst auszulegen. Mit der so genannten «Kulturbotschaft» des Bundesrats lag Ende 1938 erstmals in der Geschichte der Schweiz ein Positionspapier vor, das die «Organisation und Aufgaben der schweizerischen Kulturwahrung und Kulturwerbung» festhielt. Das unter der Federführung des katholisch-konservativen Philipp Etter verfasste Propagandakonzept listete nach kulturellen Sparten geordnete Sendungsaufgaben auf und sah in der modernen Ausstellung eines der wichtigsten «Mittel der Gesinnungswerbung». Dass die LA '39 zum Testfall für die Realisierung der Idee der «Geistigen Landesverteidigung» werden musste, versteht sich von selbst. Aus diesem Blickwinkel erschliesst sich auch das auffällige Zusammentreffen von traditionellen und modernen Elementen, von Trachtenfrauen und Coray-Stühlen, von bodenständiger Flaggenparade und avantgardistischen Modepavillons.

Dass diese gegensätzliche Symbolik in der LA '39 zu einer einigermassen homogenen Synthese fand, hat nicht zuletzt mit der Technisierung und Ästhetisierung des Ausstellungswesens zu tun. Die programmatisch «unheroische», in «zeitgemäss schweizerischer» Leichtbauweise ausgeführte Pavillongestaltung umfing die Heimatfeier mit einer heiter-beschwingten Atmosphäre und sorgte für den «einheitlichen Eindruck» (Gimmi 2002). Die «Architektur des menschlichen Massstabs», die dem nationalistischen Monumentalismus der Weltausstellung von Paris 1937 entgegengehalten wurde, hatte als «Landistil» eine prägende Wirkung. Die obersten Ausstellungsmacher wurden im Anschluss an die symbolträchtige Veranstaltung geehrt. Der Ausstellungsdirektor Armin Meili erhielt die Ehrendoktorwürde der ETH Zürich, der Chefarchitekt Hans Hofmann eine Professur an der Architekturabteilung.

Auch bei den Vergnügungs-, Besichtigungs- und Transporttechniken, welche die Welt- und Landesausstellungen seit dem ausgehenden 19. Jahrhundert zu Erlebniswelten

ETH-unterstützte Vergnügungstechnik. Der «Schifflibach» an der Landi '39, auf dem Weg durch einen der spektakulären Industriepavillons.

zusammenfügten, mischte die ETH tatkräftig mit: Der «Schifflibach» beispielsweise, der künstliche Besichtigungskanal, der die Hallen und Gärten des linksufrigen Ausstellungsgeländes durchzog, wurde von der Versuchsanstalt für Wasserbau der ETH entworfen und dort auch in Modellgrösse getestet. «Der wissenschaftliche Geist der Zusammenarbeit, der sachlichen Diskussion, des unermüdlichen Suchens nach Wahrheit und Recht», die patriotische Botschaft der ETH, die der Petrografie-Professor und vormalige Rektor Paul Niggli an der LA '39 würdig vertreten sah, wurde nicht zuletzt durch eine ETH-gestützte Infrastruktur wirkungsvoll transportiert. Mit ihrem engagierten szenografischen Einsatz war die bundesstaatliche Eliteschule ihrem Auftrag zum national homogenisierenden Infrastrukturausbau einmal mehr nachgekommen.
Monika Burri

Das Traktandum Wissenschaftspolitik
In der Schweiz war das Bildungs- und Hochschulwesen traditionell
Sache der Kantone. Auf nationaler Ebene war die ETH über lange Zeit
das einzige Instrument zur Forschungsförderung. Allerdings wurde diese
wissenschaftspolitische Steuerungsmöglichkeit von der Politik zunächst
kaum genutzt.
In den Zwischenkriegsjahren bemühte sich der Bundesrat erstmals, die
nationale Volkswirtschaft durch den gezielten Einsatz von Forschungs-
geldern anzukurbeln. Der erste Versuch, einen «Schweizerischen Nationalfonds» zu gründen, scheiterte Anfang der 1940er-Jahre am Widerstand
der Universitäten.
Die Nachkriegszeit brachte die Schlagwörter vom «Bildungsnotstand»
und vom massiven Nachholbedarf der Schweiz. Die nationalen Initiativen
zur Bildungs- und Wissenschaftsförderung, die seit den 1960er-Jahren
lanciert wurden, relativierten die Monopolstellung der ETH Zürich. Gleichzeitig profitierten die mittlerweile zwei Eidgenössischen Technischen
Hochschulen weiterhin von ihrem Sonderstatus als direkt dem Bund
unterstellte Forschungsinstitutionen.

Handlungsdruck in der Krisenzeit. Forschungsförderung als Beschäftigungspolitik

Zwischen Herbst 1941 und Sommer 1942 wurde das Projekt eines «Schweizerischen Nationalfonds» erstmals diskutiert. Die ETH war am Entstehen wie auch am Scheitern dieser ersten wissenschaftspolitischen Steuerungsinitiative des Bundes wesentlich beteiligt.

Die Anfänge einer schweizerischen Forschungspolitik entstanden in einer Krisensituation. Im Rahmen der ausserordentlichen Massnahmen zur Bekämpfung der Wirtschaftskrise, die in der Zwischenkriegszeit unter dem Namen «Arbeitsbeschaffung» eingeführt wurden, bemühte sich der Bundesrat erstmals um eine Koordination der Forschungsförderung. Schon bei den ersten Krediten für Arbeitsbeschaffung, die in den 1930er-Jahren ausgesprochen wurden, erhielt die Förderung der technischen Forschung eine besondere Zuwendung, «um durch eine solche Förderung einerseits die Industrie zu befruchten und gleichzeitig qualifizierte Arbeitsgelegenheit für Techniker zu schaffen» (Botschaft des Bundesrates an die Bundesversammlung über Arbeitsbeschaffung und andere Krisenmassnahmen vom 9. Oktober 1934). Mit den Zuschüssen an die wissenschaftliche und technische Forschung verfolgte der Bund das doppelte Ziel, die Wirtschaft – insbesondere die Exportindustrie – anzukurbeln und gleichzeitig die Beschäftigungsmöglichkeiten für Wissenschaftler und Praktiker zu verbessern.

Auch das Konzept für einen «Nationalfonds zur Förderung der wissenschaftlichen und technischen Forschung», das im Herbst 1941 zur Diskussion stand, war Teil der krisenbedingten Wirtschafts- und Beschäftigungspolitik. Es sollte hauptsächlich der Exportförderung und der Arbeitsbeschaffung dienen. Etwas anders gelagert waren hingegen die Interessen der ETH, die an diesem Entwurf für einen ersten schweizerischen Nationalfonds massgeblich beteiligt war.

«Wir haben bisher jeweilen an der ETH inbezug auf wissenschaftliche Forschung von der Hand in den Mund gelebt. Beinahe täglich mussten wir irgend einem Institut in dringlicher Weise mit Hilfe eines Fonds Hilfe angedeihen lassen, damit es in bescheidenstem Rahmen seine Aufgaben weiter verfolgen kann», schilderte Schulratspräsident Arthur Rohn im Juni 1941 die Improvisationskünste, welche die damalige Forschungsfinanzierung von allen Beteiligten verlangte (Fleury/Joye 2002). Unter seinem Präsidium waren mehr als vierzig Forschungsinstitute und Laboratorien sowie zahlreiche Fonds und Stiftungen für die Drittmittelakquisition gegründet worden. Im Arbeitsbeschaffungsprogramm sah Rohn die einzige Möglichkeit, in der Krisenzeit zusätzliche Staatsgelder zu mobilisieren. Mit einiger Überzeugungsarbeit gelang es ihm, die Professorenschaft, die um die Forschungsfreiheit fürchtete, hinter das Nationalfonds-Projekt zu scharen.

Im Frühjahr 1942 wurde unter der Federführung Rohns ein erster Statutenentwurf vorgelegt, in dem der Grundlagenforschung und der Nachwuchsförderung ein besonderes Gewicht zukam. Der «Nationalfonds», der zu diesem Zeitpunkt die Bezeichnung «zur Förderung der Arbeitsbeschaffung und des Exports durch wissenschaftliche Forschung» trug, sollte durch Gelder des Bundes, der Kantone und der Industrie finanziert werden und neben der ETH insbesondere den kantonalen Universitäten und der Handelshochschule St. Gallen zugute kommen. «In Zusammenarbeit mit dem Herrn Schulratspräsidenten wurde der Plan für eine Stiftung ‹Nationalfonds zur Förderung der wissenschaftlichen Forschung› aufgestellt. Ihm lag der Gedanke zu Grunde, durch Sammlung von Beiträgen des Bundes, der Kantone, der Gemeinden und der privaten Wirtschaft eine Summe zusammenzubringen, deren Zinserträgnisse verstärkt durch freiwillige Zuwendungen zur Erfüllung des Zweckes ausgereicht hätte. Den Unterstützungen sollte das Odium der Subvention genommen und eine direkte Bundesintervention verhindert werden. Leider, und ich glaube dieses ‹leider› ganz besonders betonen zu dürfen, scheiterte dieser Plan an Widerständen, die ausserhalb der Bundesverwaltung lagen [...]», resümierte Otto Zipfel, Delegierter des Bundesrats für Arbeitsbeschaffung, im November 1945 auf der Generalversammlung der schweizerischen Hochschuldozenten das kurze Leben dieses ersten Nationalfondsprojekts.

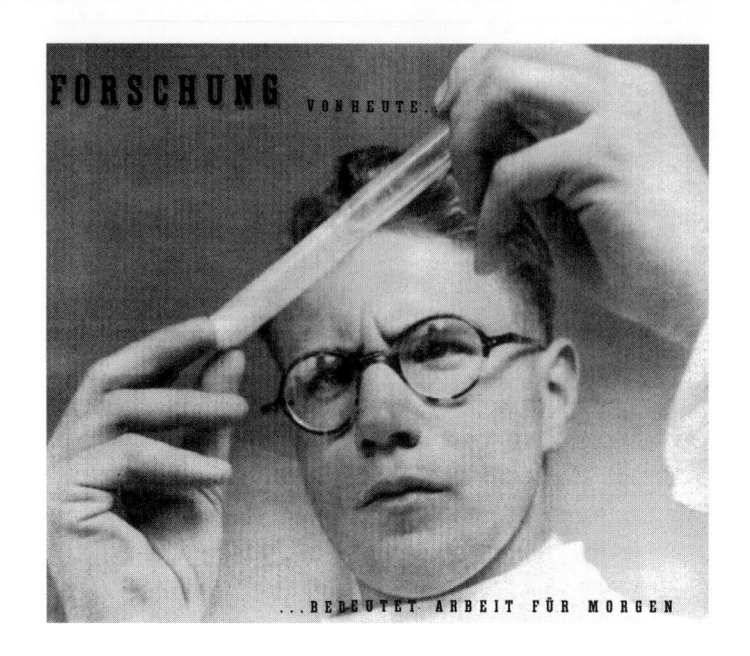

«Forschung von heute bedeutet Arbeit für morgen.» Illustration in einer Broschüre des Delegierten für Arbeitsbeschaffung für die Schweizer Mustermesse Basel, 1944.

Die föderalistische Angst vor einer Zentralisierung war aber nur einer der Gründe, die diese ersten Bemühungen für die Schaffung eines kantonsübergreifenden wissenschaftspolitischen Steuerungsinstruments zum Scheitern brachten. Neben dem befürchteten Autonomieverlust der kantonalen Institutionen war es vor allem die offensichtliche Begünstigung der ETH, die von den Partnerorganisationen nicht goutiert wurde. In einem Schreiben vom Juli 1942 kritisierten die Universitäten Bern, Basel und Zürich die Bevorzugung von Forschungszentren für Industrie und Landwirtschaft auf Kosten der auf Geisteswissenschaften und auf Medizin spezialisierten Institute. Auf die ausdrückliche Gleichbehandlung aller Wissenschaftsbereiche und den «Verteilschlüssel», welche die Universitätsvertreter verlangten, wollten hingegen die ETH und die Bundesbehörden nicht eintreten. Die Verhandlungen wurden eingestellt, trotzdem gingen nicht alle Beteiligten leer aus: An der ETH zumindest wurde im Herbst 1942 die Kommission für wissenschaftliche Forschung KWF gegründet, welche die Beitragsgesuche an den Delegierten für Arbeitsbeschaffung fächerübergreifend koordinierte. Kurze Zeit später entstand auf Bundesebene eine KWF, die Vorgängerin der heutigen Kommission für Technologie und Innovation KTI.

Es ist kein Zufall, dass die Annäherung zwischen wissenschaftlicher Forschung und politischen Behörden während der Kriegsjahre stattfand: Mit dem Aufruf zur militärischen, wirtschaftlichen und kulturellen Landesverteidigung verfolgte die damalige Regierung, die mit ausserordentlichen Vollmachten ausgestattet war, ein integrierendes Verteidigungsdispositiv, das die arbeitspolitischen Anliegen der Sozialdemokratie mit den Forderungen von wirtschafts- und industrienahen Organisationen zusammenbrachte.

Monika Burri

Sputnik-Schock und Bildungsoffensive. Wissenschaftspolitische Dynamik in den 1960er-Jahren

Während mehr als hundert Jahren war die ETH Zürich die einzige von der Eidgenossenschaft betriebene universitäre Institution. Nur über sie hatte der Bund wissenschafts- und bildungspolitisch eine gewisse Steuerungsmöglichkeit. Diese Monopolstellung löste sich in den 1960er-Jahren überraschend schnell auf.

Als im Herbst 1957 der Satellit «Sputnik» erstmals Signale aus dem Weltraum auf die Erde sendete, wurde diese Leistung sowjetischer Wissenschaft und Technik auch in der Schweiz umgehend registriert. Fritz Hummler, der Spitzenbeamte für Wirtschaftsförderung beim Bund, hielt kurz darauf fest, die Sowjetunion habe sich ihren technologischen Vorsprung nur dank immensen volkswirtschaftlichen Opfern und klugem Einsatz begrenzter Ressourcen erarbeiten können. Es sei daher auch in der Schweiz eine Bildungs- und Wissenschaftspolitik neuen Zuschnitts notwendig. «Der stürmische technische Fortschritt ist die bedeutsame strukturelle Tatsache unserer Epoche», so Hummler am 21. November 1957 in einem Vortrag in La Chaux-de-Fonds.

Mit der Forderung nach einer bildungs- und wissenschaftspolitischen Offensive vertrat Hummler Ende der 1950er-Jahre ein weit verbreitetes Anliegen. Dem lag die Überzeugung zu Grunde, dass Ausgaben für Bildung und Wissenschaft gewinnversprechende Investitionen in die Volkswirtschaft seien. In sämtlichen westlichen Ländern, allen voran in den USA, versuchten Wissenschaftspolitiker die Gunst der Sputnik-Stunde zu nutzen, um mehr Staatsgelder auf die Bereiche Wissenschaft, Forschung und Bildung umzulenken. Bemerkenswerte Aktivität entfaltete auch die Organisation für Europäische Wirtschaftszusammenarbeit, die nach dem erfolgreichen wirtschaftlichen Wiederaufbau Westeuropas neue Tätigkeitsfelder suchte. Mit einer Reihe internationaler Konferenzen zur Bildungsplanung und zur Wissenschaftsökonomie entstand unter Federführung der OEEC und ihrer Nachfolgeorganisation OECD ein westeuropäisches Handlungsfeld der Wissenschaftspolitik. Es war nicht nur von der Systemkonkurrenz zum Ostblock geprägt, sondern zunehmend auch durch die Wahrnehmung eines «technological gap» zu den USA. Bis 1970, so ein OECD-Plan von 1961, sollten die westeuropäischen Länder ihre Bildungsinvestitionen um hundert Prozent steigern. Die Zeit der Reformuniversitäten und der Hochschulneugründungen brach an.

Schweizerischer Nationalfonds zur Förderung der wissenschaftlichen Forschung. Gründungszeremonie am 1. August 1952 in Bern.

Die internationale Entwicklung weckte in der Schweiz die Angst, wegen der föderalistischen Struktur der Hochschullandschaft den Anschluss zu verpassen. Man befürchtete, die kantonalen Universitäten seien der künftigen Nachfrage nach Akademikern nicht gewachsen und hätten überdies ein zu kleines wissenschaftlich-technisches Innovationspotenzial. Tatsächlich diagnostizierte eine Studie des St. Galler Ökonomen Francesco Kneschaurek 1963 einen massiven Nachholbedarf der Schweiz. Man sprach bald von einem «Bildungsnotstand». Die Korrelation des Volkseinkommens und des Ausbildungsgrads zeigte 1963, dass die Schweiz dem «normalen» Entwicklungspfad nicht folgte.

1962 setzte der Bundesrat eine Expertenkommission zur Prüfung der Frage ein, ob die Kantone ihre Universitäten weiterhin den Bedürfnissen entsprechend finanzieren könnten. Die Experten kamen 1964 zu dem Schluss, dass die Kantone massiv überfordert seien. Sie empfahlen ein Hochschulförderungsmodell, das zugleich als Basis für eine zentralisierte «Hochschulpolitik auf nationaler Ebene» taugen sollte, wie sich der Kommissionspräsident, der Neuenburger Lateinprofessor André Labhardt, ausdrückte. Die Empfehlungen der Kommission zogen ab 1966 Bundeszahlungen an die kantonalen Universitäten in Millionenhöhe nach sich. 1968 folgte dann das «Hochschulförderungsgesetz», das diese Subventionspraxis auf eine rechtliche Grundlage stellte und zur Verteilung der Gelder die Schweizerische Hochschulkonferenz schuf. Mit der Arbeit der Labhardt-Kommission, der eine Reihe weiterer Kommissionen folgte, entstand in der Schweiz eine neue wissenschafts- und bildungspolitische Dynamik. Nun begann der Bund in dem traditionell den Kantonen vorbehaltenen Gebiet aktiv zu werden. Bereits die Nationalfondsgründung von 1952 war ein erster Schritt in diese Richtung gewesen. 1965 entstand der Wissenschaftsrat, der die Bundesbehörden zu beraten hatte. 1967 setzten die eidgenössischen Räte überdies eine stän-

dige Kommission für Wissenschaft und Forschung ein, und 1969 entstand beim Innenministerium eine eigene Abteilung für Wissenschaft und Forschung. Das Wirtschaftsministerium, das bereits seit 1942 eine Kommission zur Förderung der angewandten Forschung unterhielt, mischte sich nun auch in die Berufsbildung ein. Angesichts dieser Organisationen, die zu der bereits um die Jahrhundertwende gegründeten kantonalen Erziehungsdirektorenkonferenz und zu der seit 1949 operativen Schweizerischen Hochschulrektorenkonferenz traten, warnte die Neue Zürcher Zeitung am 3. April 1967 vor der «Gefahr einer Inflation von Kommissionen», die zur Handlungsunfähigkeit des Bundes führen könne.
Für die ETH in Zürich waren diese Entwicklungen in hohem Masse relevant. Die Schule profitierte stark von dem neuen wissenschafts- und bildungsfreundlichen Geist, als die eidgenössischen Räte im Jahr 1965 rund 444 Millionen Franken für ihren Ausbau bewilligten. Die Mittel standen nun aber in Konkurrenz zu den Bundessubventionen an die kantonalen Hochschulen. Nicht von ungefähr betonte Schulratspräsident Hans Pallmann bei der Begründung des Ausbaukredits den eidgenössischen Sonderstatus der ETH ausdrücklich. 1967 rief Urs Hochstrasser, einer der führenden Bundesbeamten in der Wissenschaftspolitik, angesichts der Konkurrenzsituation zwischen ETH und Universitäten in Erinnerung, die ETH sei im Wissenschaftsfinanzierungsprogramm des Bundes zu «privilegieren», weil ihr keine Kantonskassen zur Verfügung stünden. Wenig später erwuchs der ersten und bisher einzigen Schule der Nation eine zusätzliche Konkurrenz. Noch immer durch das klare Bekenntnis der Kommission Labhardt zur Wissenschaftsförderung motiviert, beschloss der Bund 1968, das Lausanner Polytechnikum vom Kanton Waadt vollständig zu übernehmen und als zweite Eidgenössische Technische Hochschule zu führen.
Daniel Speich

Contested Science – Wissenschaft unter Legitimationsdruck

1964 diagnostizierte der spätere Präsident des Wissenschaftsrates, Max Imboden, ein «helvetisches Malaise»: Politische Fragen würden allzu oft als technische Sachzwänge dargestellt. Der gesellschaftlichen Elite fehle der Gestaltungswille, und das Land habe einen enormen Reformbedarf. Wenige Jahre später gerieten die Dinge in Bewegung. Neue ausserparlamentarische Oppositionen verunsicherten das politische Gefüge. Im Zuge einer generellen Kritik an den Institutionen wurde auch die Demokratisierung der Wissenschaft gefordert. Auch wenn der Kampf um mehr studentische Mitbestimmung zunehmend zu einem Nebenschauplatz wurde, forderte die kritische Öffentlichkeit der 1970er-Jahre die Wissenschaft doch nachhaltig heraus. Seit dem Protest gegen die Atomenergie sind die Forschenden mit deutlichen Autoritätsverlusten konfrontiert, neue Legitimations- und Kommunikationsstrategien sind gefragt.

Das Referendum gegen das ETH-Gesetz. Radeln für mehr Mitbestimmung

Gegen Ende des hochschulpolitischen Epochenjahrs 1968 wehte auch an den Schweizer Universitäten ein frischer Wind. Für kurze Zeit bestimmten Studierende die innenpolitische Agenda und mobilisierten erfolgreich gegen das neue ETH-Gesetz.

Im März 1968 beschloss die Eidgenossenschaft, die Ecole Polytechnique Universitaire de Lausanne zu übernehmen und der ETH Zürich gleichzustellen. Hierzu musste ein neues ETH-Gesetz ausgearbeitet werden, das am 4. Oktober ohne Gegenstimme die Räte passierte. Doch nur wenige Tage darauf kündete Silvio Vaccani, der Präsident des Verbandes der Studierenden der ETH VSETH, zur Überraschung vieler an, seine Organisation werde vielleicht das Referendum gegen die Vorlage ergreifen. Noch nie hatte ein studentischer Verband mit diesem direktdemokratischen Mittel politisch interveniert.

Stein des Anstosses war die Frage der Partizipation. Artikel 10 des neuen Gesetzes räumte den Studierenden zwar das Recht ein, in Hochschulfragen angehört zu werden, aber ein Mitbestimmungsrecht erhielten sie nicht. Das widersprach den Modellen, die in den europäischen Nachbarländern und in den USA diskutiert wurden. Nachdem das bewegte Jahr 1968 an Deutschschweizer Universitäten ruhig verlaufen war, regte sich nun auch hier Protest. Als in einer Urabstimmung am 2. und 3. Dezember eine Mehrheit der ETH-Studierenden gegen das neue Gesetz stimmte, begann man in Bern die Referendumsdrohung ernst zu nehmen. Nun versuchte der Genfer Nationalrat und FDP-Präsident Henri Schmitt die Debatte im Parlament noch einmal zu lancieren.

Traditionell wurde das Instrument des Referendums in erster Linie als Druckmittel eingesetzt, um die Gesetzgebung zu beeinflussen. Nur in seltenen Fällen war es tatsächlich zur Sammlung der notwendigen 30 000 Unterschriften gekommen (Neidhart 1970). In diesem Sinne forderte Schmitt den Bundesrat in einer Motion auf, umgehend die Revision des noch nicht in Kraft getretenen Gesetzes anzugehen, um so den direktdemokratischen «Betriebsunfall» zu verhindern. Es sei eine «koordinierte und gesamtschweizerische Diskussion» über Hochschulfragen anzustreben, in die auch

Im Referendums- und im Abstimmungskampf erfanden die Studierenden neue Aktionsformen, Zürcher Bahnhofbrücke im Frühling 1969.

die Dozenten, Assistierenden und Studierenden der technischen Hochschulen einzubinden seien.
Freilich hatte sich die studentische Bewegung zu diesem Zeitpunkt bereits verselbstständigt. Nicht nur politische Schwergewichte wie Schmitt oder Innenminister Hans Peter Tschudi, sondern auch die Vorstandsmitglieder des VSETH verloren die Kontrolle. Im Gegensatz zu ihrer Basis hatten sich die Funktionäre nämlich dagegen ausgesprochen, das Referendum zu ergreifen. Man fürchtete, politischen Goodwill zu verlieren, und traute sich die Aktion logistisch nicht recht zu.
In einer Art «Grassroots»-Bewegung bildete sich ein Referendumskomitee, das die Unterschriften auf unkonventionelle Weise bald beschafft hatte. Zwei Studenten sammelten beispielsweise am Zürcher Hauptbahnhof als «sandwich-men» mit Anhängeplakaten in einer Stunde 300 Unterschriften. Ein anderer Student sammelte in der Eisenbahn von Zürich nach Neuenburg und zurück 100 Signaturen, und zwei weitere Studenten brachten in einer Kinopause 45 Unterschriften zusammen. Selbst die formelle Übergabe der Unterschriften an die Bundeskanzlei wurde erstmals in der Schweizer Geschichte als Happening inszeniert: Mit Fahrrädern wurden die nach Kantonen sortierten Karten vom Berner Bahnhof zum Bundeshaus transportiert. «Im Gegensatz zum landesüblichen Brauch, ein Referendum in aller Stille, unter Ausschluss der Öffentlichkeit einzureichen, wollten wir die 48 256 beglaubigten Unterschriftskarten in der Form eines folkloristisch-politischen ‹Umzuges› in der Bundeskanzlei ‹zu getreuen Handen übergeben›», schrieb das Komitee.
Nachdem das Volksbegehren staatsrechtlich korrekt deponiert war, begann die Phase des Abstimmungskampfes. Das Referendumskomitee und der VSETH-Vorstand rückten wieder näher zusammen. Man nahm die Dienste der Werbeagentur Farner in Anspruch und konnte die Kabarettisten Alfred Rasser, Ruedi Walther und Margrit Rai-

«Für eine Universität im Dienste der Werktätigen!» Die Studentenbewegung versuchte die Kräfte zwischen Wirtschaft, Politik und Wissenschaft neu zu ordnen.

ner für die Produktion einer Werbe-Schallplatte («Es nei as Bei») gewinnen. Bis zum Abstimmungstag hatten sich alle Parteien gegen das ETH-Gesetz ausgesprochen, und es war für niemanden eine Überraschung, dass eine Mehrheit des Stimmvolkes am 1. Juni 1969 ein Nein in die Urne legte.

Der Stimmungsumschwung in der politischen Öffentlichkeit der Schweiz zwischen Oktober 1968 und Juni 1969 ist nur teilweise auf die geschickte Kampagne der Studierenden zurückzuführen. Im Verlauf des Abstimmungskampfes manifestierte sich der universitäre Reformbedarf so deutlich, dass selbst für den Fall der Annahme des neuen Gesetzes dessen umgehende Revision in Aussicht gestellt wurde. Damit verlor der Urnengang jegliche Brisanz und zeichnete sich durch eine historisch tiefe Stimmbeteiligung aus.

Der Sieg der Studierenden markierte das Ende der euphorischen Zeit. Ganz im Sinn der Motion Schmitt stellte Innenminister Tschudi nun eine «Experimentierphase» in Aussicht, während der eine Grundsatzdiskussion über die Organisation der Hochschulen geführt werden sollte. Die Studierenden beteiligten sich anfänglich noch recht eifrig an der Reformdebatte, doch ihr Elan erlahmte bald im institutionellen Geflecht der Kommissionen, Gremien und Vernehmlassungsprozeduren.

Daniel Speich

Die Macht der Öffentlichkeit.
Golden Rice und gentechnisch
veränderter Weizen

Seit den 1970er-Jahren ist die Wissenschaft mit dem Einfluss von Gegenexperten konfrontiert, insbesondere Forschungsbereiche der Biowissenschaften werden immer stärker durch die Logik von Politik und Medien bestimmt. Die Entwickler von gentechnisch veränderten Pflanzen bekamen das sehr deutlich zu spüren.

Am 18. März 2004 war es so weit: Das Institut für Pflanzenwissenschaften der ETH Zürich konnte auf acht Quadratmetern Übungsfläche der Versuchsstation Lindau-Eschikon seinen seit 1996 entwickelten, gentechnisch veränderten KP4-Weizen aussäen. Ziel des vom Nationalfonds finanzierten Forschungsprojekts war die Herstellung eines Weizen-Prototyps, der gegen die Pilzkrankheit Stinkbrand weniger anfällig ist und bei Anbau und Lagerung weniger Fungizide benötigt.

Das unter der Leitung des Zellbiologen Christof Sautter durchgeführte Feldexperiment, als Abschluss einer grundlagenwissenschaftlichen Versuchsanordnung konzipiert, hätte bereits im Frühjahr 2000 stattfinden sollen. Doch das Freisetzungsgesuch, im Herbst 1999 beim Bundesamt für Umwelt, Wald und Landschaft BUWAL erstmals deponiert, war ein Präzedenzfall und setzte entsprechende Verfahrensmühlen in Gang. Von Umweltschutzaktivistinnen und Gentechnologie-Gegnern wurde der Freilandversuch aufgrund seiner juristischen «Türöffnerfunktion» vehement bekämpft und mit inhaltlichen und verfahrenstechnischen Einsprachen zu verhindern versucht. Auch den Bundesbehörden kam das Gesuch wenig gelegen, befand sich doch das Umweltschutzgesetz gerade in Überarbeitung: Das dritte in der Schweiz gestellte Gesuch für einen Feldversuch mit gentechnisch veränderten Pflanzen wollte das BUWAL nicht mehr nach alten Richtlinien beurteilen. In den 2001 geführten Parlamentsdebatten zur so genannten «Gen-Lex» zeichneten sich gesetzgeberische Präzisierungen und Verschärfungen ab.

Mit der Technikfolgenabschätzung hat sich seit den 1970er-Jahren ein neuer Modus der Technik- und Wissenschaftsbewertung etabliert, der immer mehr staatliche und zivilgesellschaftliche Gruppierungen beteiligte. Es ist «voraussehbar, dass es kein Ende der beschriebenen Spirale von Sicherheitserwartungen, Inflationierung der Expertise, Erzeugung von Kontroversen und Enttäuschung der Sicherheitserwartungen geben

«Stopp Gentech-Weizen». Greenpeace-Aktion gegen ETH-Feldversuch in Lindau-Eschikon, 25.3.2004.

wird», schreibt der Soziologe Peter Weingart in «Die Stunde der Wahrheit?», seiner 2001 veröffentlichten Analyse der Wissensgesellschaft. Die Konkurrenz um die jeweils beste Expertise, um das jeweils neuste Wissen, um die überzeugendsten Argumente führe zu einer Diskursivierung der Wissensproduktion, der eine partikularisierte, an den Prinzipien der Forschungsfreiheit orientierte Wissenschaft nicht immer gewachsen sei (Weingart 2001, 168). Insbesondere in der gentechnologischen Forschung zeigt sich der Legitimationsverlust der Wissenschaft sehr deutlich.

So half der ab 2001 von der ETH bemühte «Dialog mit Bevölkerung und Behörden» kaum, die hochfliegenden Ängste abzubauen. Die Bundesbehörden blieben skeptisch und legten das Freisetzungsgesuch den Experten zur Begutachtung vor. Dass das BUWAL den Antrag der ETH im November 2001 jedoch trotz der mehrheitlich positiven Einschätzung ablehnte, führte zu demonstrativen Rücktritten: «Die EFBS ist eine reine Alibiübung», begründete Ricardo Wittek, Präsident der Eidgenössischen Fachkommission für biologische Sicherheit, seinen vorzeitigen Abgang. «Mehr als drei Jahre nach der Genschutz-Initiative, die das Schweizervolk abgelehnt hat, brechen in der Gentech-Diskussion die alten Fronten neu auf», kommentierte die Wochenzeitschrift Weltwoche den medialen Hochbetrieb rund um das Forschungsgesuch der ETH (Die Weltwoche, 22.11.2001).

Eine postwendende Verfahrensbeschwerde der ETH, eingereicht beim Departement für Umwelt, Verkehr, Energie und Kommunikation, wurde daraufhin gutgeheissen. Das juristische Hin und Her dauerte jedoch an. Nachdem die ETH zunächst – nach einer erneuten Einsprache von Anwohnern, IP Suisse und Greenpeace – einen Abbruch der Übung in Betracht gezogen hatte, präsentierte sie Mitte 2003 einen aktualisierten Antrag, der im Herbst 2003 wiederum mit «strengeren Auflagen» bewilligt wurde. «Die vom BUWAL [...] geforderten Massnahmen sind bei näherem Hinschauen so neu

«Der Luxusprotest gegen die Genindustrie». Titelgeschichte im Magazin
des Tages-Anzeigers, 10. Februar 2001.

nicht», bemerkte die Online-Zeitung ETH Life vom 31. Oktober 2003. Eine fünfköpfige Begleitgruppe für den Versuch, zusammengesetzt aus Vertretern des BUWAL, des Kantons Zürich, der Gemeinde Lindau und der Wissenschaft, existiere bereits. Die Schutzzelte gegen Pollenflug, die Überprüfung des Verbleibs gentechnisch veränderter Organismen im Boden sowie die intensive Überwachung der Testparzelle während der Blütezeit seien bereits in den vorangegangenen Gesuchen festgehalten worden.
«Das Kunststück besteht heute darin, den Sinn vom offenbaren Unsinn zu trennen. Denn Zeit und Kosten spielen für unsere Arbeit eine entscheidende Rolle», hatte schon Christof Sautters ehemaliger Chef festgestellt (FAZ, 22.1.2001). Zusammen mit dem Freiburger Biochemiker Peter Beyer hatte Ingo Potrykus, von 1987 bis 1999 ordentlicher Professor für Pflanzenwissenschaften an der ETH Zürich, den berühmten Golden Rice entwickelt. Dieser ist mit Beta-Karotin angereichert, mit ihm sollen der «Welthunger» sowie die in den Tropen verbreiteten Mangelerkrankungen bekämpft werden. Im Jahr 1992 hatten die Forscher mit Mitteln der Rockefeller-Stiftung begonnen, entsprechende Gene aus Narzissen und Bakterien in konventionellen Reis einzuschleusen. Über acht Jahre dauerte es, bis ganze Stoffwechselketten genetisch transplantiert werden konnten. Als im Frühjahr 1999 die ersten transgenen Pflanzen gewachsen waren, stiessen die Erfinder auf ihnen unverständlichen Widerstand: Umweltaktivistinnen und Gentech-Kritiker mobilisierten gegen das «Trojanische Pferd» der grünen Gentechnologie und warnten vor einem karitativ bemäntelten Profitstreben der «Agro-Multis».
Trotzdem hört sich die Karriere dieses an der ETH entwickelten Nahrungsangebots mittlerweile ziemlich erfolgreich an: Anfang 2001 wurde der aufgrund seiner Gelbfärbung «Golden Rice» genannte Vitaminreis dem renommierten Internationalen Reisforschungsinstitut IRRI in Los Banos auf den Philippinen übergeben. Dort und an

anderen Forschungseinrichtungen wird der Reis mit lokalen Varietäten gekreuzt und für Feldversuche vorbereitet. Die US-amerikanischen National Institutes of Health starteten im November 2004 einen aufwändigen Versuch, um die Wechselwirkungen zwischen dem Golden Rice und dem menschlichen Körper zu erforschen. Und nicht zuletzt ist es den Wissenschaftlern gelungen, die «humanitäre Nutzung» ihrer Erfindung sicherzustellen: Sechs Weltkonzerne hatten sich bereit erklärt, auf die fälligen Lizenzgebühren zu verzichten, wenn ein Betrieb in den Entwicklungsländern aus dem Verkauf des Golden Rice nicht mehr als 10 000 Dollar im Jahr erwirtschaften würde. «Monatelang haben Potrykus und Beyer für diese Verträge gekämpft. Mit der Freigabe gleich mehrerer Patente ist ihnen ein in der Wissenschafts- und Industriegeschichte bisher einmaliger Coup gelungen», schreibt am 22. Januar 2001 die Frankfurter Allgemeine Zeitung. Gleichwohl wurde den Forschern, insbesondere in Europa, viel Häme zuteil: Um den Tagesbedarf an Vitamin A mit Golden Rice zu decken, müsse eine erwachsene Person neun Kilo Reis essen, lautet eines der Standardargumente der Umweltschutzorganisation Greenpeace. Diese räumt dem Golden Rice zwar einen anderen «moralischen Kontext» ein als «irgendeiner herbizidresistenten Nutzpflanze», bekämpft ihn aber trotzdem mit betont populistischen Mitteln. «Der Golden Rice ist noch kein fertiges Produkt, die Reissorten müssen erst entwickelt werden», musste die Wissenschaft wiederholt klarstellen. Mittlerweile liegen gentechnisch veränderte Reislinien im Rahmen normaler Mahlzeiten aus 70 gr Reis vor, mit denen der Tagesgrundbedarf an Pro-Vitamin-A tatsächlich gedeckt werden kann.
Monika Burri

Der Global Player in der Champions League

Heute versteht sich die ETH als Global Player, als weltgewandter Lehr- und Forschungsbetrieb. Die internationale Ausrichtung hat lokale Bezüge verblassen lassen. Doch noch immer wird mit nationalen Grenzen gerechnet: Brain drain oder brain gain? Exzellenzgewinn oder Investitionsverlust? Traditionsreiche Einrichtungen wie der Nobelpreis oder marktförmige Informationssysteme wie die Hochschul-Rankings verdeutlichen die immer noch paradoxen Verflechtungen zwischen Wissenschaft und Nation: Der internationale Kommunikationsraum der Scientific communities ist immer auch ein Forum für nationale Konkurrenz. Der Anspruch der Wissenschaft auf objektive und universale Gültigkeit ist nach wie vor in zeitspezifischen Strukturen verankert.

Hochschul-Rankings. Instrumente
Zu den Hochschul-Rankings, den listenförmigen Bewertungen des
der Internationalisierung
Studienangebots, hat die ETH Zürich ein entspanntes Verhältnis.

Bereits im 19. Jahrhundert hatte sie bei Hochschulvergleichen gut

abgeschnitten.

«The Polytechnic School at Zurich ranks among the world's greatest technical universities», schrieb der Amerikaner William K. Tate im Jahr 1913. Der State Supervisor of elementary rural schools of South Carolina hatte Anfang des 20. Jahrhunderts Europa bereist und seinen Bericht über das «Swiss school system» als Beilage zum Bulletin des US-Bureau of Education veröffentlicht. Schwerpunkt seiner Analyse bildete das schweizerische Primarschulwesen, die anderen Schulstufen wurden nur summarisch skizziert. Dennoch verpasste es der Autor nicht, auf den Weltrang der Zürcher ETH hinzuweisen.

Hochschulvergleiche gibt es nicht erst, seit Studierende als Konsumentinnen und Konsumenten und Universitäten als Dienstleistungsanbieter auf dem unübersichtlichen globalen Bildungsmarkt begriffen werden. Bereits im 19. Jahrhundert hatten sich Hochschul-Vergleiche als wichtige Instrumente eines grenzüberschreitenden Know-how-Transfers etabliert. Schon die Promotoren des eidgenössischen Polytechnikums hatten es nicht versäumt, während der Projektierungsphase Anfang der 1850er-Jahre im benachbarten Ausland zu sondieren und geeignete Vorbilder zu evaluieren. Es war nie ein Geheimnis, dass sich Alfred Escher und seine Mitstreiter insbesondere von der polytechnischen Schule in Karlsruhe inspirieren liessen. Aber auch von den polytechnischen Schulen in Paris, Wien, Stuttgart, München, Nürnberg oder Turin hatte man Unterlagen kommen lassen.

Im Gegenzug wurde auch das Zürcher Polytechnikum gerne beschrieben und bewertet. Diverse Fachleute unterzogen die Organisation und insbesondere das als innovativ geltende Fächerangebot der eidgenössischen Ingenieurschule einer systematischen Untersuchung. Die auf Grundlage von offiziellen Dokumenten, persönlichen Beobachtungen und Gesprächen mit Polytechnikumsangehörigen erstellten Berichte wurden nicht selten im Rahmen von länderübergreifenden Vergleichen publiziert. Da-

«Wohlfühl-Index». Die ersten Rankings schweizerischer Hochschulen erhitzten die Gemüter. Studierende auf der Polyterrasse, 1980er-Jahre.

bei erhielt das Zürcher Polytechnikum in der Regel gute Noten. «Wir haben bei der Beschreibung dieser jungen, aber kräftig emporstrebenden Schule länger verweilt, als bei Beginn der Arbeit unsere Absicht war, weil wir dieselbe, wenn auch ihre Schülerzahl noch geringer ist als anderswo, doch für eine der bedeutendsten und zukunftsvollsten unserer Zeit halten», schloss etwa der Prager Mathematikprofessor Carl Koristka seinen 1863 im Auftrag des hohen Ausschusses des Königreichs Böhmen publizierten Bericht über den «höheren polytechnischen Unterricht in Deutschland, in der Schweiz, in Frankreich, Belgien und England» (Koristka 1863).

Im Unterschied zu den qualitativen Beschreibungen des 19. Jahrhunderts, die sich eingehend mit den Vor- und Nachteilen der verschiedenen polytechnischen Schultypen befassen, bieten die Hochschulvergleiche des ausgehenden 20. Jahrhunderts eine quantifizierende Bewertung des Studienangebots. Inspiriert von den Ranglisten des Sports und der Gastronomie, orientiert an den Hitparaden des Buch- oder Musikmarktes, adressieren sich die so genannten Hochschul-Rankings in erster Linie an potenzielle Kunden. Dabei gilt es zu unterscheiden zwischen dem amerikanischen und dem europäischen Ranking-Stil: In der kompetitiven amerikanischen Ausbildungslandschaft, wo private und staatliche Universitäten um Studierende und Finanzen konkurrieren, besitzen die Ranglisten eine hohe Akzeptanz, während man in Europa noch immer über deren Einführung diskutiert. Zudem stellt man in der fachbezogen organisierten Hochschullandschaft Westeuropas lediglich Studiengänge einander gegenüber, während in den USA, zumindest auf College-Ebene, ganze Universitäten miteinander verglichen werden.

«Die Swissup-Site soll jungen Menschen aufzeigen, wo sie die beste Ausbildung erhalten können, gerade auch in den Bereichen der neuen Wirtschaft», umschrieb Daniel Borel, Gründer und Verwaltungspräsident der Erfolgsfirma Logitech, seine Motivation, das erste schweizerische Hochschul-Ranking durchzuführen. Die von Borel gegründete Informationsplattform Swissup präsentierte im Jahr 2001 erstmals eine Klassifizierung des schweizerischen Studienangebots. Vorbild war das deutsche Centrum für Hochschulentwicklung CHE, das seit 1998 das renommierte «Stern»-Ranking herausgibt. Anders als die traditionsreichen Hochschulklassifizierungen ist Swissup jedoch noch nicht zu einer Bewertung der Forschungsleistungen vorgedrungen. Gegenstand der Begutachtung ist hauptsächlich das Serviceangebot. Die nach Kriterien wie «Betreuungsquote», «Qualität der Professoren» oder «Vorbereitung fürs Berufsleben» gegliederten Listen sollen den Studieninteressierten Orientierung bieten und das am besten auf ihr individuelles Profil zugeschnittene Ausbildungsangebot herausfiltern. Trotzdem oder gerade deswegen stiess Swissup bei den Universitäten anfänglich auf erheblichen Widerstand. Die Auswertung, die sich zu einem grossen Teil auf Befragungen von Studierenden abstützt, eigne sich mehr als «Wohlfühl-Index» denn als Massstab für akademische Qualität, bemängelten die Skeptiker. Inzwischen sind einige Institute auf den Geschmack gekommen und zeigen sich kooperationsbereit. Ähnlich wie das Bachelor-Master-System, das bis 2010 flächendeckend ins schweizerische Bildungssystem eingeführt werden soll, versteht man auch das Hochschul-Ranking mittlerweile als ein nützliches Instrument der Internationalisierung, als Garant für die transnationale Konkurrenz- und Anschlussfähigkeit der schweizerischen Hochschullandschaft.

Im Gegensatz zu den schweizerischen Universitäten, denen die neue Methode der öffentlichen Gegenüberstellung eher als gewöhnungsbedürftig galt, hatte die ETH schon seit längerem ein entspanntes Verhältnis zum Thema Ranking. Kein Wunder: Alle einigermassen seriösen Hochschulranglisten bestätigen den Spitzenplatz der ETH in der «Champions League» der fünfzig weltbesten Forschungsinstitutionen. In

technisch-naturwissenschaftlicher Hinsicht gilt die ETH Zürich zusammen mit dem Massachusetts Institute of Technology MIT in Cambridge und dem California Institute of Technology in Pasadena als eine der drei wichtigsten Hochschulen der westlichen Welt. «Leider sind selbst bei komplizierten Forschungsrankings methodische Zweifel aufgetaucht», äusserte sich Olaf Kübler, Präsident der ETH Zürich, im Herbst 2003 gegenüber der NZZ am Sonntag. Die ETH Zürich habe es sich deshalb zur Maxime gemacht, Rankings nicht für die Eigenwerbung zu verwenden, «selbst wenn sie für uns vorteilhaft sind». Ähnlich wie Swissup es anbietet, schätzt Kübler die Rankings vor allem in ihrer Eigenschaft als «Uni-Informations-Systeme»: «Der grosse Nutzen dieses Systems liegt darin, dass man auf viele intelligente Fragen gute Antworten bekommt: ob es billige Studentenzimmer gibt, ob es berühmte Forschende gibt, ob kurze oder längere Studiendauer üblich ist, wie eng die Betreuung ist – jeder kann seine eigenen Fragen stellen.» (NZZ am Sonntag, 2.11.2003)
Monika Burri

Ausländische Studierende.
Grenzen des globalen Bildungsmarkts

Im Kontrast zum grenzüberschreitenden Forschungsrenommee der ETH ist die gegenwärtige Studentenschaft nicht besonders international. Das war früher anders. In ausbildungspolitischen Fragen vertrat der Schulrat in der Regel eine liberale Haltung.

Während in den frühen Jahren der ETH-Geschichte zeitweise über 60% der Studenten aus dem Ausland kam, ist der Anteil ausländischer Studierender seit 1963 nicht mehr über die 20%-Marke geklettert. Dieser Rückgang, der sich zwischen 1887 und 1922 besonders deutlich akzentuierte, bedeutet nicht unbedingt, dass die ETH ihre Anziehungskraft einbüsste. Vielmehr liegt die Erklärung nahe, dass in Österreich-Ungarn und in Russland, von wo bis zum Ende des Ersten Weltkriegs viele der Ausländer kamen, eigene technische Hochschulen von genügender Qualität entstanden. In dieser Phase verlor der push-factor der akademischen Migrationsbewegung tendenziell an Kraft, während der pull-factor unverändert weiter bestand. Auf einem prozentual tiefen Niveau dominierten in der anschliessenden Zwischenkriegszeit ausländische Studierende aus den Niederlanden und aus Norwegen, und nach 1945 waren Frankreich und Deutschland die wichtigsten Herkunftsländer (Überblick Nr. 6 auf www.ethistory.ethz.ch/materialien/statistiken).

Der Schulrat beklagte den Rückgang des Ausländeranteils bei den Studierenden stets. Nur widerwillig führte er angesichts knapper Bundesfinanzen 1919 für Ausländer erhöhte Studiengebühren ein, wie es an den meisten Hochschulen bereits üblich war. Schon 1923 wurde die Regelung aber wieder aufgehoben, weil wegen der Jahresgebühr von 600 Franken die Zahl der ausländischen Studierenden überraschend schnell um mehr als die Hälfte gesunken war. Dadurch schmolzen die finanziellen Vorteile der Gebührenordnung fast völlig weg, während der Ruf der Schule in den Augen des Schulrats durch die Ungleichbehandlung von Schweizern und Ausländern schweren Schaden nahm. Wichtiger war aber ein wirtschaftliches Argument: Ausländische Studierende dürften nicht als «unerwünscht» behandelt werden, mahnte die leitende Behörde, weil sie unersetzliche Werbeträger für die Exportwirtschaft seien (Schulratsprotokolle, SR2:1924, 23.2.1924, Trakt. 24). Noch 1940 wurde ein Antrag des

Propagandabuttons des VSETH gegen eine Verfügung der Schulleitung, 1974.

Studentenverbandes auf erhöhte Ausländergebühren mit der Begründung abgelehnt, die Schweiz habe ein grosses Interesse daran, «dass Ausländer unsre Arbeit und Produktion auf Grund eigener Kenntnis später im Ausland vertreten» (Schulratsprotokolle, SR2:1940, 30.3.1940, 72). Dieser offenen Haltung erwuchs in der ersten Hälfte des 20. Jahrhunderts vermehrt Widerstand. Schon 1908 hatte der Nationalrat mit einer Gebührenerhöhung für Ausländer explizit auch den Andrang «lästiger fremder Elemente» vermindern wollen. 1932 reichte eine Gruppe schweizerischer Studenten und Assistenten bei der Zürcher Fremdenpolizei eine Beschwerde ein, mit der die ETH-Professoren verpflichtet werden sollten, «in Hinblick auf die grosse Zahl arbeitsloser Ingenieure» bei der Anstellung von Assistenten künftig Schweizer zu bevorzugen (Schulratsprotokolle, SR2:1932, 17.9.1932, 80). Das gleiche Anliegen verfolgte auch ein Artikel in der faschistischen Front vom 17. August 1934, der unter dem Titel «Ist unsere Eidgen. Techn. Hochschule ebenfalls verjudet?» scharf gegen die von ihr so genannten «Reklamestudenten» anschrieb.

Nach der Machtergreifung der NSDAP war die Problematik der ausländischen Studierenden an der ETH weitgehend zu einem «Judenproblem» geworden, wie sich Arthur Rohn ausdrückte. 20 Neuimmatrikulationen hätten für das Sommersemester bereits stattgefunden, wovon 19 jüdische Studierende seien, meldete Rektor Plancherel im April 1933. «Übrigens ist zu bemerken», führte er weiter aus, «dass die meisten ausländischen Studenten der E.T.H. Juden sind» (Schulratsprotokolle, SR2:1933, 22.4.1933, 74). Je deutlicher die nationalsozialistische Judenverfolgung an Kontur gewann, umso stärker wuchs in der Schweiz die Angst vor einer «Überfüllung der E.T.H. mit deutschen jüdischen Flüchtlingen» (Rohn im Schulratsprotokoll, SR2:1933, 23.9.1933, 165). Diese Angst wurde auch vom eidgenössischen Justiz- und Polizeidepartement geteilt, das am 22. April 1933 die Vergabepraxis für Aufenthaltsbewilligun-

gen an ausländische Studierende verschärfte. Aber entgegen den fremdenpolizeilichen Zwängen und den fremdenfeindlichen Tönen aus der organisierten Studentenschaft bezog der Schulrat bisweilen klar Stellung.
Als das Justiz- und Polizeidepartement nach dem «Anschluss» Österreichs an NS-Deutschland im Frühjahr 1938 die Schweizer Konsulate anwies, ausländischen Studenten die Einreiseerlaubnis in die Schweiz zu verweigern, weil die ETH «wegen Überfüllung» keine Studierenden mehr annehmen könne, reagierte man höchst empört. «Die Fremdenpolizei ist nicht in der Lage, darüber zu urteilen, wer sich zum Studium eignet», hielt Schulrat Leo Merz 1938 scharf fest und bedauerte überdies die «zu grosse Engherzigkeit seitens der Fremdenpolizei» bei der Vergabe von Einreisebewilligungen (Schulratsprotokolle, SR2:1938, 7.7.1938, 287). Wenig später warnte Merz davor, dass die Schweiz mit ihrer gegenwärtigen Politik Gefahr laufe, «die Judenverfolgung zu unterstützen und die Verfolger zu schützen» (Schulratsprotokolle, SR2:1938, 6.9.1938, 293).
Mit dem Linksrutsch der Studierendenorganisation in den 1960er-Jahren wich die traditionelle Ausländerfeindlichkeit der Studenten einer internationalistischen Haltung. Als der Bundesrat 1974 eine Beschränkung der ausländischen Arbeitskräfte beschloss, die auch für die ETH gelten sollte, kam es zu massivem Widerstand. Die Verfügung, nach der keine Ausländer mehr als Angestellte, Assistenten oder wissenschaftliche Mitarbeiter beschäftigt werden durften, behinderte die akademische Freizügigkeit so stark, dass sie umgehend durch eine liberalere Regelung ersetzt wurde (Année Politique 1974, 141).
Daniel Speich

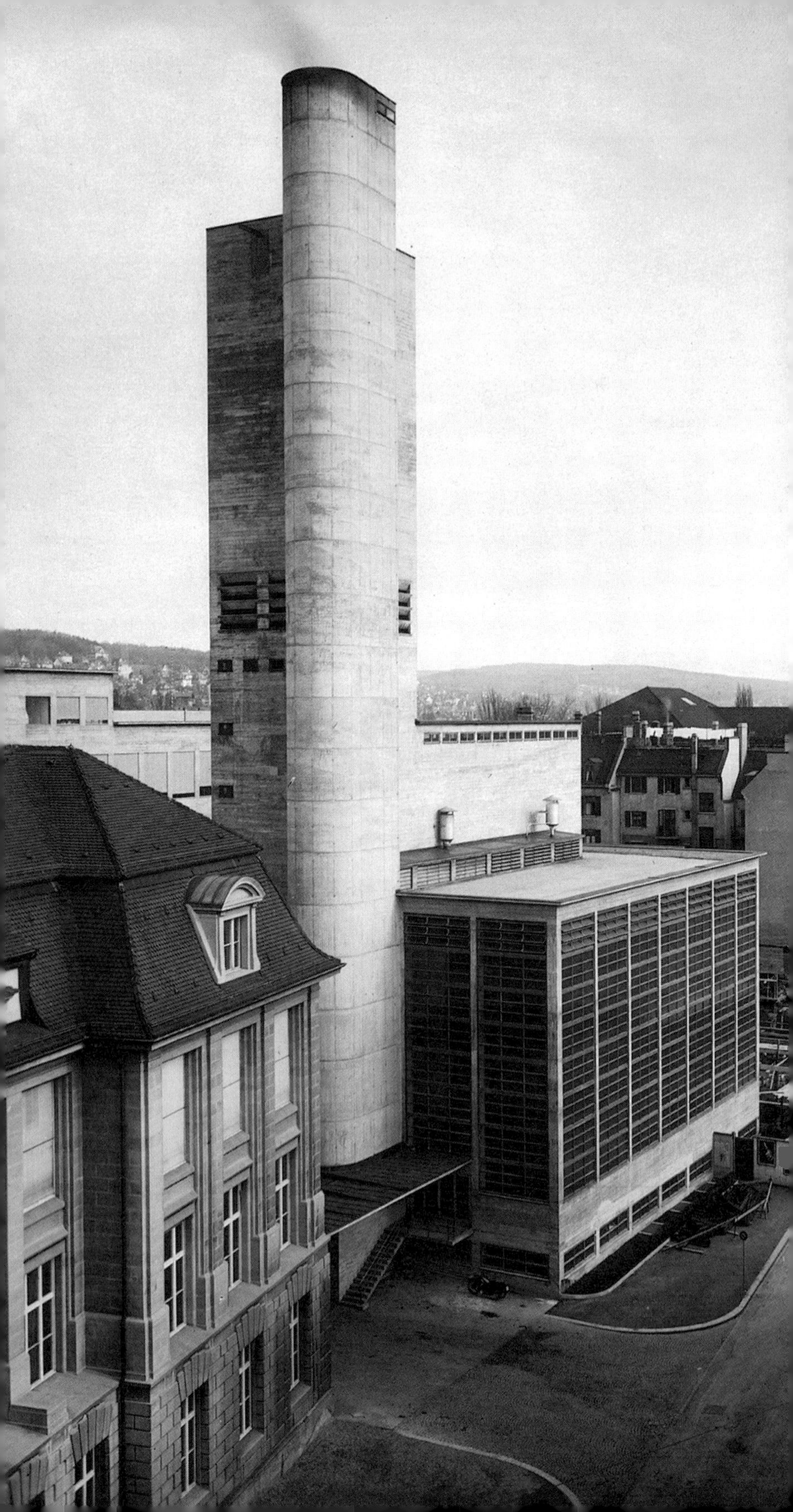

Konjunkturkurven – die ETH im Schnittfeld industrieller Beziehungen

Seit 1855 produziert das Polytechnikum Wissen, für den Markt der Wissenschaft ebenso wie für den Markt der Industrie. Zwischen technischer Hochschule und Industrie bestand von Anfang an eine wechselseitige Abhängigkeit: Die ETH versorgt die industrielle Praxis mit Ingenieuren, Patenten und Instrumenten. Die Privatwirtschaft sowie die Kantonsregierungen unterstützen die Forschungen der ETH mit Drittmitteln. Bei allem gegenseitigen Interesse gibt es allerdings auch grundsätzliche Differenzen: Während Wissenschaftler mit der Veröffentlichung von Forschungsresultaten punkten müssen und der freie Austausch von Argumenten zum akademischen Selbstverständnis gehört, ist die Privatwirtschaft notwendigerweise an Monopolisierung und Geheimhaltung von Wissen interessiert.

Wissenschaftlich-technische Raumverwaltung

Ein früher Praxisbezug des Polytechnikums ergab sich aus der Aufgabe, dem schweizerischen Bundesstaat beim Aufbau einer nationalen Infrastruktur behilflich zu sein. Als zukunftsorientierte Einrichtung stützte die eidgenössische Techniker-Schule die Anlage und langfristige Sicherung grosstechnischer Systeme. Während des 19. Jahrhunderts war das Polytechnikum eng an die Entwicklung bundesstaatlicher Machtstrukturen und volkswirtschaftlicher Definitionsmonopole gebunden. Es kann deshalb als Regierungsinstrument verstanden werden, das polytechnisches Wissen zuhanden der Industrie sowie der Verwaltung als Entscheidungsgrundlage sammelte und bereithielt. Eine der frühesten Dienstleistungen für die Verwaltung lag auf dem Gebiet der wissenschaftlichen Materialprüfung.

Die wissenschaftliche Material-
Mit den grosstechnischen Verkehrssystemen des 19. Jahrhunderts
prüfung. Institutionalisierung
etablierte sich die systematische Materialprüfung als neue
einer neuen Disziplin
experimentelle Disziplin. Die 1880 gegründete «eidgenössische

Anstalt zur Prüfung von Baumaterialien» verstand sich als staatliche

Prüfstelle und wissenschaftliche Versuchsanstalt.

«Bei keiner der grossen Staatsumwälzungen, welche die Schweiz in diesem Jahrhundert erlebt hat, sind an einem Tag so viele blutige Opfer gefallen, wie an jenem lachenden Sonntag Nachmittag in Mönchenstein» (Münchenstein BL), berichtet die Neue Zürcher Zeitung vom 23. Juni 1891. Die Mitte der 1870er-Jahre von Gustav Eiffel konstruierte Eisenbrücke über der Birs war am 15. Juni 1891 unter der Last eines von zwei Lokomotiven geführten Personenzugs der Jura-Simplon-Bahn eingestürzt. Achtzig Menschen fanden beim damals «grössten kontinentalen Eisenbahnunglück» den Tod. Neben dem Schrecken über die «blutüberströmten Leichen ganzer Familien» wurde vor allem Kritik an der unkontrollierten Expansion der Eisenbahnen laut. «Es ist ja bekannt, dass diese Bahn in geldarmer Zeit mit allzu sparsamen Mitteln als Lokalbahn gebaut wurde und Niemand damals ahnen konnte, dass sie je eine grosse internationale Linie werden würde», kommentierte die Neue Zürcher Zeitung, dem zeitgenössischen Tenor entsprechend, die Hintergründe des Brückeneinsturzes. Kein Wunder, dass das Eidgenössische Post- und Eisenbahndepartement als oberste Kontrollbehörde Wert darauf legte, die Unfallursache sobald als möglich von «technischen Experten» untersuchen zu lassen.
Der «Bericht über die Mönchensteiner Brücken-Katastrophe», den die Polytechnikumsprofessoren Wilhelm Ritter und Ludwig Tetmajer am 24. August 1891 vorlegten, bezeichnete detailliert die durch Materialproben, statische Berechnungen sowie durch die Auswertung von Augenzeugenberichten ermittelten Schwachstellen der Brückenkonstruktion. Gleichzeitig nutzten die Schreiber die Gelegenheit, für die «beruhigende» Wirkung wissenschaftlicher Materialprüfung zu werben:
«Auf der anderen Seite erwächst aus unsern Betrachtungen die beruhigende Überzeugung, dass die Mönchensteiner Brückenkatastrophe nicht einer allgemeinen Unsicherheit der eisernen Brücken zuzuschreiben ist, sondern dass vielmehr unsere ei-

Brückenkatastrophe von Münchenstein am 15. Juni 1891. Fotoaufnahme der Polytechnikumprofessoren W. Ritter und L. Tetmajer.

sernen Brücken nach wir vor volles Vertrauen verdienen, vorausgesetzt dass sie richtig berechnet, aus gutem Material und nach gesunden Grundsätzen erbaut sind und mit Aufmerksamkeit überwacht werden.» (Ritter/Tetmajer 1891, 21).

Mit der Ausbreitung grosstechnischer Infrastrukturen im 19. Jahrhundert hatte sich die wissenschaftliche Materialprüfung als neue experimentelle Disziplin formiert. Als erste systematische Materialprüfungen, die in der Schweiz vorgenommen wurden, gelten die Brückenbelastungsproben, die der Ingenieur Guillaume-Henri Dufour in den 1830er-Jahren beim Bau der Genfer Hängebrücken Saint-Antonie und Pont des Bergues durchführen liess. Auch die «Untersuchungen zur Ermittlung der Gefährlichkeit des Dynamit beim Transport», welche die Polytechnikumsprofessoren Pompejus Bolley, Karl Pestalozzi und August Kundt im Jahr 1869, im Vorfeld des Gotthardbahnbaus, «theils in einem Steinruch in Dänikon, theils in der Eisenbahnwerkstätte in Olten, theils in Zürich» vornahmen, zählen noch zu den Pionierarbeiten der systematischen Werkstoffprüfung.

Wie alle neuen Disziplinen musste sich die wissenschaftliche Materialprüfung zunächst einmal Raum und Legitimation verschaffen. Im Falle der heute in Dübendorf, St. Gallen und Thun ansässigen «Eidgenössischen Materialprüfungs- und Forschungsanstalt» EMPA erwies sich die 1852 konstruierte – und später mehrfach verbesserte – Materialprüfungsmaschine des Zürcher Ingenieurs Johann Ludwig Werder als institutioneller Kristallisationspunkt.

Die Beschaffung und die Inbetriebnahme der «Maschine zur Prüfung der Festigkeit der Materialien, entworfen von Ingenieur Werder, gebaut von Klett & Comp. in Nürnberg» vollzog sich jedoch nicht reibungslos. So etwa wurde der bereits 1856 von einer Gruppe von Professoren des frisch gegründeten Polytechnikums gestellte Antrag auf einen Beschaffungskredit nicht bewilligt.

Erst gut zehn Jahre später gelang es einigen Direktoren von schweizerischen Eisenbahngesellschaften im Verbund mit dem Zürcher Maschinenbauprofessor Carl Culmann, «vom hohen schweizerischen Bundesrathe den für die Anschaffung einer solchen Maschine erforderlichen Credit von 15 000 Franken zu erhalten». Eine der ersten nach Werders System erbauten «Universalfestigkeitsmaschinen» sollte in Olten zu stehen kommen, in einer von den Eisenbahngesellschaften angeregten «permanenten Ausstellung für Baumaterialien». 1866 wurde die Maschine, mit der «Festigkeitsproben gegen Zerreissen, Zerdrücken, Verdrehen und Biegen» ausgeführt werden konnten, in der Hauptwerkstätte der schweizerischen Zentralbahn in Olten installiert und dort auch «gegen Erlegung einer kleinen Taxe, die zur Bestreitung der Bedienungs- und Reinigungskosten dient, dem bauenden Publicum zur Disposition gestellt». Diese Benutzungsmöglichkeit sollte «den Sinn für wissenschaftliches Vorgehen bei der Bestimmung der Dimensionen der tragenden Bautheile, und bei der Auswahl der Materialen wecken» (Die Eisenbahn, 2. 7. 1875). Für systematische wissenschaftliche Versuche fehlten allerdings die Mittel. Zudem erwiesen sich die «Dislokationsverhältnisse der Maschine» für eine gezielte Nutzung als hinderlich (Zielinski 1995).

Nach der vertragsgemässen Umsiedlung nach Zürich landeten die Bestandteile der Maschine zunächst in einem Abstellraum. Es verging wiederum beinahe ein Jahrzehnt, bis der nun «eidgenössische Festigkeitsmaschine» genannte Apparat in betriebsfähigen Zustand versetzt wurde. «Der technische Verein Winterthur beauftragt seinen Vorstand an geeignetem Ort sich energisch dafür zu verwenden, dass endlich die vor zehn Jahren vom hohen schweizerischen Bundesrath für die Summe von 15 000 Franken angeschaffte Maschine zum Probiren der Festigkeit der Materialien (System Werder) in Thätigkeit gesetzt werde, um sowohl für Theorie als Praxis ihre

Eidgenössische Anstalt zur Prüfung von Baumaterialien. Neubau an der Leonhardstrasse, Aufnahme von 1891.

anerkannt werthvollen Dienste zu leisten», lautete eine im Dezember 1876 beschlossene Resolution des technischen Vereins Winterthur (zitiert nach Zielinski 1995, 17). Drei Jahre später, nachdem das Parlament die erforderlichen Geldmittel bewilligt hatte, erhielt die Maschine zumindest ein eigenes Betriebgebäude auf dem Areal der Schweizerischen Nordostbahn beim heutigen Zürcher Güterbahnhof. Dieser «Pavillon» konnte den Erfordernissen der Wissenschaft allerdings nicht ganz genügen: Zum einen war er weder mit Gas noch mit Wasser noch mit «ausreichenden Heizeinrichtungen» ausgerüstet, zum anderen stand er zwischen stark befahren Gleisen, was die Messungen erheblich beeinträchtigte.

Die weitere Karriere der «eidgenössischen Festigkeitsmaschine» war unmittelbar mit der Person Ludwig Tetmajers verknüpft. Seit 1. Januar 1880 war der ehemalige Assistent von Carl Culmann provisorischer und seit dem 2. Februar 1881 offizieller Direktor der rund um die Festigkeitsmaschine gegründeten «eidgenössischen Anstalt zur Prüfung der Materialien». Mit einem jährlichen Betriebskostenbeitrag von 7000 Franken ausgestattet, musste sich die beim Güterbahnhof angesiedelte Prüfstelle zunächst als Ein-Mann-Betrieb behaupten. Die Landesausstellung von 1883 auf dem Zürcher Platzspitz bot dem neu gegründeten Institut Gelegenheit, «eine Probe seiner Leistungsfähigkeit im öffentlichen Interesse zu bestehen» (Tetmajer 1889, 5). Abgesehen von der allgemeinen Aufmerksamkeit, die Tetmajers spektakuläre Brücken-Belastungsproben mit «Portland-Cementbeton» auf sich zogen, ermöglichten die im Rahmen der Landesausstellung angeschafften neuen Apparaturen und Geräte nicht zuletzt eine Übersiedlung der Anstalt ins Hauptgebäude des Polytechnikums. «Ein Gasmotor, eine Diamanthobelmaschine, ein Druckapparat grossen Kalibers (mit 120 t disponiblem Druck), eine komplete Garnitur von Maschinen für Prüfung von Bindemitteln, Einrichtungen zur Appretur künstlicher Bausteine u. d. m.», all die Neu-

anschaffungen, die auf dem Gelände der Nordostbahn keinen Platz fanden, wurden vorübergehend im Kellergeschoss des Polytechnikum-Hauptgebäudes stationiert. Es fand sich auch ein «für Schulzwecke wegen seiner Feuchtigkeit fast unbrauchbarer Raum», der als «Büreau des Vorstandes» in Betrieb genommen wurde.
Natürliche und künstliche Bausteine, Bindemittel, Bauholz, Metalle, Hanf- und Drahtseile, Treibriemen, Ketten: Die Liste der Werkstoffe, die von der Anstalt im ersten Betriebsjahrzehnt getestet und normiert wurde, belegt ein reges Interesse am neuen wissenschaftlichen Dienstleistungsangebot. Mit den wiederholten anschaulichen Schilderungen der prekären personellen und räumlichen Verhältnisse seines «Provisoriums» gelang es Tetmajer bald, neue Ressourcen zu erschliessen. Bereits 1887 hatte der Bundesrat die wachsende Bedeutung der eidgenössischen Anstalt zur Prüfung von Baumaterialien mit einer Erhöhung des jährlichen Betriebskredits gewürdigt. 1891, im Jahr der Münchensteiner Brückenkatastrophe, erhielt sie schliesslich ein eigenes Institutsgebäude, einen rund 200 000 Franken teuren Neubau an der Leonhardstrasse. Im elektrisch beleuchteten und zentralbeheizten Haus waren auf drei Etagen Werkstätten und Laboratorien, Bureau und Hörsaal, Archiv und Dienstwohnung des Hauswarts untergebracht. In der sorgsam geplanten Anlage der Räumlichkeiten sollte die Bestimmung der Anstalt zum Ausdruck kommen, nämlich weder öffentliche Prüfstation noch technische Versuchsanstalt zu sein, sondern «vermöge ihrer Organisation, Einrichtung und Dotation» beide Zweckbestimmungen in sich zu vereinen.

Monika Burri

Die Polybahn. Städtebau und Bequemlichkeitstechnik der Belle Époque

Die heutige Polybahn ist das Überbleibsel eines gross angelegten Projekts. Ursprünglich sollte die 1889 eröffnete «Drahtseilbahn zum Polytechnikum» bis auf den Zürichberg führen. Der Ausbau der Tramlinien kam dem seilgezogenen Transport- und Aussichtsmedium zuvor.

«Sanft wie ein Kahn auf weichem Ufersand läuft der Wagen an die Landungstreppe an; das mächtige Wasserrohr füllt das Reservoir unter dem Wagen und die fröhlichen Studenten, die zum Frühschoppen zur Stadt hinunterstreben, treten die Talreise an.» Vom 8. Januar 1889, dem Eröffnungstag der Polybahn, malte die Neue Zürcher Zeitung ein idyllisches Bild. Der Lokalreporter sichtete «einen nicht abschwellen wollenden Strom von Neugierigen, die hinauf und hinunter fahren wollten und dem Dienstpersonal ihren Obolus entrichteten». Das Publikum sei «sich einig darin, die Anlage sicher und nett zu finden. Einige Leute machten sogar einen förmlichen Sport daraus, die Strecke vom Morgen bis zum Abend zu befahren, um die hübsche Aussicht weit über die Stadt hin in jeder Beleuchtung recht zu studieren. Es fährt sich auch ganz angenehm in den ruhig dahingleitenden und ohne Anstrengung steigenden Wagen» (NZZ, 9.1.1889).

Die Drahtseilbahn zur Polyterrasse war keine zürcherische Besonderheit. Das neue Transport- und Aussichtsmedium fügte sich gut ein in die verkehrstechnische Landschaft des ausgehenden 19. Jahrhunderts. Seit der Eröffnung der Vitznau–Rigi-Bahn 1871 wurden in Europa und Übersee zahlreiche Hügel mittels Zahnstangen und Seilrampen erschlossen und einer internationalen Leisure Class als Aussichtsterrassen und Flaniermeilen zugänglich gemacht. Die kleinräumige Form der Ausflugsbahn entsprach allerdings nicht ganz den Visionen der Entwickler der neuartigen Bergbahntechnik. Der Schweizer Ingenieur und Rigibahnerbauer Niklaus Riggenbach beispielsweise wollte seine kletternden Lokomotiven dem internationalen Personen- und Güterverkehr dienlich machen und hatte immer wieder hartnäckig für eine Überschienung des Gotthards mit Zahnstangen plädiert. Die Touristen- und Stadtbahnen waren für ihn lediglich Versuchsanlagen und Demonstrationsobjekte für grossräumige Erschliessungspläne (Burri 2003).

Drahtseilbahn zum Polytechnikum, Brücke über Hirschen- und Seilergraben.
Ansichtskarte um 1900.

Auch die Polybahn ist nur das Überbleibsel eines ausgedehnteren Projekts. Die Konzession, welche die «Zürichbergbahn-Gesellschaft» 1886 vom Bundesrat erhielt, erstreckte sich auf ein zweiteiliges Unternehmen: Zuerst sollte die Strecke Limmatquai–Polytechnikum gebaut werden, dann diejenige Polytechnikum–Zürichberg. Zu diskutieren gab aber bereits die Anlage der Talstation sowie die Schienenführung auf der Höhe des Hirschen- und Seilergrabens. Zunächst präsentierte die Gesellschaft zwei Vorschläge mit teils unterirdischer Schienenführung. Keiner der beiden wurde jedoch bewilligt. Insbesondere die Stadtbehörden wollten sich ihre Pläne zur Umgestaltung des Leonhard-Platzes (des heutigen Centrals) und der Hirschengrabenstrasse nicht verbauen lassen. Die Zürichbergbahn-Gesellschaft zückte daraufhin einen teuren Trumpf: eine Überbrückung der heiklen Strassensituation. Dieser Vorschlag wiederum weckte den Widerstand der Anwohner. Die Neue Zürcher Zeitung vom 18. Dezember 1886 berichtet von einer «starkbesuchten» Versammlung des Zähringerquartiers. Die Anwohner seien der Bahn zwar gewogen, fürchteten jedoch ihre Aussicht ins Grüne zu verlieren und verlangten vom Stadtrat, «dass ein mit Rücksicht auf die ästhetische wie bauliche Entwicklung des Quartiers entsprechender Zugang, sei es vermittelst einer Tunnelanlage oder Einschnitts in die Stützmauer des Hirschengrabens gesucht, jedenfalls aber eine Brückenanlage daselbst als unstatthaft erklärt werde» (NZZ, 18.1.1886).

Auch der Stadtrat stand der Brückenvariante zunächst skeptisch gegenüber. Eine Petition mit 1500 Unterschriften sowie ein «Holzmodell an Ort und Stelle» stimmten die Behörden schliesslich gnädig. In ihrer Eingabe vom 26. April 1887 argumentierte die Zürichbergbahn-Gesellschaft nochmals entschieden gegen ein Tunnelprojekt, das «absolut nicht zu dem freien, offenen und freundlichen Wesen passt, welches man Zürich auf allen Seiten zu geben bemüht ist» (SBG 1977, 8). Es verging aber noch

«Sanft wie ein Kahn». Drahtseilbahn zum Polytechnikum. Ansichtskarte aus den 1920er-Jahren.

einige Zeit, bis die Expropriationsverhandlungen zwischen Bahngesellschaft und Anwohnern abgeschlossen waren. Im Februar 1888 begann man mit dem Abbruch des Restaurants Limmatbrücke, «an dessen Stelle sich bald ein hübsches Bahnhofgebäude erheben sollte». Ein halbes Jahr später schliesslich waren der Unterbau gelegt, die Stützmauern errichtet, die Brücke montiert, und die ersten Wagen der Schweizerischen Lokomotiv- und Maschinenfabrik Winterthur konnten getestet werden.

Die Drahtseilbahn, nach dem System des Schweizer Ingenieurs Roman Abt mit einem Doppelzahnrad und eine Doppelzahnstange ausgerüstet, verkehrte bis zur Umstellung auf elektrischen Betrieb 1897 mit Wasserballast. Sechs Angestellte teilten sich «von morgens 7 bzw. 6 Uhr bis abends 9 Uhr» den Stations- und Kondukteurdienst. Die Besucherfrequenz des ersten Betriebsjahres liess sich sehen, blieb aber nicht stabil. Eine ernsthafte Konkurrenz bildete insbesondere das seit den 1890er-Jahren systematisch ausgebaute Netz elektrifizierter Tramlinien. 1894 hatte die Zentrale Zürichbergbahn ZZB, damals noch eine private Tramgesellschaft, beim Bundesrat ein Konzessionsgesuch für die Linien Platte–Polytechnikum sowie Drahtseilbahn–Rigistrasse gestellt. Widerstand gegen die elektrisch betriebene Strassenbahn regte sich ausgerechnet von Seiten des Polytechnikums.

Der Vorsteher des physikalischen Instituts befürchtete, die Experimente könnten durch die Stromzuführung aus der Kraftstation Fluntern beeinträchtigt werden: «Zur Begründung dieser Einsprache macht der Schulrat darauf aufmerksam, dass das physikalische Institut in die Gabelung der beiden Bahnstränge hinein zu liegen käme, so dass bei der beabsichtigten Lage der einheitlichen Kraftstation der elektrische Strom, von den Schienen des Stranges nach Oberstrass den kürzesten Weg nach der Kraftstation Fluntern suchend, seinen Weg durch das Erdreich unter dem physikalischen Institute nehmen würde, was nach dem Gutachten des Vorstandes dieses Institutes,

Professor Dr. Weber, jede genaue elektrische und magnetische Beobachtung innerhalb der Räume desselben unmöglich machen würde.» (Schweizerisches Bundesblatt, 1895 II, 559–565)

Die Einsprache des Polytechnikums zwang die ZZB dazu, von der ursprünglich geplanten Linienführung abzusehen und die Geleise in die Moussonstrasse zu verlegen. Diese Umleitung machte beim Häldeliweg eine Spitzkehre nötig, die als «Gipfel der Gerechtigkeit» (NZZ) – als ausgleichende Neupositionierung der Fahrgäste – in die Zürcher Tramgeschichte einging.

Für die Polybahn bedeuteten die Terraingewinne der heutigen Tramlinie 6 das Ende der einstigen Ausbaupläne. Der Begeisterung der Zürcher und insbesondere auch der Polytechniker für das «Polybähnli» tat diese Begrenzung allerdings keinen Abbruch, im Gegenteil. In den 1970er-Jahren, als die Polybahn der dringenden Sanierung bedurfte, meldete sich nicht nur die Schweizerische Bankgesellschaft als rettende Käuferin. Auch Studierende, Dozenten, Angestellte und Assistenten des Polytechnikums wollten dem Niedergang der charmanten Hausbahn nicht tatenlos zusehen und formierten sich zum «Verein Pro Polybahn». Das akademische Rettungskomitee veranstaltete Sammelaktionen, übernahm den Feriendienst und erarbeitete nicht zuletzt verschiedene Sanierungspläne und Kostenschätzungen zur Sicherung der Konzessionserneuerung (SBG 1977, 20).

Monika Burri

Investitionen der Industrie

Ein besonderes Merkmal des nationalen Innovationssystems der Schweiz ist der grosse Beitrag der Industrie an die Forschungsfinanzierung. Die finanziellen Engpässe, welche die technische Hochrüstung der Naturwissenschaften im 20. Jahrhundert erzeugten, überstiegen sowohl die Kapazitäten der Hochschule wie auch einzelner Unternehmen. In den 1930er-Jahren stellten die breit getragenen Stiftungen und Fonds der Privatwirtschaft eine neue Form der Wissenschaftsförderung dar. Mit ihrer projektorientierten Vergabe hatten sie einen prägenden Einfluss auf die Forschungsorganisation. Ebenso innovativ waren die mischfinanzierten Institute, die in der Zwischenkriegszeit entstanden. Die neuen Finanzierungssysteme ermöglichten es dem Staat, die Investitionsrisiken für Erfolg versprechende Forschung mit einer oder mehreren Industriebranchen zu teilen.

Jubiläumsfonds. Kapital-sammlungen als Finanzierungsstrategie

Der sich in den 1930er-Jahren abzeichnende Siegeszug apparategestützter Forschung stellte die ETH vor ein Kostenproblem: Neben der Mischfinanzierung von Instituten erwiesen sich vor allem die Fondsgründungen als erfolgreiches Finanzierungsmodell.

Einer der ersten Aufrufe zur Drittmittelbeschaffung kam von der Gesellschaft ehemaliger Polytechniker GEP. Bereits im März 1918 erliess ein von ihr bestelltes Initiativkomitee einen Aufruf zur Gründung einer «Stiftung zur Förderung schweizerischer Volkswirtschaft durch wissenschaftliche Forschung an der E.T.H.». Nach ausländischem Vorbild sollte diese Stiftung «die Durchführung von Arbeiten ermöglichen, für die der E.T.H. die Geldmittel fehlen, wofür sie aber vor allem die erforderlichen wissenschaftlichen Kräfte sowie die Räumlichkeiten und zum Teil auch die Einrichtungen zur Verfügung hat».

Hauptsächlich durch Beiträge der Industrie kam bis zum Frühjahr 1919 die Summe von rund 500 000 Franken zusammen. Ende 1920 fruchteten auch die wiederholten Anfragen beim Bundesrat: Unter der Bedingung, dass die Privilegierung der ETH aufgehoben und der Stiftungszweck allgemeiner formuliert würde, erhielt die Stiftung Gelder aus der aufgelösten kriegswirtschaftlichen «Societé Suisse de Surveillances». Die fortan «Eidgenössische Stiftung zur Förderung schweizerischer Volkswirtschaft durch wissenschaftliche Forschung» – kurz «Eidgen. Volkswirtschafts-Stiftung» – genannte Einrichtung engagierte sich an der ETH durch zweierlei Finanzierungsformen. Zum einen wurden Forschungen durch die Übernahme von Material-, Apparate- und Personalkosten unterstützt. Zum anderen wurden neuartige wissenschaftliche Stossrichtungen durch die Eröffnung von Laboratorien überhaupt erst ermöglicht. Zu den ersten, ganz oder grösstenteils durch die Volkswirtschafts-Stiftung finanzierten Forschungseinrichtungen an der ETH gehörten das 1927 eröffnete Psychotechnische Institut, das 1924 in Betrieb genommene Erdbau-Laboratorium sowie die Labore für angewandte Akustik und für photo-elastische Untersuchungen.

«Die Zeiten, in denen Werkmeister-Routine die Hauptrolle spielte, sind vorbei. Wissenschaftliche Vertiefung und Prüfung, also Forschung allein, ist imstande, den in-

Konsolidierungsveranstaltung im patriotischen Kleid. Feier zum 75-jährigen Bestehen der ETH Zürich, 1930.

tuitiven Gedanken fruchtbar zu machen. Forschung aber ist in der Regel nur mit Aufwand erheblicher Mittel durchzuführen», unterstrich ein 1930 erstellter Rückblick den Pioniergeist der Volkswirtschafts-Stiftung (Schweizerische Bauzeitung, 1. 11. 1930). Zu diesem Zeitpunkt hatte sich die Stiftungsidee bereits weiterentwickelt und der Finanzierungsform des Fonds Platz gemacht.

Anlässlich ihres 75-jährigen Bestehens wurde die ETH «aus den Kreisen ihrer Freunde in Industrie, Technik und Wirtschaft» mit einem «Jubiläums-Fonds E.T.H. 1930» beschenkt. Die Schenkungsurkunde hielt fest, dass der Fonds «im weitesten Sinne dem Zusammenwirken von Hochschule und Praxis auf dem Gebiete wissenschaftlich-technischer Lehre und Forschung zu dienen bestimmt ist». Zum Zeitpunkt seiner Übergabe, dem 31. Dezember 1930, enthielt der Fonds 1 366 611 Franken in Wertpapieren, von denen lediglich die Jahreszinsen verwendet werden sollten. Soweit keine besonderen Verwendungszwecke vorgesehen waren, wurden die Gelder von einem aus Vertretern des Schulrats, der ETH und der Donatoren zusammengesetzten Kuratorium vergeben. Besondere Auflagen stellten anfänglich der Verein Schweizerischer Maschinen-Industrieller, die Firmen der chemischen Industrie sowie ein Zusammenschluss von Versicherungsgesellschaften. Letztere Spende in Höhe von 27 500 Franken sollte «der Abteilung für Mathematik und Physik zur Förderung des akademischen Nachwuchses» zugute kommen.

Anlässlich der Hundertjahrfeier der ETH, 1955, bilanzierte der Schulrat, «mit der Form des Fonds gute Erfahrungen gemacht» zu haben, «z. B. beim Aluminumfonds Neuhausen, dem Jubiläumsfonds E.T.H. 1930, dem Albert Barthfonds und vielen mehr». Ein Fonds sei einfacher zu verwalten als eine Stiftung. Man schlug daher vor, als Jubiläumsspende einen «Centenarfonds» als «zweckbestimmtes Sondervermögen des Bundes» zu gründen. Es seien jedoch neu die Zielsetzungen des Nationalfonds zu

berücksichtigen: «Bei der Formulierung der Zweckbestimmung wäre es zweckmässig, die angewandte Forschung in den Vordergrund zu stellen, um eine mit dem Nationalfonds nicht zusammenfallende Zielsetzung zu haben. Der Nationalfonds fördert bekanntlich in erster Linie die Grundlagenforschung.» (Schulratsprotokolle, SR2:1955).
Die Kapitalsammlungen in Form von Fonds erwiesen sich nicht nur als effiziente Finanzierungsstrategie, welche die Repräsentationsinteressen der Industrie genauso einbinden konnte wie die Flexibilitätsanforderungen des Hochschulbetriebs. Die Fondsgründungen hatten auch Auswirkungen auf die Forschungsorganisation. Im Gegensatz zur traditionell personengebundenen Organisationsweise der Wissenschaft, welche Fächer und Probleme in Form von Lehrstühlen denkt, führte die neue, fondsbasierte Forschungsfinanzierung zu einer Projektstruktur der Forschung. Der Wissenschaftssoziologe Rudolf Stichweh bringt die an Programmen und Projekten orientierte Forschungsförderung mit einer «Elementarisierung wissenschaftlicher Erkenntnisproduktion» in Verbindung: «Projekte implizieren eine geldanaloge ‹Stückelung› des wissenschaftlichen Arbeitsprozesses. Sie müssen sich eine präzise Problemstellung vorgeben, sie sind zeitlich befristet und sie können bei Abschluss des Projekts in ihrem Erfolg evaluiert werden.» Ähnlich wie zu Beginn moderner Wissenschaft um die Wende zum 19. Jahrhundert Fragestellungen ausgeklammert wurden, die keinen methodischen Zugriff erlaubten, so wurden mit der fondsbasierten Forschungsorganisation Fragestellungen problematisch, die sich nicht in Projekte zerlegen lassen (Stichweh 1994, 165).
Monika Burri

Kunststoffforschung. Lehrstuhlfinanzierung durch die Industrie

Kunststoffe wurden schon einmal in der ersten Hälfte des 20. Jahrhunderts an der ETH erforscht. Die Einrichtung eines eigenständigen Lehrstuhls auf diesem Gebiet stand aber erst Mitte der 1960er-Jahre zur Diskussion. Aus diesem Anlass warfen die «vier Basler chemischen Firmen» ihr ganzes Gewicht in die Waagschale.

Die ETH kann stolz darauf verweisen, dass der Chemiker und Nobelpreisträger von 1953 Hermann Staudinger seine Forschungsarbeiten zu Kunststoffen am eidgenössischen Polytechnikum in Zürich begonnen hatte. Von 1920 bis 1926 waren am Institut für organische Chemie an die 20 Dissertationen entstanden, welche die experimentelle Grundlage für die Existenz von makromolekülen Stoffen bildeten, zu denen laut Staudinger auch die Kunststoffe zählten (Staudinger 1961, 87). Staudinger fasste ihre Ergebnisse 1926 in einem ersten grossen Vortrag auf der Versammlung der Gesellschaft Deutscher Naturforscher und Ärzte in Düsseldorf zusammen. Dort war eigens eine Aussprache über das Problem anberaumt worden. Denn dass makromolekulare Verbindungen existieren sollten, das heisst Molekülketten aus tausend und mehr Atomen, wurde vor dem Hintergrund der prominent vertretenen Micellkolloidtheorien, die von aneinander gelagerten kleineren Molekülverbindungen ausgingen, äusserst kritisch diskutiert. So hatte der Zürcher Chemiker Paul Karrer im Jahr 1923 für seine Arbeiten über den Bau von Cellulose und Stärke, in denen er zu niedermolekularen Strukturdeutungen gekommen war, die höchste Wissenschaftsauszeichnung der Schweiz, den Marcel-Benoist-Preis, erhalten. Auch die röntgentechnisch gerade neu ausgerüstete Fachschaft Kristallografie war skeptisch. Staudingers Kollegen in Deutschland und der Schweiz sahen sich keineswegs veranlasst, die Argumente für die makromolekulare, auch ‹polymer› genannte Struktur bestimmter Naturstoffe zu akzeptieren (Staudinger 1961, 85f.).

Für die deutsche Chemieindustrie jedoch erwies sich das neue Konzept in den 1930er- und 40er-Jahren als höchst tragfähig: Es stellte die im Nationalsozialismus politisch geförderte wissenschaftliche Arbeit an Ersatzstoffen auf eine ausserordentlich solide Basis. Die Kunststoffforschung erfuhr insbesondere in den Industrielaboratorien einen mächtigen Aufschwung. Umgekehrt trug die Erforschung synthe-

Hermann Staudinger 1917 in Zürich.

tischer Polymerverbindungen durch die von Staudinger beratenen Industriechemiker der IG Farben zum Verständnis komplex gebauter natürlicher Polymere wie Kautschuk bei. Die Industrieforschung half auf diese Weise, die makromolekulare Chemie als neue Disziplin zu etablieren.

Nach Staudingers Weggang von Zürich nach Freiburg 1926 wurde den Kunststoffen an der ETH erst im Rahmen der Abteilung für industrielle Forschung AFIF 1936 wieder etwas mehr Aufmerksamkeit geschenkt. 1946 stellte ein Kooperationspartner der AFIF den Antrag zur Einrichtung eines Institutes für makromolekulare Chemie und Technologie. Ein solches Institut sei zwar wünschenswert, aber nicht dringlich, lautete die Meinung der zuständigen Kommission (Schulratsprotokolle, SR2:1946, Sitzung vom 14.3.1946, 118).

20 Jahre später wurde das Thema wieder aktuell: Die Basler Chemie ergriff die Initiative, als die Emeritierung der beiden Professoren für technologische Chemie vor der Tür stand. Sie drang bei der Schulleitung auf eine komplette Neuorganisation. Statt der bisherigen Zweiteilung in organisch-chemische und anorganisch-chemische Technologie plädierten die Firmen für drei Professoren, «die das Gebiet der aromatischen Chemie, der makromolekularen Chemie und der chemischen Verfahrenstechnik betreuen würden» (Schulratsprotokolle, SR2:1966, Sitzung vom 10.12. 1966, 806). Auch dem scheidenden Professor Heinrich Hopff, der sich in der frühen Vinylpolymer- und Polyäthylen-Forschung bei IG Farben in Ludwigshafen-Oppau auf dem Kunststoffgebiet qualifiziert hatte, lag an einer Nachfolge in diesem Sinn. Bei «der stürmischen Entwicklung des Kunststoffgebiets, die mit den Fortschritten der Atomenergie vergleichbar ist und in ihrem Umfang für das Jahr 1970 auf 60 Milliarden Franken geschätzt wird», sei ein Ordinariat für makromolekulare Chemie wichtig, schrieb Hopff an den ETH-Präsidenten Jakob Burckhardt. «Eine solche Re-

Die ETH-Professoren Peter Debye und Paul Scherrer beim Polymerforscher Herman Mark (Mitte hinten), im Hauptlaboratorium der IG Farben Ludwigshafen, um 1930.

gelung ist auch bereits mit der Basler chemischen Industrie diskutiert und für notwendig befunden worden» (Schulratsprotokolle, SR2:1967, Sitzung vom 4.2.1967, 207).

Die Bewerbungen, die auf die Ausschreibung der Professur eintrafen, wurden nicht weiter berücksichtigt. Für persönliche Sondierungen orientierte sich die Schulleitung stattdessen an der Vorschlagsliste, welche die Chemieindustrie eingereicht hatte. Deren Spitzenkandidat sagte im Frühjahr 1967 zwar ab, aber auch der nächste Anwärter Piero Pino, Chemieprofessor an der Universität Pisa, nahm sofort Kontakt mit Basel auf. Es ergaben sich einige Komplikationen. Professor Pino, so Burckhardt, stehe unter dem Eindruck, man wolle seine gesamte Forschungstätigkeit kontrollieren, das heisst ihm die Verpflichtung auferlegen, über alle Forschungsergebnisse Rechenschaft abzulegen. Pino arbeite noch daran, einen weniger exklusiven Arbeitsvertrag zu vereinbaren. Im Februar 1968 traf sich der ETH-Präsident mit zwei Vertretern der Chemieindustrie, die ihm bestätigten, an der Berufung Pinos grosses Interesse zu haben. Sie insistierten freilich auf der Formulierung, vor allem einen international anerkannten Fachmann als Lehrer für angehende Chemiker gewinnen zu wollen. An seiner Beratungstätigkeit bestehe hingegen ein untergeordnetes Interesse (Schulratsprotokolle, SR2:1968, Sitzung vom 16.3.1968, 150).

Dies mag Pino bezweifelt haben, immerhin belief sich die jährlich gezahlte Summe aus Basel auf noch einmal siebzig Prozent seines Professorengehalts. Der Vertrag mit der Chemieindustrie beinhaltete unter anderem ein dreimonatiges Exklusivrecht der Firmen an Resultaten, zu denen Pino und seine Forschergruppe in Teilgebieten «von besonderem Interesse» kommen würden. Jede Firma definierte solche Interessensfelder für sich und aktualisierte deren Zuschnitt regelmässig (Schulratsakten, SR3:1968, Nr. 615.17, Dossier Pino, 3. Dokument, Zusammenarbeitsvertrag).

Die Geschichte der Kunststoffe zeigt, dass ihre Erforschung je nach Perspektive beziehungsweise juristischer Festlegung nobelpreiswürdige Grundlagenforschung oder anwendungsorientierte Forschung war. Die Forschungsmodalitäten bestimmten die Akteure der wissenschaftsbasierten Chemieindustrie ebenso mit wie die Abteilung IV der Technischen Hochschule. Dies geschah einmal über die Vergabe von privaten Geldern an die ETH-Institute; ferner auch über organisatorische Absprachen. So löste das angelsächsische Departement-System im Zuge von Pinos Berufung tatsächlich das Ordinariatsprinzip in den Technisch-Chemischen Laboratorien ab, wie es die Basler Seite gefordert hatte (Schulratsprotokolle, SR2:1967, Sitzung vom 4.11.1967, 781).
Andrea Westermann

Das Fernheizkraftwerk.

In der Nachkriegszeit träumte die schweizerische Maschinenindustrie

Ein Atomreaktor an der ETH

von einem eigenen Reaktor. Eine atomtechnische Versuchsanlage

sollte mitten in Zürich zu stehen kommen, im Fernheizkraftwerk der

ETH an der Clausiusstrasse.

Zum Jahreswechsel 1958/59 erhielt der Bundesrat drei Subventionsgesuche für den Bau von drei verschiedenen atomtechnischen Versuchsanlagen. Alle drei Gesuche wurden von privaten Initiativen getragen, bei allen Projekten waren mehrere – teils dieselben – mittelgrosse bis grosse Schweizer Industrieunternehmen beteiligt. Alle drei strebten den nationalen Unabhängigkeitsbeweis im Bereich der atomaren Energie- und Wärmeproduktion an. Die drei privatwirtschaftlichen Projektgruppen «Konsortium», «Energie Nucléaire S. A.» und «Suisatom» hatten sich aus der Überzeugung heraus gebildet, dass in der Schweiz kein Unternehmen über die notwendigen Ressourcen verfügte, um im Alleingang einen eigenen Reaktortyp zu entwickeln. Wie das amerikanische Manhattan Project unmissverständlich vorgeführt hatte, waren Entwicklungen im Bereich der Kernenergie nur noch mit kooperativen Organisationsformen, grosstechnischen Versuchsanlagen und verteilten Innovationsprozessen denkbar (Wildi 2003).

Ein gemeinschaftliches Vorgehen der Privatwirtschaft war für die schweizerische Innovationslandschaft höchst unkonventionell, in der kernenergetischen Forschung war es allerdings bereits erprobt worden: An der Reaktor AG, dem ersten schweizerischen Reaktorforschungsinstitut, das nach amerikanischem Vorbild im aargauischen Würenlingen mitten auf der grünen Wiese entstand, hatten sich über 120 Firmen beteiligt, mehr als 14 Millionen Franken Forschungsgelder waren bei der Gründungsversammlung vom 1. März 1955 zusammengekommen. Eine federführende Rolle bei der Einrichtung dieses ersten nationalen Forschungszentrums hatte die ETH gespielt. Seit dem Ersten Weltkrieg war das physikalische Institut unter der Leitung von Paul Scherrer mit Kernforschung beschäftigt. Nach Erscheinen des «Smyth-Reports» 1945, des offiziellen amerikanischen Berichts über die Atombombenherstellung, verblüffte der charismatische Professor die Wissenschaftsgemeinde und das interessierte

Projektierter Standort für einen Atomreaktor. Fernheizkraftwerk
der ETH an der Clausiusstrasse, 1950er-Jahre.

Publikum mit weitsichtigen Einschätzungen der physikalischen, technischen und wirtschaftlichen Produktions- und Nutzungsbedingungen der Kernenergie.
Als Präsident der 1945 gegründeten eidgenössischen «Studienkommission für Atomenergie» gelang es Scherrer zudem, umfangreiche Kredite für die Förderung der Atomforschung zu akquirieren. Gemeinsam mit BBC-Verwaltungsratspräsident Walter Boveri präsentierte der ETH-Professor 1953 die Vorlage für ein privatwirtschaftliches Reaktorforschungsinstitut. Die 1955 gegründete Reaktor AG, die innerhalb von fünf Jahren zwei Forschungsreaktoren in Betrieb nahm, wurde 1960 dem Bund übergeben und unter dem Namen «Eidgenössisches Institut für Reaktorforschung» (EIR, heute Paul Scherrer Institut PSI) als Annexanstalt der ETH weitergeführt (Wäffler 1992). Mit dem Projekt eines «ETH-Fernheizreaktors» der Arbeitsgemeinschaft «Konsortium», das 1958 mit einem subventionsbedürftigen Kostendach von 55 Millionen Franken beim Bundesrat einging, sollte die kernenergetische Vorreiterrolle der ETH nochmals unterstrichen werden.
Seit 1930 wurde das Polytechnikum durch ein eigenes Fernheizkraftwerk mit Wärme und Heisswasser versorgt, Mitte der 1950er-Jahre kam die Anlage an der Clausiusstrasse an ihre Leistungsgrenzen. Bruno Bauer, Ordinarius für angewandte Elektrotechnik und Direktor des Kraftwerks, brachte die Idee auf, als neue und leistungsfähigere Heizquelle einen Atomreaktor zu installieren. Zusammen mit verschiedenen Maschinenfirmen plante er – und ab 1957 sein Nachfolger Walter Traupel – den Bau eines kleinen Kernkraftwerks in einer Kaverne unter der ETH. Einen Grossteil der Forschungs- und Entwicklungsarbeiten leistete neben den Instituten der ETH die Winterthurer Firma Sulzer, die Atomtechnik frühzeitig zu einer «Schlüsseltechnologie» erklärt hatte. Seit 1955 unterhielt sie eine eigene Forschungsabteilung «für Reaktoranlagen». Die Pläne sahen einen Druckröhrenreaktor mit schwerem Wasser als Mo-

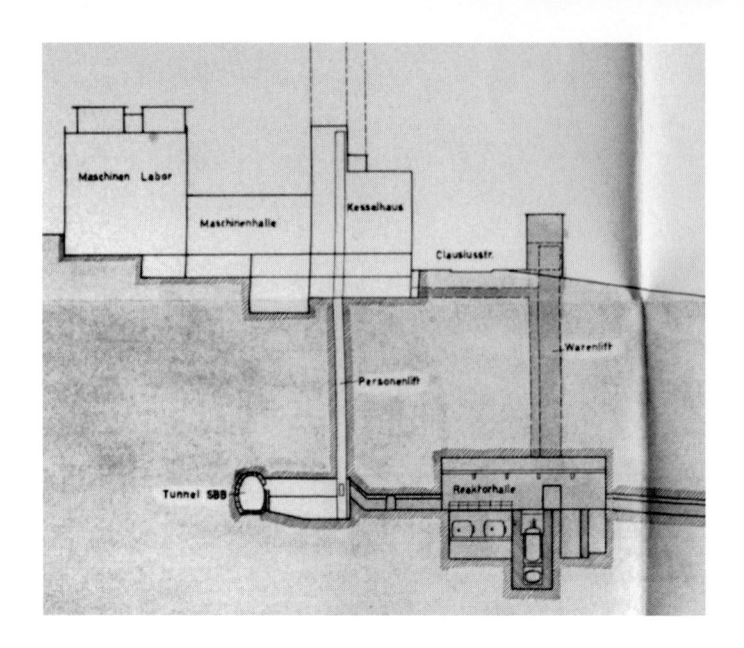

Unterirdische Reaktorhalle. Querschnitt des geplanten Ausbaus des ETH-Fernheizkraftwerks als atomare Heizquelle, 1950er-Jahre.

derator und Natururan als Brennstoff vor. Sicherheitsbedenken bezüglich eines mitten in der Stadt gelegenen Atomkraftwerks regten sich zu jener Zeit noch keine: Der Schulrat wie auch der Zürcher Regierungs- und der Stadtrat unterstützten die Eingabe. «Interessant, noch nie erprobt», meinten OEEC-Experten zum geplanten Design des FHK-Projekts.

Schon eher überfordert zeigte sich hingegen der Bundesrat: Konfrontiert mit drei verschiedenen Subventionsgesuchen, traf er keine Auswahl, sondern verlangte von den Projektgruppen, sich auf eine einzige Eingabe zu einigen. Diese schlossen sich zur «Nationalen Gesellschaft zur Förderung der Industriellen Atomtechnologie» NGA zusammen. Der eidgenössische Kompromiss brachte schliesslich den von der Westschweizer Industriegruppe «Enusa» vorgeschlagenen Reaktorstandort Lucens VD mit den Plänen des Zürcher «Konsortiums» sowie mit dem Betriebskonzept von «Suisatom» zusammen. Das Kernkraftwerk an der ETH wurde zwar nie gebaut, das dafür geplante Reaktorkonzept kam jedoch bei dem in Lucens realisierten einzigen von Schweizer Firmen entwickelten Atomkraftwerk zur Anwendung.

Die Aufträge für die Herstellung des Versuchsreaktors gingen an die aus dem ETH-Fernheizreaktorprojekt hervorgegangene Firmengruppe «Thermatom», der Sulzer, Escher Wyss, die Maschinenfabrik Oerlikon sowie weitere Maschinenbaufirmen angehörten. Beim Bau gab es Verzögerungen, insbesondere bei der Konstruktion der Kaverne – von den Baufirmen Züblin, Losinger und Zschokke in Auftrag genommen – kam es zu Pannen und weiteren Schwierigkeiten. Ausserdem hemmten die streng hierarchischen Strukturen der NGA einen effizienten Entscheidungsprozess. «Für das Scheitern verantwortlich war zu einem wichtigen Teil auch die Organisationsstruktur der NGA», folgert der Historiker Tobias Wildi in seiner Studie über das Versuchsatomkraftwerk Lucens die schweizerische Atomtechnologieentwicklung in den Jahren 1945 bis 1969. «In den internen Aushandlungsprozessen mussten zu viele Partikularinteressen mit berücksichtigt werden. Auch nach jahrelangen Bemühungen gelang es nicht, sich auf ein für alle Aktionäre verbindliches Entwicklungsprogramm zu einigen.» (Wildi 2003)

Als Lucens 1968, nach einer Bauzeit von sieben Jahren, in Betrieb genommen wurde, galt nicht nur die Technologie der verwendeten Brennelemente bereits als veraltet. Auch einige der energiepolitischen Hauptakteure wie etwa die Nordostschweizerischen Kraftwerke AG NOK oder die Sulzer waren in der Zwischenzeit vom nationalen Weg der Reaktorentwicklung abgekommen. Dass das zunehmend fragwürdige Projekt eines schweizerischen Versuchsreaktors gleichwohl bis zur verunglückten Inbetriebnahme vom Januar 1969 weiterverfolgt wurde, hat nicht zuletzt mit der passiven Rolle des Bundes zu tun. Im Unterschied zu anderen Regierungen hatte der schweizerische Bundesrat im nukleartechnologischen Innovationsprozess keine Führungsrolle übernommen. Als bedeutendster Geldgeber hätte er es aber in der Hand gehabt, das letztlich unrentable Prestigeprojekt rechtzeitig zu stoppen.

Monika Burri

Zwischen Markt und Wissenschaft

Ein Aspekt des Austausches zwischen Industrie und Hochschule besteht darin, dass die ETH industrielle Wissensbestände in generalisierter Form in die Praxis (zurück)gibt. Dazu musste sich die Schule stets zugleich an den Regeln der Wissenschaft und des Marktes ausrichten. So etwa ging mit den Laboratoriumsgründungen der 1880er- und 1890er-Jahre eine Experimentalisierung der Theorie einher. Gleichzeitig musste die Anschlussfähigkeit abstrakter Wissensformen an die industrielle Praxis immer wieder neu hergestellt werden. Die Organisationsentwicklung des Polytechnikums vollzog sich daher im Spannungsfeld der Institutionen Schule, Fabrik und Labor. Die Herausforderung der ETH bestand darin, das Verhältnis dieser Trias auszutarieren und federführend zu koordinieren.

Die ETH als Dienstleisterin.

Die Versuchsanstalt für Wasserbau

Die 1930 eröffnete «Versuchsanstalt für Wasserbau an der ETH Zürich» funktionierte von Anfang an als Dienstleistungsbetrieb. Als Schnittstelle zwischen Markt und Wissenschaft war sie starken Konjunkturschwankungen ausgesetzt.

Im Jahr 1975 beantragte der Leiter der Versuchsanstalt für Wasserbau VAW, Professor Daniel Vischer, beim Schweizerischen Schulrat die Umwandlung seines Instituts in eine Annexanstalt der ETH. Die Verwandlung in ein quasi selbstständiges Unternehmen hätte für die VAW mehr Selbstbestimmung, aber auch einen erhöhten wirtschaftlichen Rentabilitätsdruck bedeutet. Der Schulrat entschloss sich aus Sorge um die Gewährleistung des Lehrauftrags und die innerschulische Zusammenarbeit gegen das Vorhaben. Auch der seit den 1960er-Jahren geplante Neubau der VAW kam nicht zustande, weder auf den 1975 gekauften Bauparzellen in Dübendorf, noch an der ETH Hönggerberg, wo der Vizepräsident für Planung und Entwicklung in den 1990er-Jahren ein neues Institutsgebäude ansiedeln wollte. Die damit verbundene Abklärung der Bedürfnisse durch eine aus Schulleitung, Dozentenschaft und Praxis zusammengesetzte Arbeitsgruppe fiel negativ aus.

Von Anfang an als Dienstleistungsbetrieb konzipiert, war die Versuchsanstalt für Wasserbau starken Konjunkturschwankungen ausgesetzt. Ausgehend davon, dass wasserbautechnische Probleme in der Regel zu komplex sind, um sie auf rein rechnerischem Weg zu modellieren, setzten zu Beginn des 20. Jahrhunderts erste Bestrebungen ein, am eidgenössischen Polytechnikum ein Laboratorium für hydraulische Modellversuche einzurichten. Nachdem zwei Vorstösse zur Gründung eines «Flussbaulaboratoriums» an der Skepsis und der Geldknappheit des Bundes gescheitert waren, richtete eine vom Schweizerischen Ingenieur- und Architektenverein SIA und der Gesellschaft ehemaliger Polytechniker GEP initiierte «Propagandakommission» 1925 einen Spendenaufruf an Privatwirtschaft, Behörden, Elektrizitätswerke und Industrie. Innerhalb kürzester Zeit kam ein Kapital von 480 000 Franken zusammen, das den Bund dazu bewog, die restlichen zwei Drittel der Aufbaukosten bereitzustellen.

Modelle in der Versuchsanstalt für Wasserbau an der ETH Zürich, um 1938.

Am 26. April 1930 konnte die «Versuchsanstalt für Wasserbau an der Eidgenössischen Technischen Hochschule Zürich» offiziell in Betrieb genommen werden. Neben Lehr- und Forschungsaufgaben hatte sie einen expliziten Dienstleistungsauftrag zu erfüllen: «Endlich führt das Institut wasserbauliche Versuche aus in direktem Auftrage der Praxis, und zwar sowohl auf dem Gebiete des Flussbaues als der Wasserkraftnutzung», schreibt der erste Anstaltsleiter Eugen Meyer-Peter in der Festschrift zum 75-jährigen Bestehen der ETH. Die ursprünglich geplante organisatorische Zweiteilung des Laboratoriums in eine Abteilung «für Lehr- und Forschungszwecke» mit «ständigem Personal» und eine Abteilung für Auftragsarbeiten mit «provisorischem Personal», wie es die Schulratsprotokolle vom April 1926 noch vorsahen, wurde allerdings nicht ausgeführt.

In den ersten Jahrzehnten ihres Betriebs zeichnete sich die VAW durch einen hohen Selbstfinanzierungsgrad aus: Die mittels Expertisen erwirtschafteten Einnahmen deckten in der Regel mehr als die Hälfte der Betriebskosten. Die VAW wurde zum institutionellen Anker für zahlreiche Fusionen und Erweiterungen in denen – neben personellen Veränderungen – wirtschaftliche, politische und wissenschaftliche Trends zum Ausdruck kamen. Bereits 1935 wurde die VAW um die Abteilung für bodenmechanische und grundbauliche Untersuchungen ergänzt, eine wesentliche Erweiterung des Forschungs- und Aufgabengebiets, die sich allerdings erst elf Jahre später in der Namensänderung «Versuchsanstalt für Wasser- und Erdbau» VAWE niederschlug. 1936 wurde dem gefragten Dienstleistungsbetrieb die zum Zweck des Gewässerschutzes gegründete Beratungsstelle «Abwasserreinigung und Trinkwasserreinigung» hinzugefügt, die sich neun Jahre später als ETH-Annexanstalt «Eidgenössische Anstalt für Wasserversorgung, Abwasserreinigung und Gewässerschutz» EAWAG selbstständig machte. Eine dritte wesentliche Vergrösserung vollzog sich 1941 durch die

Das Erdbaulabor in der Versuchsanstalt für Wasserbau an der ETH Zürich, um 1940.

Angliederung des Instituts für Gewässerkunde unter der neuen Bezeichnung «Abteilung für Hydrologie». Diese Erweiterung der VAW um Fragen des Wasserabflusses war insbesondere durch den alpinen Kraftwerk- und Talsperrenbau motiviert. Gleichzeitig erhoffte man sich durch die institutionelle Umschichtung, bei der das ehemalige Institut für Gewässerkunde der Professur für Wasserbau untergeordnet wurde, einen auch ökonomisch spürbaren Flexibilitätsgewinn: «Ich möchte nochmals daran erinnern, dass wir mit der Angliederung des Instituts für Gewässerkunde im wesentlichen das Ziel verfolgen, beim zukünftigen unerlässlichen Ausbau des Lehrstuhles und der Versuchsanstalt für Wasserbau dadurch Einsparungen zu ermöglichen, dass der Leiter der neuen Abteilung für Hydrologie zur Entlastung des Professors für Wasserbau und dieser Versuchsanstalt herangezogen werden könnte», schreibt der Schulrat im Sommer 1940 (Schulratsprotokolle SR2:1940).

Die Boomjahre der Wasserkraft zwischen 1950 und 1970 schlugen sich im Raum- und Personalbedarf der Versuchsanstalt deutlich nieder. So bezog das Institut 1951 einen Erweiterungsbau und hatte 1970 mit 130 Mitarbeitern seinen Personalanteil mehr als verdoppelt. Ebenso sichtbar wurde dann allerdings die Stagnation im Kraftwerkbau ab Mitte der 1970er-Jahre. Der Konjunkturknick ging einher mit einer Umstrukturierung der VAWE: 1970 beziehungsweise 1971 folgten die Abtrennungen und Umwandlungen der Erdbau- sowie der Hydromechanikabteilung in eigenen Institute. Der verbleibende Teil der VAWE wurde in «Versuchsanstalt für Wasserbau, Hydrologie und Glaziologie» umbenannt, ein Zusammenschluss, der Ende der 1970er-Jahre erneut umgruppiert wurde: 1979 formierten sich die Hydrologie und Glaziologie zu eigenen Abteilungen. 1983 wurde die Hydrologieabteilung an das Geografische Institut transferiert, um eine engere Zusammenarbeit mit den dort angesiedelten Forschungsgruppen Klimatologie und Geo-Informatik zu ermöglichen.

Die VAW selbst war seit dem Rückgang des Wasserkraftanlagenbaus um eine Neuausrichtung ihrer Lehre und Forschung bemüht: Berechnungen für wasserwirtschaftliche Mehrzweckanlagen in Entwicklungsländern sowie Probleme des Siedlungswasserbaus, des Flussbaus und des Hochwasserschutzes in der Schweiz gehörten zu den neuen Forschungsschwerpunkten. Trotz beträchtlicher Auftragsforschung gerieten die aufwändigen physikalischen Modellversuche der VAW in einer Zeit computergenerierter Simulationen zunehmend unter Rechtfertigungsdruck. Es kam so weit, dass Anfang der 1990er-Jahre ein vollständiger oder teilweiser Abbau des VAW-Dienstleistungsangebots in Erwägung gezogen wurde, eine Sparmassnahme, die der Schulrat insbesondere mit dem Vormarsch der Computertechnik begründete. «Fehlinformationen» seien das, wehrten sich die Wasserbauer. «Für dreidimensionale und rasch ändernde Fliessvorgänge mit Geschiebe fehlen mathematisch formulierte Theorien. Und ohne Formeln keine Computersimulation!», argumentierte etwa der Wasserbau-Ingenieur Niklaus Schnitter in einem Leserbrief in der Neuen Zürcher Zeitung vom 24. September 1991. Eine radikale «Redimensionierung der Versuchsanstalt für Wasserbau» konnte schliesslich verhindert werden. Aber auch radikale Neupositionierungen, wie sie etwa in den eingangs erwähnten Bestrebungen nach institutioneller Selbstständigkeit zum Ausdruck kamen, konnten sich nicht durchsetzen.
Monika Burri

Das Betriebswissenschaftliche Institut und die «Verwissenschaftlichung des Sozialen»

Im August 1919 regten lebensreformerische Kreise die Einrichtung eines betriebswissenschaftlichen Instituts an. Eine Art Beratungszentrum für die neuen Methoden des «scientific management» sollte entstehen. Zehn Jahre später wurde das Projekt realisiert, freilich ohne die sozialrevolutionäre Perspektive der Initianten.

1919 wurde an der ETH die Ausbildung von Betriebsingenieuren angeregt, die mit ihrem akademischen Wissen den Klassenkonflikt zwischen Arbeitnehmern und Arbeitgebern entschärfen sollten (Schulratsprotokolle, SR2:1919, Sitzung vom 18. 10. 1919, Trakt. 101). Diese «Verwissenschaftlichung des Sozialen» (Raphael 1996) forderte den Schulrat, der die ETH auf keinen Fall als Professionalisierungsagentur des entstehenden Sozialstaates verstand, recht eigentlich heraus. 1922 stellte man sich gegen die Gemeinnützige Gesellschaft, die mehr Lehraufträge im Bereich Fürsorge und Wohlfahrtspflege wünschte (Schulratsprotokolle, SR2:1922, Sitzung vom 25. 11. 1922, Trakt. 130). 1925 wurde auf ein Gesuch von Professor Willy von Gonzenbach nicht eingetreten, der sein bakteriologisch-hygienisches Institut im Hinblick auf die Ausbildung von Gewerbeinspektoren ausbauen wollte (Schulratsprotokolle, SR2:1925, Sitzung vom 28. 11. 1925, Trakt. 140). 1930 lehnte es der Schulrat ab, gemäss dem Wunsch der Vereinigung Schweizer Angestelltenverbände eine Professur für Sozialpolitik zu schaffen (Schulratsprotokolle, SR2:1930, Trakt. 64), und als 1931 der Gewerkschaftsbund eine Professur für Arbeitsphysiologie forderte, um den «Gefahren des Raubbaus an der menschlichen Arbeitskraft» mit «objektiven» Mitteln entgegenzutreten, verwies man auf die psychotechnischen Lehrveranstaltungen des Privatdozenten Alfred Carrard (Schulratsprotokolle, SR2:1931, Sitzung vom 20. 2. 1931, 33).

Die Zurückhaltung gegenüber den neuen Humanwissenschaften erklärt sich aus der Angst des Schulrates, in politisch umstrittenen Fragen für die falsche Seite Partei zu ergreifen. Handlungsbedarf bestand gleichwohl. Immerhin wurde zu jener Zeit beispielsweise am Massachusetts Institute of Technology die Sloan School of Management gegründet. Gemeinsam mit dem Volkswirtschaftsprofessor Eugen Böhler und dem Privatdozenten für Betriebswissenschaft Alfred Walther veranstaltete

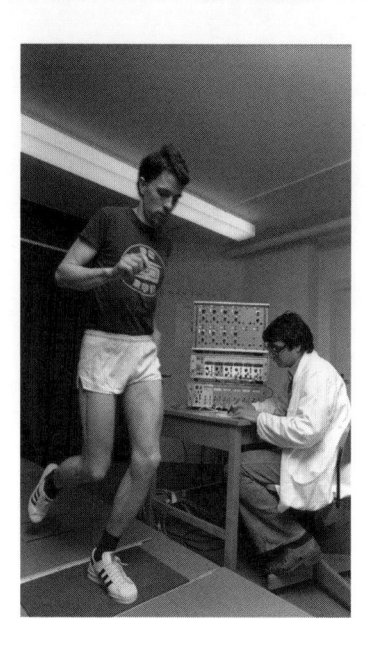

Menschliche Leistungsfähigkeit als Studienobjekt. Aufnahme aus
dem Biomechanischen Labor der ETH Zürich, 1970er-Jahre.

Schulratspräsident Arthur Rohn 1928 einen einwöchigen «wirtschaftlichen Fortbildungskurs für Ingenieure und Betriebsbeamte». Die gut besuchte Veranstaltung verbesserte die Beziehungen der ETH zu den Spitzen der Industrie und der Banken deutlich. So hielt etwa Hans Sulzer von der Gebrüder Sulzer AG in Winterthur fest, nun habe er endlich jenen «intimen Kontakt» zur ETH gefunden, den er für sein Unternehmen «für so wichtig und notwendig» halte (Jaun 1986, 113).
Unmittelbare Folge der Veranstaltung war die Gründung einer Trägergesellschaft für den Aufbau eines Betriebswissenschaftlichen Instituts. Mehrere Wirtschaftsunternehmen stellten Jahresbeiträge von 44 000 Franken für den Betrieb der Institution in Aussicht, die ETH steuerte weitere 28 000 Franken jährlich bei, und von der «Eidgenössischen Stiftung zur Förderung schweizerischer Volkswirtschaft durch wissenschaftliche Forschung» sollten noch einmal jährlich 10 000 Franken fliessen. Freudig verkündete Rohn in der Schulratssitzung vom 7. November 1929, «die Lebensfähigkeit» des Instituts sei gewährleistet (Schulratsprotokolle, SR2:1929, Trakt. 78). Als dessen Aufgaben umriss er erstens den Aufbau einer Fachbibliothek, zweitens die Organisation eines Erfahrungsaustausches in Rationalisierungsfragen zwischen Industrievertretern, drittens die betriebswissenschaftliche Forschung «im Interesse der Schweizer Wirtschaft» und viertens die Veranstaltung von Weiterbildungskursen sowie die Herausgabe von Publikationen (Schulratsprotokolle, SR2:1929, Sitzung vom 5./6. 7. 1929, Trakt. 48).
Damit war der Eingabe von 1919 von der Sache her Genüge getan. Obwohl mit dem späteren Bundesrat Max Weber ein Gewerkschaftsvertreter im Beirat des Betriebswissenschaftlichen Institutes BWI sass, war dessen Konstruktion deutlich auf die Interessen der Unternehmer ausgerichtet. Rohn und Böhler argumentierten gegenüber dem Bundesrat, diese Wirtschaftsnähe sei absolut notwendig. Sie warnten nach-

drücklich davor, über die Beratung der Unternehmen in Rationalisierungsfragen sozialpolitische Interventionen zu wagen. Vielmehr seien «befriedigende Erfolge nur zu erwarten, wenn das Forschungsinstitut in dauerndem und engstem Kontakt mit der Praxis steht». Ausserdem könne «eine derartige Institution nur bestehen, wenn sich der Staat in keiner Weise materiell in ihre Tätigkeit einmischt und auf jede Form der Bevormundung verzichtet» (Jaun 1986, 114).
Die angestrebte Industrienähe ergab sich freilich weniger leicht als erwartet. Ursprünglich war geplant, dass die Industrie Forschungsgegenstände aus den Bereichen Betriebsorganisation, Rechnungswesen, Baubetrieb, Fabrikbetrieb, Werkstatttechnik und Herstellungsverfahren, Psychotechnik und Arbeitshygiene sowie dem Normenwesen an das Institut herantragen würde. Aber im ersten Betriebsjahr wurde nur ein einziger Forschungsauftrag erteilt. Die Unternehmer waren mit der einsetzenden Weltwirtschaftskrise vollauf beschäftigt, und das Institut krankte an Organisationsproblemen. Alfred Walther, dem die Leitung der wissenschaftlichen Abteilung anvertraut worden war, zerstritt sich mit Institutsleiter Böhler und nahm den Hut. Ein neuer Kandidat wurde gesucht, dem man zugleich eine Professur in Betriebswissenschaften anzuvertrauen gedachte. Die Wahl fiel auf René de Vallière, der die Strickereimaschinenfirma Dubied & Cie. A. G., in Neuchâtel leitete (Schulratsprotokolle, SR2:1931, Sitzung vom 8. 5. 1931, 50). Doch der Ingenieurunternehmer aus der Praxis tat sich anfänglich schwer. Zwar baute er mit einigem Erfolg die Institutszeitschrift «Industrielle Organisation» auf. Aber der angestrebte Erfahrungsaustausch zwischen Unternehmern fand kaum statt.
Die aus den USA übernommene Idee wollte nicht recht funktionieren, weil die Mehrheit der Schweizer Unternehmer das Wissen, das in ihren Betrieben steckte, nicht für generalisierbar hielten. Die Ausbildung zum «Betriebsführer», das heisst zum Ma-

nager, konnte man sich in der Schweiz nur in engem Kontakt mit einem konkreten Unternehmen – und dessen Geheimnissen – vorstellen. Diese Überzeugung machte sich auch Arthur Rohn zu Eigen, als die Schaffung eines Ausbildungsganges in Betriebswissenschaften Thema wurde. Es könne nicht darum gehen, hielt er 1930 fest, «halbe Ingenieure und halbe Volkswirtschaftler» auszubilden, sondern es müssten «ganze» Ingenieure mit Zusatzausbildung sein (Schulratsprotokolle, SR2:1930, Sitzung vom 3. 2. 1930, Trakt. 33). Bei einer grundsätzlichen Studienplanrevision der Maschinenbauabteilung erhielten die Studierenden 1933 neu die Möglichkeit, sich in frei wählbare Fächer zu vertiefen, unter anderem auch in Betriebswissenschaften. «Damit», so Rohn, «würde auch dem von den Industriellen unseres Landes vorgebrachten Wunsch entsprochen, wonach die Betriebsingenieure grundsätzlich eine von den Maschinen- bzw. Elektroingenieuren nicht verschiedene Ausbildung geniessen sollten.» (Schulratsprotokolle, SR2:1933, Sitzung vom 23. 9. 1933, 170)

Der äusserst enge Bezug der Betriebswissenschaften in Forschung und Lehre zur Schweizer Maschinenindustrie etablierte sich in der Folge weiter. Die ETH sah darin eine Möglichkeit, sich in dem Bereich spezifische Kompetenzen zu erarbeiten, ohne zum sozialreformerischen Potenzial Stellung nehmen zu müssen, das in der Anwendung wissenschaftlicher Prinzipien auf die Organisation gesellschaftlicher Verhältnisse liegt. Der Preis für diese Ausrichtung war der Verzicht auf eine eigene «Business-School», wie sie noch 1941 diskutiert wurde und wie sie an amerikanischen technischen Hochschulen mit grossem Erfolg entstanden. Dieses Ausbildungsfeld war damit frei für die Handelshochschulen, insbesondere für jene in St. Gallen, die ihre Chance zu nutzen wusste.

Daniel Speich

Der Eidophor-Projektor. Massen-
Jahrzehntelang entwickelte die ETH in Zusammenarbeit mit der
medien als Wachstumsmarkt
Industrie einen Projektor für Fernsehübertragungen auf Grossleinwand.

Die Eidophor-Geräte eroberten zwar nicht die Kinos. Seit den 1960er-

Jahren bestimmten sie aber die Ästhetik von Grossereignissen in Sport,

Politik und Wissenschaft.

«To combat the dragon of television, which keeps millions of movie-goers at home, Film Magnate Spyros Skouras, president of 20th Century Fox, has devised a big new weapon. EIDOPHOR (meaning image-bearer in Greek) is a Swiss invention which takes a televised signal from an electronic scanner and projects it in color onto a regular movie screen of any size», schrieb das amerikanische Life Magazine im Juli 1953 (zitiert nach Johannes 1989, 22). Der Eigentümer der 20th Century Fox Film Corporation sah den ersten transportierbaren Eidophor-Projektionsapparat bei einer Pressevorführung im New Yorker Pilgrim Movie Theater. Die neue Möglichkeit, Fernsehbilder auf Grossleinwand zu zeigen, überzeugte den Medienunternehmer. «He hopes to get EIDOPHOR machines installed in hundreds of theaters, then put on special sport events or fancy musical shows which combine the glitter and polish of a Hollywood Technicolor production with the freshness of live action», führte das Life Magazine weiter aus. Bei der Schweizer Firma Dr. Edgar Gretener AG, der späteren Gretag AG, welche die Markteinführung des ETH-Patents übernommen hatte, gab Skouras die Entwicklung von zwei verbesserten Eidophor-Maschinen in Auftrag. Sollten diese den Ansprüchen des amerikanischen Grossunternehmens genügen, stand eine Bestellung von über 1000 Projektoren in Aussicht.
Das amerikanische Interesse am schweizerischen Projektionsverfahren galt als erste kommerzielle Erfolgsaussicht nach fast 20-jähriger Forschungs- und Entwicklungsarbeit. Das am 8. November 1939 eingereichte Patentgesuch von ETH-Professor Fritz Fischer, Vorsteher des Instituts für technische Physik und Vorstand der Abteilung für industrielle Forschung AFIF, beinhaltete alle wesentlichen Elemente der innovativen Bildübertragung. Ausgehend von der begrenzten Helligkeitsleistung der Braunschen Röhre, mit der konventionelle Heimempfänger ausgerüstet waren, setzte das Eidophor-Prinzip als zusätzliche Lichtquelle eine Bogenlampe ein. Im Rhythmus

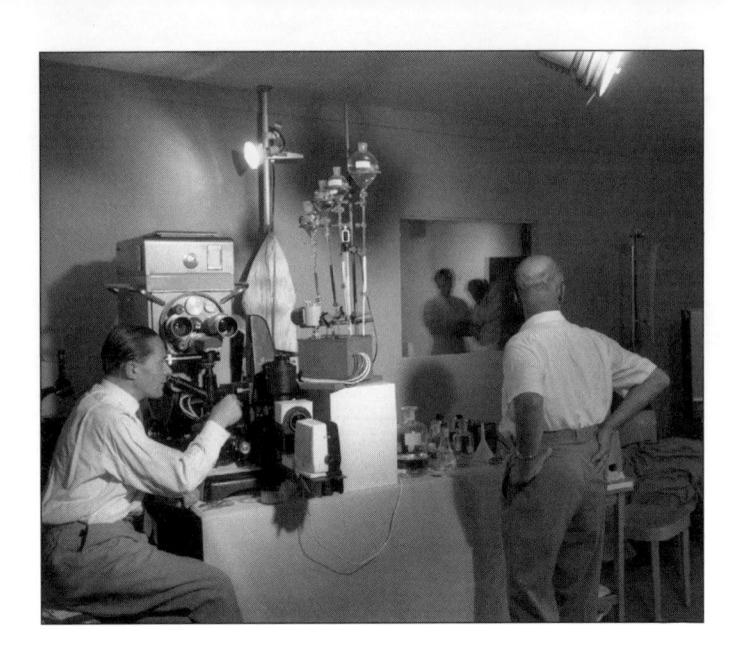

Fernsehen auf Grossbildschirm ...

der eintreffenden Fernsehsignale veränderte sich deren Lichtstrom. Als Steuerorgan diente ein Hohlspiegel, «auf dem eine dünne, elektrisch leitfähige Ölschicht aufgebracht ist. Auf ihre Oberfläche zeichnet ein Kathodenstrahl die Fernsehbilder, Punkt für Punkt und Zeile für Zeile, als elektrische Entladungen auf. An den getroffenen Stellen buckelt sich das Öl etwas empor, wodurch ein unsichtbares, geriffeltes Reliefbild entsteht, das aber im Verlauf jedes Bildwechsels wieder eingeebnet wird. Das Licht der Bogenlampe wird von den winzigen Ölhügeln, die den einzelnen Bildpunkten entsprechen, mehr oder weniger gebrochen und gelangt, nachdem es durch ein System von Spiegelbarren in seiner Helligkeit variiert wird, auf die Leinwand, wo das Fernsehbild in Grossformat sichtbar wird.» (NZZ, 20.5.1959)

Die «wahrhaft geniale und einfache Idee», wie die Neue Zürcher Zeitung vom 20. Mai 1959 begeistert festhielt, stellte einige Herausforderungen an ihre Verwirklichung. So zum Beispiel dauerte es Jahre, bis ein Öl gefunden war, das mit Hilfe von Kühlvorrichtungen genügend leitfähig gehalten werden konnte. Auch die grosse Hitzeproduktion und die Vakuumerzeugung erwiesen sich als hartnäckige Problemzonen. Während der allererste Eidophor-Prototyp von 1943 in handelsfertiger Grösse gebaut wurde, nahm der zweite Prototyp zwei Stockwerke des Physikgebäudes in Anspruch. Die grosszügige Anlage sollte es erlauben, alle Umsetzungsschwierigkeiten im Detail zu klären. Ende der 1950er-Jahre schliesslich, als der Eidophor endlich marktreif war, präsentierte er sich kleiner als ein herkömmlicher Kinoprojektionsapparat. Zu einem beträchtlichen Teil aus Geldern der 1936 gegründeten, anwendungsorientierten AFIF finanziert, wurde die Eidophor-Forschung von Anfang an mit kommerziellem Interesse betrieben. Allerdings täuschte man sich in den anvisierten Nutzungskontexten. Die Pioniergeneration glaubte, dass die Grossbildschirme gerade recht kämen, um Kinos und Lichtspieltheater für das Konkurrenzmedium Fernsehen

... Eidophor-Präsentation ...

auszurüsten. Noch im April 1958, als im Kinotheater Rex in Zürich der erste handelsfertige Eidophor-Apparat präsentiert wurde, wendeten sich die Entwickler in erster Linie an die Kinobesitzer. Dass es in dieser Hinsicht allerdings nicht nur technische Probleme zu lösen gab, bemerkte beispielsweise die Neue Zürcher Zeitung: «Nicht nur die technische Qualität des Bildes muss der Filmprojektion entsprechen, auch die Kameraführung und der Bildwechsel muss filmischen Ansprüchen genügen. Wenn mit Direktübertragungen von Aktualitäten ins Kinotheater begonnen wird, müssen die Kameraleute und Bildregisseure der Television hinsichtlich der Bildführung mindestens den Stand der Filmwochenschaureporter erreicht haben.» (NZZ, 12. 4. 1958)
In den Kinos kam schliesslich kaum ein Eidophor-Gerät zum Einsatz. Auch die Century Fox verzichtete 1958 – nachdem sie noch die Entwicklung eines Apparats für Farbprojektionen in Auftrag gegeben hatte – auf ihre exklusiven Nutzungsrechte. Mit Cinemascope und Widescreen zeichneten sich für die Kinobetreiber neue Wege ab. Dennoch konnte sich Eidophor Zugang zu einigen Märkten verschaffen. Nach dem Tod von Edgar Gretener im Oktober 1958 wurde die Weiterentwicklung von der engsten Geschäftspartnerin, der Basler Pharmaziefirma Ciba, übernommen.
«Die Ciba, die der Förderung der Forschung und des Unterrichts seit jeher Verständnis und eine offene Hand gezeigt hat, hat sich nun entschlossen, den Eidophor-Projektor vorerst in den Dienst dieser neuen Zweckbestimmung zu stellen», berichtete die Neue Zürcher Zeitung am 20. Mai 1959. Die ersten Geräte der zunächst in Zürich-Altstetten, später in Regensdorf angesiedelten Eidophor-Fabrikationsstätte fanden in Bereichen wie der Medizintechnik oder der Flugsimulation Anwendung. Aber auch Fernsehstationen begannen in den 1960er-Jahren, Eidophor-Projektionen als Studiohintergrund einzusetzen. Bald waren kaum noch Sportsendungen ohne

... anlässlich des 75-Jahr-Jubiläums der Ciba, Mai 1959.

Grossbildschirm zu sehen. Zudem erwarben Hochschulen Eidophor-Geräte und setzten sie als Unterrichtsmedien ein. Zu den Pionieren des Eidophor-Unterrichts gehörte etwa Ernst Schumacher, Chemieprofessor an der Universität Zürich. Er verwandelte sein Chemielabor in ein TV-Studio und liess seine mit Experimenten angereicherten Vorlesungen in einen Hörsaal übertragen. In den USA, wo Eidophor seit Anfang der 1960er-Jahre von der Theater Network Television TNT vertrieben wurde, gehörten die NASA, das Pentagon, das Militär sowie Sportarenen und TV-Studios zu den ersten Kunden. So wurden die ersten Schritte auf dem Mond 1969 in den NASA-Zentralen auf insgesamt 34 Eidophor-Bildschirmen überwacht. Von den gross angelegten Forschungen im ETH-Labor für technische Physik der 1940er-Jahre bis zum Einsatz der large screens in den Kommandozentralen und Unterhaltungsarenen des beginnenden Medienzeitalters waren allerdings zahlreiche Anpassungen und Neuausrichtungen zu leisten, wie etwa die laufend optimierten Gerätetypen belegen.
Monika Burri

Die Ökonomisierung der Wissenschaft

Sind heutige Hochschulen nicht mehr «Orte des freien Denkens», sondern vielmehr «Firmen zur Produktion von Wissen»? Ist die Rede von der «Kommerzialisierung» und «Kapitalisierung» der Wissenschaft eine treffende Zeitdiagnose? Seit den 1990er-Jahren zeichnen sich neue Durchlässigkeiten zwischen Wirtschaft und Wissenschaft ab: Mit verbessertem Technologietransfer sollen Innovationen gefördert werden, Naturwissenschaftler müssen immer häufiger Managementqualifikationen nachweisen. Gleichzeitig aber wird das industrielle Sponsoring der akademischen Forschung sehr aufmerksam beobachtet: Die freie Kommunikation ist nicht nur eine vitale Voraussetzung der Wissenschaft, sie ist in das kulturelle Selbstverständnis demokratischer Gesellschaften tief eingebettet. Die gegenseitige Annäherung produziert somit auch neue Abgrenzungen: Sie stärkt den Wert der wissenschaftlichen Neutralität, denn darauf fusst die Autorität und Glaubwürdigkeit wissenschaftlicher Expertisen.

Start-ups und Spin-offs.
Technologietransfer in den 1990er-Jahren

Seit den 1990er-Jahren bemühen sich Hochschulen und Privatwirtschaft um einen verbesserten Wissens- und Technologietransfer. Den föderalistischen «Kantönligeist» konnte die schnell gewachsene schweizerische Innovationslandschaft allerdings noch nicht überwinden.

In einem Interview mit dem Wirtschaftsmagazin Cash vom 20. April 2001 äusserte sich Thomas von Waldkirch – erster Direktor der Stiftung Technopark Zürich und langjähriger Leiter der Stabsstelle Forschung und Wirtschaftskontakte an der ETH Zürich – zu der Frage, weshalb die Schweiz operative «Schnittstellen zwischen Wirtschaft und Wissenschaft» brauche: «Ich denke an meine Zeit an der ETH Zürich zurück: Der Austausch zwischen Wissenschaft und Wirtschaft funktionierte miserabel. Gewisse Unterlassungssünden lassen einem die Haare zu Berge stehen. Das bekannteste Beispiel: 1955 wurde hier einer der weltweit ersten elektronischen Computer entwickelt. Er stand acht Jahre lang als Rechenzentrum in Betrieb und wurde 1963 durch den ersten kommerziellen Rechner der US-Firma CDC abgelöst. IBM hat mir bestätigt, dass die ETH-Entwicklung technologisch mit ihren eigenen Produkten von damals hätte mithalten können.»

Die «Unterlassungssünden» der schweizerischen Forschungspolitik sind sprichwörtlich und werden von den Promotoren für mehr Unternehmergeist in den Wissenschaften als Standardargumente eingesetzt. Nicht nur die ETH habe es verpasst, in den 1950er-Jahren ihre informationstechnologischen Innovationen markttechnisch zu verwerten, so etwa den legendären unter der Leitung von Eduard Stiefel konstruierten ERMETH-Rechner oder die von Niklaus Wirth entwickelte Programmiersprache Pascal, eine der einflussreichsten Computersprachen überhaupt. Auch in die schweizerische Schwachstrom-Mikroelektronik sei viel zu lange viel zu zögerlich investiert worden. So etwa hatten der an der EPF Lausanne ausgebildete Elektroingenieur Eric Vittoz und sein Team zwar Anfang der 1960er-Jahre den ersten Prototyp einer Quarzuhr gebaut. Japanische Unternehmen waren jedoch schneller mit dem Marketing. «Mit solchen Fehlern ist jetzt Schluss», betonte auch Albert Waldvogel, Vizepräsident der ETH Zürich, im Mai 2000 (Bilanz, 1.5.2000).

Zu den Pionier- und Vorzeigeprojekten einer organisierten «Innovationsförderung» in der Schweiz gehört der 1993 auf dem brachliegenden Escher-Wyss-Areal in der Zürcher Industriezone eröffnete «Technopark Zürich». Das von der Privatwirtschaft finanzierte «Zentrum für Wissens- und Technologietransfer» sollte die Überführung von technologischen Innovationen in die wirtschaftlich-industrielle Anwendung beschleunigen und den Aufbau einer schweizerischen Start-up-Kultur fördern. Zu diesem Zweck wurden Forschung und Industrie, Wissenschaft und Marketing in einem 43 000 Quadratmeter grossen Gebäudekomplex zusammengeführt. «Höhenflüge bringen nichts, wenn keine Landepisten vorhanden sind», pries man mit Blick auf ausländische Vorbilder wie das Silicon Valley in Kalifornien oder den Ideon Park in Schweden den Nutzen des damals neuartigen Projekts (Tages-Anzeiger, 1. 3. 1989). Neben der Optimierung von wirtschaftlich-industriellen Synergien stellten die Gründer vor allem auch ein interdisziplinäres Weiterbildungsangebot sowie einen Förderpreis für Jungunternehmen in Aussicht für die Prämierung von «Produkten, Prozessen und Konzepten», die sich durch «besondere Innovationskraft» und durch Anwendungs- und Marktnähe auszeichnen.

Nach rezessionsbedingten Anlaufschwierigkeiten bilanzierte der Technopark seit Anfang der 1990er-Jahre betont positiv: Auch wenn nur einzelne Unternehmer wie etwa der Computerexperte Anton Gunzinger international Furore machten, wurde der «Hightech-Brutstätte» von allen Seiten ein «hervorragendes Innovationspotenzial» attestiert. Insbesondere die hohen Selektionshürden machten sich bezahlt: Weniger als 10% der Firmen, die sich an der Technoparkstrasse 1 einmieten durften, gingen Konkurs. Am Aufbau der Qualitätsmarke «Technopark», die schon mehrere Ableger erzeugt hat, war die ETH von Anfang an beteiligt: Sie war nicht nur im Stiftungsrat vertreten und Hauptmieterin im so genannten «Innovationstrakt», wo auch

Neue Form der Innovationsförderung. Albert Hafen, zuständig für Bauwesen und Dienste bei Sulzer-Escher Wyss, mit dem Modell des 1993 eröffneten Technoparks Zürich.

heute mehrere ETH-Forschungsgruppen stationiert sind. Viele der technologieproduzierenden Jungunternehmen, welche die Synergiekultur des Technoparks zum Ausdruck bringen, sind Spin-off-Firmen der ETH Zürich.

«Spät begonnen, aber schnell aufgeholt», kommentierte die Neue Zürcher Zeitung im Herbst 2004 die jüngsten Bemühungen der Schweizer Hochschulen, im Wissens- und Technologietransfer Fuss zu fassen (NZZ, 3.9.2004). Nachdem kommerzielle Aktivitäten von Professoren oder Institutsleitern lange Zeit verpönt waren, liegt auch an den Schweizer Hochschulen spätestens seit den 1990er-Jahren ein aktives Technologiemanagement im Trend. Die ETH beispielsweise verfügt seit Ende der 1980er-Jahre über ein Büro für Technologietransfer, seit 1994 bestehen ETH-eigene Richtlinien für die wirtschaftliche Verwertung von Forschungsergebnissen. Geregelt werden die Förderung von Spin-off-Unternehmen, die Vermeidung von Interessenkonflikten im Verkehr mit Dritten, die Handhabung von Erfindungen und Know-how sowie die Verteilung von Einkünften aus Patenten und Lizenzen.

Vorreiterfunktion für die neue Kooperationsbereitschaft zwischen Wissenschaft und Wirtschaft haben einmal mehr die USA, wo akademisches Wissen seit längerem im grossen Stil in industrielle Technologie umgewandelt wird. Nach dem Bayh-Dole-Gesetz von 1980, das es den Wissenschaftlern erlaubte, die Resultate von staatlich geförderter Forschung patentieren und lizenzieren zu lassen, kam es zu einem rasanten Anstieg der Firmen-Neugründungen, insbesondere in den Bereichen der Mikroelektronik und der Biotechnologie.

Allerdings wurde auch vielerorts Kritik laut an der schnell gewachsenen schweizerischen Start-up-Landschaft. Trotz grosser Innovationsleistung – nach jüngsten Erhebungen der ETH-Konjunkturforschungsstelle belegt die Schweiz diesbezüglich immer noch Platz eins in Europa – läuft der Technologietransfer zwischen Hochschulen und Wirtschaft nach wie vor harzig. Konflikte ergeben sich vor allem bei Lizenzierungen und Patentierungen. Die neuen, unternehmerisch ausgerichteten Hochschulen behalten die Patentrechte immer häufiger bei sich und verlangen für die Lizenzen teils sehr hohe Preise. Die schweizerische Privatwirtschaft zieht es deshalb nicht selten vor, in ausländisches Wissen zu investieren (NZZ, 3. 9. 2004). Ausserdem wird vor allem die mangelnde Transparenz kritisiert, der fehlende zentrale Zugang zu den Projekten an schweizerischen Hochschulen und Forschungsanstalten. Die Wissenschaft gebe sich zwar dynamisch und kooperationsbereit, doch zugleich werden der «Kantönligeist» und die als behäbig geltenden föderalistischen Strukturen reproduziert. Statt einer Bündelung der Kräfte leistet sich fast jede Schweizer Hochschule oder Fachhochschule eine eigene Stelle für Wissens- und Technologietransfer WTT mit eigenen oft semiprofessionell ausgestatteten Büros.

So etwa hatte «ETH transfer», die Technologietransferstelle der ETH Zürich, noch Ende der 1990er-Jahre nur zwei Angestellte. Damals mussten die Forscher ihre Patentanmeldungen noch selbst bezahlen, mit Kosten von bis zu mehreren hunderttausend Franken (Die Weltwoche, 7. 2. 2002). Inzwischen gibt es nicht nur für Patentanmeldungen finanzielle Unterstützung. Mit Businessplanwettbewerben, Gründersprechstunden, «Lust auf eine eigene Firma»-Kursen wurde das Beratungs- und Infrastrukturangebot für unternehmerisch interessierte ETH-Angehörige kontinuierlich ausgebaut. Von der Entwicklung der Geschäftsidee über die Beschaffung von Räumlichkeiten bis hin zu Gewährung von Darlehen hat ETH transfer ein dreistufiges Unterstützungsprogramm entwickelt, um ETH-Spin-offs einen optimalen Start ins Geschäftsleben zu ermöglichen.

Bemängelt werden jedoch nach wie vor die Serviceleistungen gegenüber Dritten. «In der Kommunikation unserer Dienstleistungen und Möglichkeiten gegenüber Unter-

nehmen besteht Handlungsbedarf», bestätigte Silvio Bonaccio, Leiter von ETH tranfer, im September 2004 das noch ausbaubedürftige Dienstleistungsangebot (NZZ, 3.9.2004). Verbesserungen erhofft man sich vor allem von einer Vernetzung der bestehenden WTT-Stellen. Das Projekt «Technovation», der jüngste Versuch, eine zentrale schweizerische Datenbank für Forschungsprojekte aufzubauen, scheiterte jedoch aus politischen Gründen. WTT-Kooperationen zwischen Hochschulen funktionierten bisher erst im kleinen Kreis. Als gelungene Beispiele gelten das «Forschungsportal» der Universitäten Zürich, Bern und Basel oder die «Unitectra», die gemeinsame WTT-Stelle der Universitäten Zürich und Bern mit dem Hauptbewirtschaftungsgebiet Life Sciences.
Monika Burri

Spitzenforschung auf interna-
Zur Eröffnung des neu eingerichteten Labors für Isotopen-Geochemie
tionalem Parkett. Prinz Andrew
im März 2002 hatte sich die ETH mit einem passenden Aufmerk-
an der ETH
samkeitsgaranten assoziiert.

«My brain has grown inches since this morning», lautete Prinz Andrews Humoroffensive anlässlich der Besichtigung des neuen ETH-Labors für Isotopen-Geochemie. In seiner Eigenschaft als Sonderbeauftragter für internationale Investitionen und Handel des britischen Königreichs hielt sich der Duke of York im März 2002 für eineinhalb Tage in der Schweiz auf und beehrte eine geballte Serie von Eröffnungsfeiern, Preisverleihungen und Gala-Diners mit seiner unübersehbaren Anwesenheit. Im «Grand Hotel Dolder» enthüllte er ein neues Edel-Modell der Marke Range Rover, im Technopark verlieh er den «ZKB-Pionierpreis» und stellte ein neues Förderungsprogramm namens «Intellimetrics» vor. An der ETH weihte His Royal Highness das neu eingerichtete Labor für Isotopen-Geochemie ein. «Ein sehr kopflastiges Programm», hatte die Presse bereits im Voraus gewarnt. Folglich ein willkommener Anlass, um die Belastbarkeit eines nicht gerade für seine Diplomatie berühmten Repräsentations-Profis einmal etwas genauer unter die Lupe zu nehmen. «Auch ein Prinz ist bloss ein Mensch, der manchmal nicht mehr weiss, wie er stehen oder sitzen soll», diagnostizierte beispielsweise die Boulevard-Zeitung Blick und arrangierte «Prinz Andrews Körpersprache während seines Zürich-Besuchs» als Foto-Collage mit dem Titel «Royale Müdigkeit».
Fast – aber nicht ganz – geriet dabei der eigentliche Grund der glamourösen Visite an der ETH Zürich aus dem Blickfeld. Kurz zuvor war aus Grossbritannien ein forschungstechnisches Prunkstück eingeflogen worden: ein hochauflösendes Multi-Kollektor-Plasma-Massenspektrometer für Magnesium, Chrom und Eisen, weltweit das erste seiner Art. Die britische Firma «Nu Instruments» hatte den High-Tech-Apparat für Isotopenstudien in zweijähriger Bauzeit eigens für Zürich angefertigt. Für die Installation des vier Tonnen schweren Magnets, des Kernstücks der Messanlage, hatte die ETH sogar einen Kran gekauft. Das raumgreifende Messgerät mit dem sinnigen

In Aktion...

Kürzel «BIG» war aber nicht die einzige Neuanschaffung, die anlässlich der Einweihung des Zurich Radiogenic Isotope Geochemistry Lab ZRIGL der Öffentlichkeit vorgestellt wurde. Mit einem Instrumentenpark im Wert von 20 Millionen Franken präsentierte der damalige wissenschaftliche Leiter Alexander N. Halliday die Räumlichkeiten an der Tannenstrasse als «das bestausgerüstete isotopenchemische Labor der Welt».

Seit der Berufung des britischen Geologen 1998 ans Departement für Erdwissenschaften zog die Isotopen-Geologie der ETH Zürich regelmässig die Aufmerksamkeit der Fachwelt auf sich. Im Frühjahr 2002 beispielsweise konnte Hallidays Team nachweisen, dass Erd- und Mondgestein sich in der Sauerstoffisotopen-Zusammensetzung so stark ähneln, dass sie vermutlich aus dem gleichen Mutterplaneten stammen. Mit Messanlagen vom Kaliber eines «BIG» sollten nun schon kleinste Mengen von Isotopen nachgewiesen werden können. Die durch die Zahl der Neutronen gekennzeichneten Isotope eines Elements besitzen zwar alle die gleichen chemischen Eigenschaften, sie sind jedoch über ihre Kernmasse analysierbar. Untersuchungen der Isotopenzusammensetzungen von geologischen oder kosmischen Fundstücken können sehr geringe, aber systematische Variationen aufzeigen, die Aussagen über Herkunft und Alter sowie über den Verlauf geologischer, umweltbezogener und planetarer Prozesse erlauben.

Wie und warum entstand die Sonne? Wie bildeten sich vor ungefähr 4,5 Milliarden Jahren feste Körper im solaren Nebel? Woher erhielt die Erde ihre Atmosphäre? Zu solch fundamentalen Fragen soll das neue hochauflösende Verfahren der Isotopenmessung systematische Studien ermöglichen. «An der ETH ist solche sehr aufwändige, und nicht auf den ersten Blick nützliche Grundlagenforschung noch möglich – dies etwa im Gegensatz zu den USA», erklärte Halliday anlässlich der Laboreinwei-

... oder im Gespräch: Der glamouröse Gast sorgt durchgehend für Aufmerksamkeit, März 2002.

hung gegenüber der Online-Zeitung ETH Life (ETH Life, 22.3.2002). Zu den weit gesteckten Forschungsgebieten gehören nicht nur die Entwicklungsgeschichte des Sonnensystems oder der Verlauf von Meeresströmungen in der erdgeschichtlichen Frühzeit. Auch Zahnschmelz-Proben von der Steinzeitleiche Ötzi wurden anlässlich der Eröffnung als Untersuchungsgegenstand genannt. Die unter sterilen Verhältnissen durchzuführenden Isotopen-Analysen sollen Hinweise zum Herkunftsort der prominenten Gletschermumie liefern. Mit einem «blaublütigen» Prominenten als international erkennbarem Eröffnungspaten hatte die dezidiert auf globalem Parkett agierende ETH-Spitzenforschung einen passenden Aufmerksamkeitsgaranten gefunden.
Monika Burri

ARCHITEKTVRA. ZVRICH.

E. T. H.

Bildungsgänge – Studieren an der ETH

Die Bildungsgänge, die die Polytechniker absolvierten, zielten auf mehr als den Erwerb eines Diploms. Folgt man den Wegen der Studierenden durch die Geschichte der ETH, eröffnen sich zahlreiche neue Perspektiven. Die Lehrangebote insbesondere der technischen Fächer wurden an den ersten Generationen von «Polytechnikumsschülern» überhaupt erst erprobt. Die im Hochschulalltag gemachten Erfahrungen trugen massgeblich dazu bei, die Ingenieurausbildung in wissenschaftliche Disziplinen aufzufächern.

Die jungen Leute wurden jedoch nicht nur fachlichen, sondern auch sozialen Disziplinierungen unterworfen. Die Öffentlichkeit – besonders Unternehmer, Politiker und die Eltern – beobachtete sie scharf. Nicht zuletzt als Reaktion auf diese Anforderungen und Zumutungen entstanden kollektive Vertretungsorgane wie der Verein der Studierenden VSETH. Die Studierenden eigneten sich innerhalb und ausserhalb dieser Vereine zudem Strategien an, um die Studienzeit zu bewältigen und sie als gesellschaftlich legitimierte biografische Phase des «Noch nicht» zu nutzen.

Die Erfindung der polytechnischen Lehre

Mit der konkreten Fächergestaltung beschäftigte sich im Frühjahr 1854 eine neunköpfige Kommission, die das erste Reglement der Schule auszuarbeiten hatte. Zentraler Gedanke war, Lehrinhalte von «unmittelbar praktischem Werthe, oder solche theoretische Unterrichtsgegenstände, welche eine unerlässliche Vorbereitung zum Verständnisse der ersten bilden», sinnvoll miteinander zu kombinieren. Die Formulierung lässt erkennen, dass die Praxisorientierung Vorrang vor mathematisch-theoretischen Fragestellungen hatte. Ihre konsequente Umsetzung blieb jedoch im von Industrie und Wirtschaft zunächst weitgehend abgekoppelten Raum der Hochschule schwierig. Denn nicht alle notwendigen Kompetenzen konnten didaktisch vermittelt werden.

Praxisorientierung. Maschinenbau erfolgreich lehren

Bei der Berufung der ersten Maschinenbauprofessoren zählten praktisches Können und theoretische Ambitionen der Kandidaten gleichermassen. Die industrielle Praxis blieb aber trotz verstärkter Suche nach systematischem Wissen der Orientierungspunkt für die Ausbildung von Ingenieuren.

Wenn man den Maschinenbau «mit Erfolg lehren» wolle, müsse man wie bei jedem anderen Lehrfach auch methodisch vorgehen und dürfe nicht «instinktmässig herumtappen wie es bey Escher und in andern renomirten Constructions Werkstätten der Fall ist». Mit diesem Urteil grenzte sich 1846 Jacob Ferdinand Redtenbacher von der industriellen Tagespraxis ab und warb für neue Ausbildungsmethoden. Redtenbacher war von 1834 bis 1841 Lehrer für Mechanik und Maschinenlehre an der Zürcher Industrieschule. Seine anschliessende Reorganisation des Maschinenunterrichts an der «Höheren Gewerbeschule» des Karlsruher Polytechnikums sowie seine Lehrbücher machten ihn als eigentlichen Begründer des wissenschaftlichen Maschinenbaus in Deutschland bekannt. Die stärker disziplinär verfasste neue Unterrichtsform wurde in Zürich übernommen.
Jedoch reichte «sogar eine um 2 bis 3000 Fr. das bisher ausgesetzte Gehaltsmaximum von 5000 Fr. übersteigende Besoldung» nicht aus, um den erfahrenen Lehrer selbst sowie seinen ebenfalls an der Mathematisierung der konstruktiven Maschinenlehre arbeitenden Kollegen Julius Weisbach, Professor für angewandte Mathematik und Bergmaschinenlehre im sächsischen Freiberg, für Zürich zu gewinnen. Man musste sich stattdessen mit jungen Ingenieuren aus dem Umfeld dieser Professoren begnügen, die zusammen, so dachte man zuversichtlich, das Wissensgebiet breit abdeckten. Der Schulrat begründete im Antrag an den Bundesrat vom 12. März 1856 die Wahl von Franz Reuleaux: «Nun liegt es gerade in dem Bedürfniss unserer Anstalt, bei Besetzung der zweiten Lehrstelle bei der mech. Abtheilung mehr die praktische Richtung zu berücksichtigen, und in dieser Beziehung wird es eine treffliche Ergänzung unseres Lehrerpersonals sein, einen Mann zu gewinnen, der neben markanten wissenschaftlichen Leistungen im Gebiete der Konstruktionslehre auch eine praktische Thätigkeit von mehreren Jahren im Maschinenbau für sich aufzuweisen

Auf der Feldbahn zum Steinbruch. Die Abteilung Chemie besucht eine Zementfabrik in Brunnen, um 1916.

hat. Sowie Weisbach mehr die theoretische, Redtenbacher mehr die praktische Richtung vertritt, so ihre Schüler Zeuner und Reuleaux.»

Im frühen Schulalltag war es mit der Theoretisierung des Maschinenbaus nicht allzu weit her. Franz Reuleaux stellte zwar das «Maschinenconstruiren als eine wissenschaftlich begründete selbständige technische Kunst» von Anfang an ins Zentrum seiner Lehr- und Forschungsarbeit. Und mochte er auch fasziniert davon sein, eine «Maschinenwissenschaft der Deduktion» zu schaffen, wie er sie 1875 mit seiner «Theoretischen Kinematik» vorlegte, so beschränkte er sich zumindest in den Jahren bis zu seinem Zürcher Abgang 1864 darauf, den Schülern den Entwurf von Maschinen beizubringen.

Gustav Zeuner war der zweite, bereits 1855 angestellte Maschinenbauprofessor. Während Reuleaux' Fachgebiet «Maschinenlehre» wurde, hatte man Zeuners Professur mit «Mechanik und theoretische Maschinenlehre» umschrieben. Zeuners Interesse an der Übertragung der physikalischen Wärmetheorien auf den Maschinenbau und ihr Ausbau zur technischen Thermodynamik hatten ihm die Kategorisierung als Theoretiker eingebracht. Generationen von Ingenieuren verbanden seinen Namen mit Modellen, die durch ihre Praxistauglichkeit bestachen. Es handelte sich um die Tabellen über das Verhalten des gesättigten Wasserdampfes sowie um seine «Schieberdiagramme», welche die Parameter für Dampfmaschinensteuerungen verzeichneten (König 1999). Beides waren leicht handhabbare Objekte, die das Ablesen und Einsetzen von Zahlenwerten ermöglichten. Sie ersparten es dem Ingenieur, wie der Zürcher Maschinenbauprofessor Aurel Stodola 1897 zugab, die ihm eigene «Scheu vor der Analysis» in der täglichen Konstruktionsarbeit ablegen zu müssen.

«Praxis» an der Schule zu verankern, war dennoch keine leichte Sache. Während niemand daran zweifelte, dass die elementaren Fertigkeiten des Konstruierens in der

Schule erlernt werden könnten und müssten, zielte der Begriff in den Worten des ersten Schuldirektors Joseph von Deschwanden doch immer auch auf das «wirkliche industrielle Leben». Aller Polemik zum Trotz blieben die «Constructions Werkstätten» Bezugspunkt für die Ausbildung der Polytechniker. So tat man es den Botanikern, Zoologen und Geologen gleich und unternahm Exkursionen. Sie führten für die Ingenieure in verschiedene Industriebetriebe. Der Ertrag der kurzen Ausflüge fiel allerdings eher mager aus: Ein Äquivalent zur naturwissenschaftlichen Exkursion, auf der die Studienobjekte im ganzheitlichen «Naturerlebnis» einfühlend erfasst werden konnten, waren die Ausflüge wohl nicht. Denn anders als bei den Alpenexkursionen, im Verlauf derer man der Natur durch körperliche Anstrengung, ergreifende Aussichten sowie Zeichnen und Sammeln sehr nahe kam, hatten Betriebsbesichtigungen nur illustrativen Charakter. Eigener Einsatz war nicht gefordert. Mit der Exkursion vergleichbar waren dagegen die meist freiwillig absolvierten Volontariate, mit denen die Polytechniker vor oder während des Studiums über Wochen Einblick in den Fabrikablauf und die Berufsroutinen der Techniker erhielten. Beliebte Praktikumsorte waren die Eisenbahnbetriebe, die Von-Roll-Werke, Escher Wyss, Sulzer oder die Maschinenfabrik Oerlikon.

Andrea Westermann

Der Ingenieurblick als Methode.
Ob Mechaniker, Architekt oder Geometer: Ingenieure zeichnen.

Carl Culmanns grafische Statik
Die praktischen Zeichenübungen hatten die Herausbildung eines

«professionellen Blicks» zum Ziel. Auch in der Mathematik

bevorzugten die Ingenieure Anschaulichkeit. Lange rechneten sie

am liebsten mit geometrischen Verfahren.

Mit dem «professionellen Blick» ist ein ganzes Bündel verinnerlichten Wissens gemeint. Der angehende Techniker sollte sich darin üben, «jede Gestalt, die er zeichnet, in seinem Geiste nicht als eine flache, wie sie auf dem Papiere ist, sondern als eine erhabene, körperliche sich vorzustellen und sich alsdann Rechenschaft zu geben, wie diese Gestalt, von verschiedenen Standpunkten aus gesehen, erscheinen müsse.» Der Kommentar zum ersten Reglement 1854 hielt diese Übung für die beste praktische Vorbereitung zum Verständnis der wissenschaftlichen Perspektive. Zugleich sei sie «für den jungen Baumeister der sicherste Weg zu jener Stufe seiner ästhetisch-technischen Ausbildung, auf welcher er sicher ist, vermöge des also geübten Blicks, auch ohne Anwendung künstlicher Hilfskonstruktionen, gleichwohl nie einen bedeutenden Fehler gegen die strengen Anforderungen jener wissenschaftlichen Disziplin zu begehen.»

Auch Absolventen von Industrieschulen und Technika, die – eine bis ins frühe 20. Jahrhundert typische Bildungskarriere – an das Polytechnikum wechselten, hatten schon eine stattliche Sammlung geometrischer und Maschinenzeichnungen im Gepäck. Zur dringlichen Abgrenzung von den Lehrplänen dieser Schulen eignete sich Carl Culmanns auf der so genannten «Geometrie der Lage» aufbauende «Graphische Statik». Seit 1855 war Culmann am Zürcher Polytechnikum Professor für Ingenieurwissenschaften. Die Zeitgenossen erkannten seine Arbeiten zum Brückenbau als genuin technikwissenschaftliche Weiterentwicklung der Mathematik an und sicherten der entsprechenden Basisoperation, dem grafischen Rechnen mit «Strecken» über Jahre hin einen Platz in der ingenieurwissenschaftlichen Ausbildung (Hensel 1989, 50). Den Ingenieuren kam die Anschaulichkeit des geometrischen Verfahrens entgegen. Die grafische Statik wurde bis zur Jahrhundertwende, teils bis in die 1920er-Jahre hinein, gelehrt, bevor sie in die technische Mechanik integriert wurde und das grafische

Auf der Suche nach Inspiration und dem Sinn für Perspektive. «Fachverein Architektura»-Exkursion nach Brescia, Juni 1889.

Rechnen in die angewandte beziehungsweise numerische Mathematik mündete (Maurer 1998, 238f.).
In Absprache mit Culmann begann Karl Theodor Reye, der ab 1863 Privatdozent und später Titularprofessor in Zürich war, die Geometrie der Lage didaktisch aufzubereiten. Er las ab 1864 an der sechsten Abteilung je drei Stunden zum Thema, ausserdem wurden zwei Stunden praktische Übungen angeboten. Wilhelm Fiedler wurde 1867 in Erweiterung der Professur für darstellende Geometrie auch mit dem Gebiet der Geometrie der Lage betraut. Damit war Fiedler bei der Aufgabe, das 1854 noch stark künstlerisch verstandene «Anschauungsvermögen» zu verwissenschaftlichen, der Dritte im Zürcher Bunde. Er entwickelte die darstellende Geometrie in engem Bezug auf Culmann weiter. Fiedler wollte so dem angestrebten Hochschulstatus der technischen Hochschulen gerecht werden: Die Aufgabe der Geometrie für die Ingenieurausbildung sei durch «die Herausbildung der technischen Schulen zu Hochschulen der Mathematik und der Naturwissenschaften, die sie jetzt sein müssen, um ihre Aufgaben zu erfüllen, wesentlich beeinflusst worden».
Die Zürcher Position, die das zeichnerische Arsenal der Ingenieurfächer theoretisch sehr weitreichend abstützte, wurde nicht überall geteilt. Eine Verbreitung der grafischen Statik ausserhalb des eidgenössischen Polytechnikums gelang nur um den Preis, den voraussetzungsvollen mathematischen Apparat sofort wieder zu schleifen.
Culmann verurteilte diese Aneignung und schimpfte 1875 im Vorwort der zweiten Auflage seiner «Graphischen Statik»: Mit Begierde habe man sich zwar auf einzelne «Constructionen geworfen, welche mit Linien leichter als mit Zahlen einzelne Bauaufgaben lösen». Grundsätzlich aber werde nun «in zahlreichen grösseren und kleineren Abhandlungen» die Statik «ihres Geistes entkleidet». Er sah seine Verwissen-

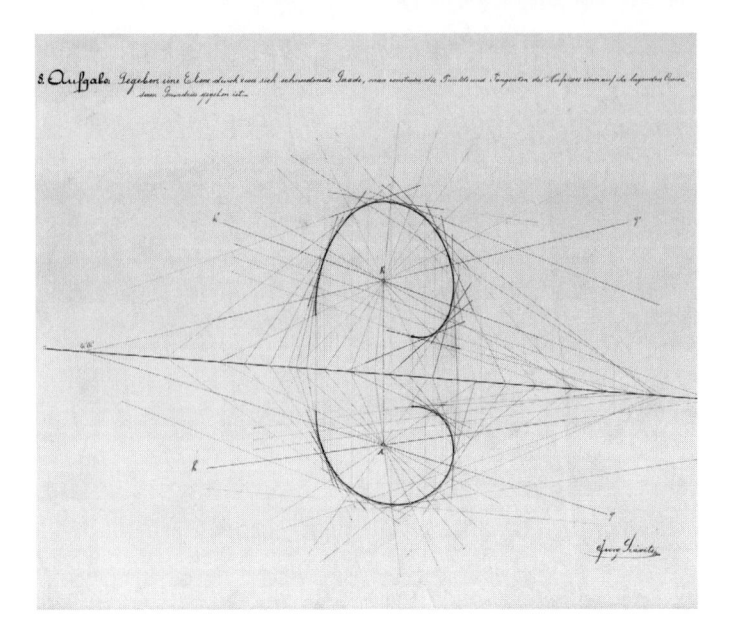

Zeichenübung zum Aufriss einer Kurve des Ingenieur-Studenten Georg Szavits.
1. Kurs Darstellende Geometrie 1873/74.

schaftlichungsanstrengungen torpediert und erklärte beleidigt, dass er schliesslich nicht für den Hausgebrauch von «Baugewerkschulen und derartigen Instituten zweiten Ranges» geschrieben habe, sondern für polytechnische Schulen, die «denn doch höhere Ziele verfolgen».
Andrea Westermann

Mathematik zwischen Leit-
disziplin und Hilfswissenschaft

Über die mathematische Formalisierung ihrer Aufgaben erhofften sich die Ingenieurfächer stets auch, als Wissenschaften anerkannt zu werden. In den 1890er-Jahren zeichneten sich neue Möglichkeiten ab, die Technikwissenschaften akademisch zu adeln.

War Mathematik eine blosse Hilfswissenschaft für die Maschinen- und Bauingenieure, wie die so genannte antimathematische Bewegung unter den technikwissenschaftlichen Hochschullehrern des deutschen Kaiserreichs meinte? Deren Protagonist Alois Riedler forderte 1896, den Stundenplan der Polytechniker von den Auswüchsen der höheren Analysis zu befreien und auf das problemorientierte und «anschauliche logische Denken ohne Formeln» zu konzentrieren.
Oder hielt man es mit Mathematikern wie Felix Klein, dem ersten Universitätsprofessor im Verein Deutscher Ingenieure VDI, der davon ausging, dass technische Problemstellungen umgekehrt die universitäre angewandte Mathematik und Physik stimulieren können? Klein sprach sich daher gegen eine Abkopplung der Ingenieurwissenschaften vom mathematischen state of the art aus und erntete damit auch die Sympathie Aurel Stodolas, Professor für Maschinenbau an der ETH. Vor dem Hintergrund des eskalierenden Streits war dessen Auftritt beim ersten internationalen Mathematikerkongress 1897 in Zürich ähnlich gewagt wie Kleins VDI-Mitgliedschaft. Stodola referierte über «die Beziehungen der Technik zur Mathematik». Einerseits werde der Techniker im «wilden Konkurrenzkampf, dem auch seine eigene Leistung unterworfen ist, [...] mit unwiderstehlicher Gewalt der Empirie in die Arme geworfen». Andererseits gebe es eine «wissenschaftlich arbeitende, technische Minorität», die beizeiten darüber aufzuklären sei, «dass mit der Bewältigung der Elemente der höheren Analysis erst die Vorhalle eines herrlichen Gebäudes betreten ist». Sie dürfe nicht von den polytechnischen Schulen abgedrängt werden, «als sei der von vornherein für die Praxis verloren, der wissenschaftliche Ideale pflege». Die Konkurrenz mit den Universitäten spielte Stodola herunter. Dabei verfügte gerade das Polytechnikum bereits seit 1866 über eine eigene Fachschule zur Ausbildung von Mathematik- und Physiklehrern und bot damit dieselben Lehrfächer an wie die Zürcher Universität.

Einführung in das Differenzialrechnen für Maschineningenieure, Professor Hurwitz, WS 1901/02, Mitschrift des Studenten Paul Spiess.

Die Ausbildungsanforderungen für Ingenieure waren um 1900 weniger klar als in den 1860er-Jahren, als für Direktor Pompejus Alexander Bolley der industrielle Erfolgsausweis seiner Schüler noch deutlich vor dem wissenschaftlichen rangiert hatte. In seinem Bericht über das eidgenössische Polytechnikum anlässlich der Weltausstellung 1867 in Paris hatte der Direktor versichert, dass das technisch ausgefeilteste Produkt nur selten angestrebt werde und sich der gute Ruf der Polytechniker vor allem an ihrer praktischen Mitarbeit in Betrieben zu beweisen habe. Dort stehe ein angemessenes Preis-Leistungs-Verhältnis im Mittelpunkt der Überlegungen. «Rarement d'ailleurs le produit le plus parfait est le plus recherché. Celui qu'on demande le plus est celui dont le prix et la valeur sont dans le rapport le plus juste avec le temps et les forces nécessaires à sa production. Le secret de toute grande production consiste dans un exact emploi du temps et des forces disponibles. Celui qui occupe une position subordonnée doit savoir obéir et se faire à être commandé. Celui qui dirige doit s'entendre à commander.» (Bolley 1867, 20)

Der alte Streit um das rechte Mass an Theorie beziehungsweise Praxisorientierung konnte um 1900 aber überraschend schnell beigelegt werden. Denn neben der Mathematik und den «synthetischen» und «graphischen» Methoden war ein drittes Element in der Ingenieurausbildung aufgetaucht, das die gegenläufigen Forderungen auf neuartige Weise integrierte. Der Bericht des Schulrats «betreffend das neue Maschinenlaboratorium» vom 2. November 1896 an den Bundesrat sah eine «tüchtige mathematische Vorbildung» sowie die «mögliche Entwicklung der zeichnerisch-konstruktiven Fertigkeit» als unentbehrlich an. Es müssten diesen Unterrichtsmitteln aber «ein Drittes: das Maschinenlaboratorium» hinzugefügt werden.

Für sein mathematisches Publikum von 1897 fand Stodola unter Anspielung auf jene überall neu gebauten oder geplanten Maschinenlaboratorien eine elegante Kompro-

missformel. Das «Körnlein Wahrheit», das der Ausspruch «Probieren geht vor Studieren» enthalte, liege nämlich im Hinweis auf «die Notwendigkeit des Versuchs». «Die grosse Bewegung für Ingenieurlaboratorien» basiere auf diesem leitenden Prinzip. Wenn experimentelle Forschung und Messkunde an Bedeutung gewännen, dann werde «der für sie zu schaffende Platz im Unterrichtsprogramm notgedrungen nur auf Kosten aller übrigen, also auch der mathematischen Disciplinen zu gewinnen sein».
Andrea Westermann

Gesellschaftliches Anforderungsprofil

In den ersten Jahrzehnten nach der Gründung des Polytechnikums war das Diplom noch nicht als Bildungsausweis etabliert. Womöglich avancierte es erst spät zum allgemein üblichen Studienabschluss, weil den Polytechnikern im Lauf ihres Studiums ein Habitus antrainiert wurde, an dem man ihre Bildungsbiografie ohnehin ablesen konnte.

Bei der Aufgabe, «gute Techniker» auszubilden, mussten die Direktoren des Polytechnikums widersprüchlichen Anforderungen gerecht werden. Die Industrie benötigte einerseits eine disziplinierte Wissenschaftlermehrheit: Ingenieure hatten sich als höhere Angestellte in Unternehmenswerkstätten und Laboratorien dem Prinzip der Arbeitsteilung bereitwillig unterzuordnen. Zugleich waren den Abgängern Führungsrollen innerhalb der schweizerischen Funktionselite zugedacht. Sie sollten daher nicht nur Fertigkeiten in den verschiedenen Fächern erwerben. Auch gesellschaftspolitisch relevante und die Persönlichkeit festigende Qualifikationen waren gefragt.

Betriebsamer Geist in den Gassen.

Die Studenten des 19. Jahrhunderts wurden nicht nur an ihrem

Zürich als Ort disziplinierender

Wissen gemessen. Auch die Anleitung zu Sittlichkeit und Nüchternheit

Geselligkeit

verstand man als Teil der Ausbildung.

Was kennzeichnet die Studenten des 19. Jahrhunderts? Welche Ansprüche stellte die damalige Gesellschaft an die studentische Jugend? Welche Eigenschaften hatten sich angehende Polytechniker ausserhalb des Lehrplans anzueignen? «Wenn man sieht, was Alles von dem Universitätssitz verlangt wird, so darf man ohne Unbescheidenheit sagen, dass Zürich weniger einer schweizerischen Universität bedarf als diese Zürichs», erklärte die Neue Zürcher Zeitung vom 28. Januar 1854 und beteiligte sich damit entschieden an der Debatte über den idealen Standort einer eidgenössischen Universität.

Dieser stand im Januar 1854, als in den eidgenössischen Räten über die Ausgestaltung des Hochschulartikels verhandelt wurde, noch nicht eindeutig fest. Zunächst war von der Errichtung einer Universität in Zürich und einem «Polytechnikum im Westen» die Rede. Beinahe über Nacht kam die Idee auf, zwei nationale Institute in Zürich zu vereinen, um personelle und institutionelle Ressourcen möglichst produktiv einzusetzen. Die Zürcher Hochschulbefürworter, allen voran Alfred Escher, blieben jedoch skeptisch gegenüber diesem «Danaer-Geschenk»: Sie fürchteten, eine institutionelle Kumulation könnte die föderalistischen Zentralisierungsängste schüren und schliesslich zur Ablehnung beider Projekte führen.

Die Neue Zürcher Zeitung hielt nicht viel von strategischer Zurückhaltung und nutzte die Debatte, um vertieft über die Ansprüche an einen Universitätssitz nachzudenken. Nicht nur die «Leistungen, welche der Gesetzesentwurf verlangt und denen Zürich jedenfalls im Einzelnen so viel und im Ganzen mehr als jede andere Schweizerstadt gewachsen ist», seien in Erwägung zu ziehen, so etwa die bereits vorhandenen wissenschaftlichen Sammlungen, die Spitäler, der botanische Garten, die herzustellenden «Gebäulichkeiten» oder der jährlich anfallende Geldbetrag. Einen entscheidenden Vorteil des Hochschulstandorts Zürich sah die Neue Zürcher Zeitung

Von hohen Ansprüchen umgeben. Postkarte des Vereins Architektura, um 1910.

in dessen «wohltätigem Einfluss auf die studierende Jugend»: «Wir haben namentlich die geselligen Verhältnisse im Auge, die in Zürich so gestaltet sind, dass sie den wohltätigsten Einfluss auf die studirende Jugend üben müssen. Vor Allem herrscht in Zürich grosse Privatthätigkeit, die aus hundert und hundert Werkstätten heraus dem Schlendrian wie ein Vorwurf entgegentönt. Die Bevölkerung ist hinlänglich gross und auch selbstständig genug, um ein paar hundert Studenten mehr oder weniger unter sich verschwinden zu lassen, so dass von dem sogenannten deutschen Studentenleben, wie es der Nouvelliste vaudois darstellt, gar nichts zu befürchten ist» (NZZ, 28. 1. 1854).

Eine Universitätsstadt musste nicht nur eine angemessene akademische Infrastruktur und geeignete Einrichtungen für die praktische Anschauung bieten, die Studierenden wurden nicht nur in den wissenschaftlichen Labors und bürgerlichen Bildungsinstitutionen sozialisiert. Einen entscheidenden Einfluss erwartete man auch von den «geselligen Verhältnissen» und der grossen Geschäftstüchtigkeit Zürichs: Die soziale Kontrolle in den betriebsamen Gassen und der gesittete Geist in den Familien und Pensionen, in denen die jungen Männer untergebracht waren, würden verhindern, dass «Schlendrian» und Bohemienleben sich ausbreiten.

Neben dem als «deutsch» apostrophierten Negativbild des «Studentenlebens» fürchtete man vor allem ein Abgleiten der elterlicher Aufsicht entzogenen jungen Männer in Verschwendungssucht. Durch die fleissigen Bevölkerung Zürichs würde die Minderheitengruppe der Studenten diszipliniert und zu Rechtschaffenheit erzogen, argumentierte die Neue Zürcher Zeitung.

Dass die Disziplinierung der Polytechnikumsschüler tatsächlich zu Besorgnis Anlass gab, zeigen etwa die Schriften von Josef Wolfgang von Deschwanden. Der vormalige Rektor der Zürcher Industrieschule und erste Direktor des eidgenössischen Polytechnikums fürchtete weniger die «Verschwendungssucht» als vielmehr den «verderblichen» Wirtshausbesuch: «Vorzüglich nun, im Winter, tritt das Bedürfnis von etwas mehr gemeinschaftlichem Leben für die Schüler ein, wo nicht jeder gern den ganzen Abend mit studieren ausfüllt, u. alsdann die Kneipe gar nahe steht u. lustige Cameraden gar zu fröhlich hineinwinken», schreibt Deschwanden in den 1840er-Jahren an seinen Vater. Die bereits an der Industrieschule geübte «Anleitung zum Privatfleiss» sowie die Überwachung der Schüler während ihrer «freien Zeit» möchte er auch am Polytechnikum einführen. «Erster Versuch einer geselligen Zusammenkunft von Lehrern u. Schülern, zum grossen Vergnügen der letztern», hält sein Tagebuch vom 30. Juni 1855 fest. «Es ergab sich wenigstens das Gute, dass bereits ein Projekt zur Anordnung eines kleinen Orchesters, eines Gesangsvereins, u. zum Beginn eines Albums entworfen wurde. Freilich ist noch viel Rohheit abzuhobeln» (Gyr 1981, 127).

In sittlicher Hinsicht hatten allerdings nicht nur die Studenten, sondern auch die Professoren ein Imageproblem. Das lässt sich beispielsweise in den Briefen von Francesco de Sanctis nachlesen: «Sie sind schon ziemlich komisch, diese deutschen Professoren», schreibt der erste Polytechnikumsprofessor für italienische Literatur im April 1856 an seinen Freund Angelo Camillo De Meis. «Sie haben rote Gesichter vom Trinken, und jeden Abend besaufen sie sich wie die Templer.» Unter den Polytechnikern gebe es nur zwei Arten von Einladungen: Die einfache Einladung beschränke sich auf den Konsum von Wein. Die grösste Ehre aber, die Studenten einem Professor erweisen könnten, sei, diesen zu einem Umtrunk «usque ad ebrietatem» – bis zur Besinnungslosigkeit, einzuladen (De Sanctis 1913, 13).

Monika Burri

Berufliche Sicherheit oder Persönlichkeitsbildung? «Studienfreiheit» im 19. Jahrhundert

Mit dem Ruf nach Studienfreiheit, der erstmals im berühmten «Bolley-Krach» von 1864 laut wurde, lehnten sich Polytechniker gegen die strenge Disziplinierung durch Professoren und Direktor auf. Noch war unklar, ob ein hartes Studium später auch soziale Anerkennung garantierte.

Die Polytechniker fühlten sich oft bevormundet. Sie standen unter der Aufsicht der Professoren und der Schulbehörde, der bis hin zum Schulverweis eine Reihe disziplinarischer Massnahmen zur Verfügung standen. Anders als die meisten Universitätsstudenten waren die Polytechniker auf ein Lehrpensum mit Prüfungen am Ende eines jeden Studienjahrs verpflichtet. Ihr Studium war als «Ausbildung für Professionen» angelegt (Stichweh 1994, 357). Es bereitete die jungen Männer auf die Übernahme von Ingenieuraufgaben vor. Akademische Freiheit war dort zunächst nicht vorgesehen. Im deutschen Technikerstudium, das für die Schweiz Vorbildcharakter hatte, wurde sie stattdessen wie in der universitären Ausbildung von Ärzten oder Juristen gegen eine weitreichende institutionelle Zugehörigkeit eingetauscht. Der Verzicht brachte berufliche und soziale Sicherheit: Schon die Aufnahme des Studiums schloss im Prinzip die lebenslange Mitgliedschaft zur Ingenieurprofession mit ein. Da die Polytechnikumsdiplome beziehungsweise ETH-Doktorate aber erst Anfang des 20. Jahrhunderts einen weitgehend exklusiven, wenn auch nie staatlich abgesicherten Zugang zu bestimmten Arbeitsfeldern gewährleisteten, war nicht ausgemacht, ob sich die Unterwerfung unter die strenge Schuldisziplin für den Einzelnen auch wirklich auszahlte. Von den frühen Studierendenjahrgängen am Polytechnikum wurde sie deswegen nicht widerspruchslos hingenommen.

1864 kam es zwischen den «Schülern» und der Schulleitung zu einer ersten grossen Auseinandersetzung. Sie drehte sich einmal um das Duell, das sich die Polytechniker von den Universitätsstudenten abgeschaut hatten und das für sie einen standesgemässen Ausdruck von Souveränität darstellte. Dieses Ritual, das nach Gesetzen ablief, die mit dem Reglement der Schule unvereinbar waren, verbot Direktor Pompejus Alexander Bolley schliesslich ausdrücklich. Ausserdem war das Polytechnikum gerade ins neue Sempergebäude eingezogen. Nun drohte den Studenten eine Über-

Überwachen und Strafen. Das Hauptgebäude gewährleistet Kontrolle über die Studierenden. Aufnahme von 1930.

wachung, wie sie bisher in den über die Stadt verteilten provisorischen Unterrichtsräumen überhaupt nicht möglich gewesen war. Dass man in einem Neubau arbeite, werde demnächst keiner mehr erkennen, fasste der Schweizerische Schulrat die Lage in seinem «Bericht an das schweizerische Departement des Innern über die Vorfälle am Eidgenössischen Polytechnikum» mit Blick auf die Sudeleien zusammen: «In den Übungssälen und Laboratorien beginnt man wieder zu rauchen, und beide sind nicht selten in sorglosester, ja unloyaler Weise missbraucht und geschädigt.» Direktor Bolley zeigte sich in einem Aushang am schwarzen Brett entschlossen, «wo der Täter bekannt würde» mit grösster Strenge einzuschreiten und ihn vollumfänglich zu Schadenersatz heranzuziehen. Aufgebrachte Polytechniker entfernten das Schreiben umgehend, woraufhin man dem Schriftstück Platz in einem formaleren Mitteilungsorgan, dem Glaskasten, schaffte. Anderntags fehlten sowohl Glas als auch Dokument. «Allgemeinere Symptome der Unzufriedenheit» wurden registriert. Es kam zu «kleinen Zusammenrottungen vor dem Schwarzen Brett», und die Studenten hielten Versammlungen ab, in denen das weitere Vorgehen besprochen wurde.

Diese Treffen wurden bald in die Unterrichtszeiten verlegt. Mit anderen Worten: Man streikte. Eine Abordnung der Studenten nahm Verhandlungen mit dem Direktor auf, man warf sich gegenseitig Falschaussagen und Formfehler vor. Der Protest gipfelte darin, dass beinahe die Hälfte der Studenten per Unterschriftenliste ankündigte, die Schule zu verlassen, falls Bolley sein Direktorenamt nicht aufgebe. Schon die Forderung allein überschritt jede Kompetenz der Studentenschaft, darin war sich die Schulleitung einig. Darüber hinaus war ein studentisches Vertretungsgremium, das für ein Kollektiv handelte, im schulinternen Organisationsalltag nicht vorgesehen. Der Austritt «jedes Einzelnen» bedürfe nach Artikel 56 des Reglements der Zustimmung der Eltern oder Vormünder. Ein gemeinsamer Austritt werde nicht anerkannt.

So reichten die 325 Studenten wohl einzeln ihre Exmatrikulation ein. Der Abschied, ein Auszug aus Zürich per Schiff nach Rapperswil, wurde aber kollektiv gefeiert und erinnert.

1877 stand die Studienfreiheit erneut zur Diskussion. Dieses Mal führte die Gesellschaft ehemaliger Polytechniker GEP, in der sich die im Berufsleben stehenden Absolventen und alten Herren organisierten, das Wort. Sie sah in einer wohldosierten Studienfreiheit mittlerweile ein notwendiges Distinktionselement gegenüber den nicht-akademischen Konkurrenten. Die GEP erinnerte in einer Petition an den Schweizerischen Bundesrat daran, dass das Polytechnikum «selbständige Männer» heranzubilden habe. Schon das erste Reglement hatte die Schüler zu umfassender Selbstbildung angehalten. Man hatte vor allem auf die Geistes- und Staatswissenschaften gesetzt, um aus den jungen Männern politisch fähige Bürger zu machen, mit einem «offenen Auge und einer bereitwilligen Hand zur Wahrnehmung und Förderung aller wahren, materiellen und ideellen Interessen der Gesellschaft». Die Studienfreiheit sah man als Voraussetzung dafür, in die gesellschaftspolitische Rolle hineinzuwachsen. Sie sollte vorerst auf die Freifächer beschränkt bleiben. Die Schüler seien keine Knaben mehr, sondern dürften gerade in den Freifächern «wohl einige Freiheit in der Bestimmung ihrer eigenen Thätigkeit geniessen, wenn sie in ihren Berufsstudien den strengen Anordnungen der Schule folgen». Nach dieser Steilvorlage machte sich 1878 der «Verein der Polytechniker», die mittlerweile etablierte Studentenvertretung, das Argument ebenfalls zu Eigen, konnte es sich aber nicht verkneifen, das staatsmännische Reden etwas zu theatralisieren.

«Das Schweizerland ist frei. Die gute Mutter Helvetia sorgt gewissenhaft für alle möglichen Rechte und Rechtlein ihrer lieben Angehörigen. Nur die armen Polytechniker scheinen einer ganz besondern stiefmütterlichen Fürsorge zu bedürfen. Wäre sonst

der unleidliche Studienzwang möglich, der jedes Selbstbestimmungsrecht des Studierenden im engern Kreise seine Faches vernichtet, jede frische Tatkraft lähmt, den Schwung des Geistes ertötet, den Armen, der diesem oder jenem Gebiete des Wissens nicht alle seine Kräfte opfern mag, mit Zitationen und Relegationsandrohungen fast zu Tode hetzt! Sind wir nicht die meisten stimmfähige Bürger, sind nicht viele schweizerische Soldaten, ja Offiziere unter uns?» (Verband der Studierenden an der ETH Zürich 1913, 10)
Erst 1908, ein halbes Jahrhundert später, wurde die prinzipielle Studienfreiheit gewährt. In dieser Zeit strebte die Schulleitung danach, den akademischen Status des Polytechnikums auf Hochschulniveau zu heben. Es machte sich deswegen viel besser, Studenten statt Schüler zu beherbergen: Die angehenden Ingenieure konnten über Pensum und inhaltliche Zusammenstellung der Vorlesungen und Übungen nun selbst entscheiden. So schwer es der Schulleitung gefallen war, sich dieses Zugeständnis abzuringen, es zeigte sich schnell, dass die Disziplinierungsstrategien damit erfolgreich modernisiert worden waren: Von da an unterwarfen sich die Studenten freiwillig den so genannten Normalstudienplänen, die nur noch als Vorschläge zur optimalen Studienorganisation gewertet wurden. Jede weitere Flexibilisierung der Normalstudienpläne ging mit grösserem Selbstmanagement seitens der Studierenden einher.
Andrea Westermann

Das Diplom. Zögerliche Karriere
Jahrzehntelang verzichtete eine Mehrheit der ETH-Studierenden

eines Bildungspatents
darauf, ein Diplom zu erlangen. Es brachte den angehenden

Ingenieuren nur geringe Vorteile. Erst im Lauf des 20. Jahrhunderts

wurde der «dipl. ETH» zum gängigen Studienabschluss.

1877 richtete die Gesellschaft ehemaliger Polytechniker GEP eine Petition an den Bundesrat, in der sie Reformen an der eidgenössischen polytechnischen Schule forderte. Der Ehemaligenverein war der Meinung, dass dem studierten Techniker nicht die ihm gebührende gesellschaftliche Anerkennung zuteil werde und seine berufliche Stellung oft nicht seinen Fähigkeiten und Kompetenzen entspreche. Diesen Missstand glaubte die GEP insbesondere durch eine breitere Ausbildung am Polytechnikum bekämpfen zu können. In seiner Antwort auf die Vorschläge warnte der Schulrat 1879 dagegen vor überzogenen Hoffnungen in dieser Richtung:
«Die Schweiz, als ein freies und republikanisches Land, will wohl die besten Einrichtungen treffen, dass seine Bürger in allen Gebieten der menschlichen Thätigkeit mittelst guter Vorbereitung sich zu den besten Leistungen befähigen können; aber aus einem bestimmten, als gut erkannten Bildungsgang Vorzugsrechte und Ausschlussrechte gegen Andere zu postulieren, ist die Republik kaum geeignet. [...] Es wird eben die freieste Konkurrenz anerkannt. Es gilt Einer, was er leistet, und wie er zu dieser Leistungsfähigkeit gekommen ist, bleibt eine sekundäre Frage. Der Mann, sein Talent, seine Kraft und Freithätigkeit gilt mehr als die Methode der Erwerbung. So wird es wohl in der Schweiz in der Hauptsache, namentlich für die Techniker, bleiben.» (Schweizerischer Schulrath 1879, 2f.)
Praktische Erfahrung war für eine Beschäftigung in der Industrie im 19. Jahrhundert die wichtigste Referenz, während das Bildungsgepäck und die schulischen Zeugnisse erst allmählich an Bedeutung gewannen. Die Karrieremöglichkeiten innerhalb eines Industriebetriebs, aber auch innerhalb einer öffentlichen Verwaltung, waren nicht durch formale Vorgaben an einen durchlaufenen Ausbildungsgang gebunden. Techniker, die nur eine technische Mittelschule besucht hatten oder gar keine formale technische Schulung besassen, konnten ebenfalls zu «Ingenieuren» oder

Diplom für Georg Szavits von der «Zweiten Abtheilung oder Ingenieur-Schule», 1877.

«Oberingenieuren» aufsteigen. Grössere Industriefirmen wie die Gebrüder Sulzer bildeten Zeichner und Konstrukteure in eigenen Ausbildungsgängen aus. Auch der 1837 – also knapp zwanzig Jahre vor dem Polytechnikum – gegründete Schweizerische Ingenieur- und Architekten-Verband SIA stand im 19. Jahrhundert allen Technikern offen.

Bezeichnenderweise galt auch das Diplom des Polytechnikums während der ersten fünfzig Jahre lediglich als zusätzliche Auszeichnung zum Schlusszeugnis und nicht als Normabschluss. Sowohl in der Schweiz wie auch im Ausland hatte es für diejenigen, die es erwarben, «nur einen indirekten Werth. Es ist eine Empfehlung», wie sich Hermann Dietler, am eidgenössischen Polytechnikum diplomierter Bauingenieur und späterer Schulrat, 1871 ausdrückte. Die diplomierten Polytechniker machten im 19. Jahrhundert denn auch weniger als ein Drittel aller Schulabgänger aus, beziehungsweise zirka 40 Prozent, zählt man nur die obersten Jahreskurse. Darin kommt zum Ausdruck, dass viele Schüler nicht den gesamten Studiengang absolvierten. Viele schieden bereits frühzeitig aus, um andernorts weiterzustudieren oder aber in die Berufspraxis einzusteigen beziehungsweise in diese zurückzukehren.

Einer Verbreitung neuer Titel wie der Diplome des Polytechnikums stand weiter die föderalistische Struktur der Schweiz entgegen. Die staatliche Anerkennung von Befähigungsnachweisen war der kantonalen Ebene vorbehalten. Zudem waren Titel ideologisch anrüchig. Sie galten als unschweizerisch und unrepublikanisch, als Insignien einer Standes- und Klassengesellschaft, nicht aber einer Demokratie, in der allein die Leistung zähle. Aus diesem Grund erhielt das Polytechnikum erst vergleichsweise spät, nämlich 1908/09, das Promotionsrecht.

Als die Konkurrenz auf dem Arbeitsmarkt im ersten Jahrzehnt des 20. Jahrhunderts stieg, kam Titeln und Ausweisen allmählich ein höherer Stellenwert zu. Der Anteil

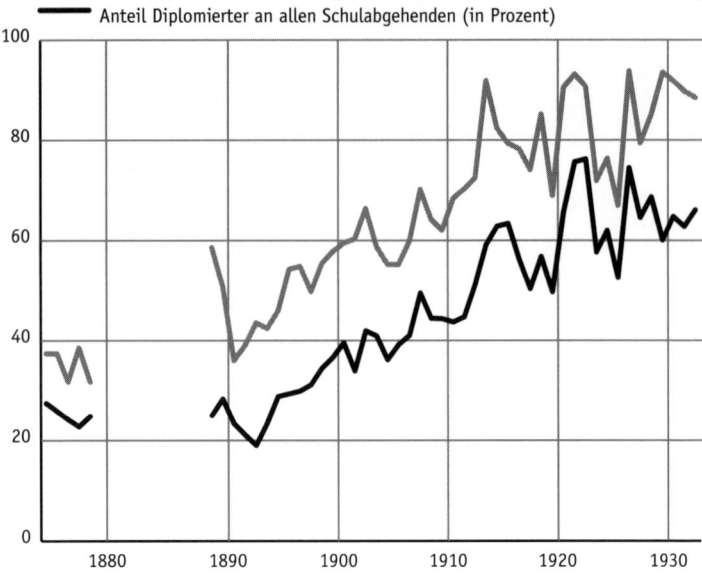

Der Stellenwert des Diploms begann an der Wende zum 20. Jahrhundert zu steigen. Immer mehr Studierende erwarben es.

der Studierenden, die ihr Studium am Polytechnikum mit einem Diplom abschlossen, wuchs in diesen Jahren deutlich. Ausserdem begannen die Hochschultechniker sich dezidiert gegen ihre weniger gebildeten Berufskollegen abzugrenzen. Es entbrannte nun ein Streit, ob sich auch Abgänger der so genannten Technika, den seit den 1870er-Jahren entstandenen technischen Mittelschulen, Ingenieure nennen oder sich nur als Techniker bezeichnen dürften. 1905 organisierten sich die Techniker mit mittlerer Bildung im Schweizerischen Techniker-Verband STV. Der SIA grenzte sich seinerseits gegen diesen ab und wurde explizit zur Interessenorganisation der höheren Technikerschaft. In diesem Professionalisierungs- und Differenzierungsprozess schuf die Ausbildung eindeutige Distinktionsmerkmale. Daher ist es nicht erstaunlich, dass Titelfragen und Berechtigungswesen in den Kriegs- und Zwischenkriegsjahren immer wieder Gegenstand politischer Diskussionen wurden. Ihren Höhepunkt fanden diese Auseinandersetzungen in der grossen Wirtschaftskrise der 1930er-Jahre, als der SIA einen gesetzlichen Schutz des Ingenieur- und Architektentitels forderte, damit aber scheiterte. Schulratspräsident Arthur Rohn hielt einen besonderen Schutz des ETH-Diploms nicht für nötig. Das Diplom gelte als «Adelspatent, das dem Techniker die Pforten der Welt öffne». In diesen Jahren erwarben rund 90 Prozent der Studierenden im Abschlussjahr den «dipl. ETH». Das Diplom war zum Standardzertifikat geworden, das ein erfolgreich absolviertes Studium an der ETH dokumentierte.

Patrick Kupper

Prüfungen
Auf dem Weg in die Berufswelt sind einige Initiationen zu durchleben. Diese Prüfungen geben Hinweise auf die Disziplinen- und Lehrkultur an der ETH. An der Hochschule lassen sich konkrete Orte benennen, an denen Studierende wissenschaftlich sozialisiert wurden und werden. Dies sind etwa die Zeichensäle, Werkstätten und Laboratorien. Jeder Ort kennt seine spezifischen Verfahren, um den angehenden Wissenschaftlerinnen oder Ingenieuren Fertigkeiten und Einstellungen zu vermitteln. Auch Klausuren und Examen sind Sozialisierungsinstanzen. Sie werden nicht allein veranstaltet, um die Lernerfolge zu prüfen. Ebenso sind sie eine Probe für die Bereitschaft, sich der Autorität der Disziplin zu unterwerfen.

Das Chemielabor. Einübung

Wissenschaftler zu werden heisst, sich in den je gültigen

in einen kollektiven Denkstil

kollektiven «Denkstil» (Ludwik Fleck) einer Disziplin einzuüben.

Dies lässt sich besonders plastisch anhand der Sozialisation

nachvollziehen, die Chemiestudierende im Labor durchliefen.

Laborunterricht war in der Chemie – anders als in anderen Naturwissenschaften oder gar den Ingenieurwissenschaften – bereits üblich, als das Polytechnikum gegründet wurde. Dabei handelt es sich um eine traditionale Unterweisung: Sie folgte den etablierten, historisch gewachsenen Rationalitäten der Disziplin und war auf den Erwerb praktischer Kompetenzen, die nicht als Lehrbuchwissen vermittelt werden können, ausgerichtet. Lehrern wie Studenten stand diese besondere Qualität der Laborarbeit klar vor Augen. Nicht selten war die Tradition sakral gefärbt. Mit einer inzwischen schon berühmten Formulierung wollte der deutsche Chemiker Emil Erlenmeyer bestimmte Räume der «selbständigen Forschung geweiht» sehen. Aus diesen Räumen blieben Anfänger natürlich ausgeschlossen. Diese Trennung nach Novizen und «Vorgerückteren» war auch in Zürich gang und gäbe, wo die Abzugsschächte für chemische Dämpfe ebenso wie andernorts als «Kapellen» bekannt waren. Die ironisch-distanzierenden Anführungszeichen lieferten die Polytechniker gleich mit, beispielsweise in der von Chemieprofessor Georg Lunge herausgegebenen Broschüre, die das neue, 1886 bezogene Chemiegebäude der Öffentlichkeit und vor allen Dingen den Fachkollegen anderer Universitäten vorstellte (Bluntschli/Lunge 1889, 18).

Die Aufnahme in ein Denkstilkollektiv erfolgte mit «sanftem Zwang» (Ludwik Fleck). In den ersten vier Semestern waren täglich vier Stunden analytische und präparative Arbeit angesetzt. So wie die Studierenden die chemischen Stoffe unter anderem über körperliche Kontrolle beherrschen lernten, das heisst über das geschickte Hantieren mit Apparaten und Stoffen, so kontrollierte der Lehrer «den Candidaten». Seine «praktischen Fortschritte» wurden am Ende des zweiten Jahreskurses in einem Übergangsexamen geprüft. Diese Kontrolle war, wie der Beitrag in einer so genannten Bierzeitung des studentischen Fachvereins verdeutlichte, oft paternalistisch angelegt. In der 1906 erstellten «Chemiker-Regel», die zur Melodie «Wer will unter

Faxen im Chemielabor. Private Aufnahme von 1940.

die Soldaten» gesungen wurde, werden Berufsanfänger offenbar in Professorenrhetorik mit «mein Sohn» angesprochen. Die Verfasser bauten die bereits erlernten Handgriffe ein.

«Milligramme musst du wägen,
Bis das Zünglein richtig steht,
Deine Filter musst Du pflegen,
Musst sie waschen früh und spät.
Hast kein' Lust Du, lieber Sohn,
Lass die Nase nur davon.

Kakodyl und andre Sachen,
Sind zum Parfümieren nicht,
Chlor, Jod kratzen dir im Rachen,
Und das Brom sehr übel riecht.
Kannst Du riechen lieber Sohn,
Lass die Nase nur davon.

Um dich auch nicht zu vergiften,
Denn das ist gewiss kein Spass,
Lies nur fleissig chem'sche Schriften,
sonst beissest Du bald ins Gras.
Cyankalium, lieber Sohn,
Lass die Nase nur davon.»

Drei traditionelle Vorstellungen zur Professionsidentität von Chemikern finden sich im Lied wieder: Chemiker waren Schöpfer, ihre Kunst beruhte auf handwerklichem Geschick, und sie hatten sich eine heldenhafte Haltung gegenüber der Laborarbeit anzutrainieren, worauf die Landsermelodie anspielte. Die Eigenschaften der chemischen Substanzen wurden mit Hilfe «chem'scher Schriften» erfasst und durch experimentell gesammelte Erfahrung manipuliert, um daraus neue Verbindungen zu erzeugen. Dies war aber nicht das einzige Ergebnis: Wer Sicherheit im Experimentieren erlangt hatte, konnte sich auch besser vor Berufsgefahren, im Ulk-Gedicht mit «Cyankalium» umschrieben, schützen. Dabei gehörten kalkuliertes Risiko und das Ertragen von verharmlosend «Rachenkratzen» oder «Stinkarbeiten» genannten Begleiterscheinungen zum Berufsethos (Jobmann 2001). Schon in den ersten Wochen lernten die Chemiker das feinmotorisch anspruchsvolle Pipettieren kennen. «Um eine verlangte Menge einer Flüssigkeit genau gemessen auszuschöpfen und der Untersuchung zu unterwerfen», müsse man die Pipetten mit der Spitze in die aufzunehmende Flüssigkeit eintauchen. Weiter heisst es im jahrzehntelang aufgelegten «Handbuch der technisch-chemischen Untersuchungen» des Zürcher Professors für chemische Technologie Pompejus Alexander Bolley: «Anlegen des Mundes und Aufsaugen der Flüssigkeit bis etwas über die Marke, Zurückziehen des Mundes und rasches Schliessen mit dem Zeigefinger der rechten Hand, in welcher man das Instrument hält.» Chemiestudenten mussten sich heroisch zeigen. Etwaige Ängste flossen nicht nur in Trinklieder, sondern auch in Nonsenstexte ein, die das Genre der wissenschaftlichen Publikation und die verlangte Arbeitsdisziplin parodierten. In der Allgemeinen Chemiker-Zeitung vom 11. Februar 1881, vermutlich zum Semesterabschluss herausgegeben, wurde etwa «die Bestimmung der freien Alkalien in Lösungen» revolutioniert. Der Autor schlug «statt des zeitraubenden Titrirens» ein in vielen Versuchen

aufwändig ermitteltes und nunmehr erfolgreich standardisiertes Verfahren vor: «Die Lösung wird zum Sieden erhitzt und hierauf ein Theil derselben behutsam über die rechte Hand gegossen (die Linke gibt ungenaue Resultate). Der Gehalt an freiem Alkali wird sehr scharf durch die Zeit wiedergegeben, nach welcher die Hand ihren normalen Zustand erreicht hat. […] Für ganze feine Bestimmungen lässt sich die Methode nach Bruse's Angaben dahin verändern, dass man sich durch Fallenlassen des Gefässes die siedende Lösung in das eine Auge einträgt und mit dem anderen beobachtet, was vorgeht.»
Andrea Westermann

Wie im klassischen Bildungsroman. Das Auslandssemester

Das in den 1920er-Jahren eingeführte Auslandssemester kann mit einem traditionellen Initiationsritual, der Bildungsreise, verglichen werden. Für schweizerische Ingenieure war ein Aufenthalt in den als technikbegeistert geltenden USA besonders aufregend.

«Als dann die Küste Englands ganz verschwunden war, und das grosse Schiff sich durch die stürmische See westwärts kämpfte, da lösten sich auch unsere Gedanken langsam vom alten Kontinent, und wir standen ganz im Banne des Ungewissen und des Neuen, das uns in dem Wunderlande erwartete.» Es ist kein Abenteuerroman, der so beginnt, sondern der Bericht eines Austauschstudenten an den Schweizerischen Schulrat 1952. Aufbruchsituationen verunsichern. Erzählstrukturen und ritualisierte Handlungsformen helfen, sie zu bewältigen. Die Parallelführung von äusserer Bewegung und innerer Bewegtheit bei Schiffspassagen beispielsweise, auf die der frischgebackene ETH-Maschinenbauabsolvent Niedermann verfiel, ist ein klassisches literarisches Aufbruchmotiv. Die Hoffnungen und bangen Erwartungen, die sich mit den Auslandssemestern in Amerika verbanden, bündelten sich zudem im gewollt ironisch angeführten Topos von Amerika als dem «Wunderlande» (Schulrat Varia, SR4:6:1961/52, Besondere Abmachungen mit amerikanischen Hochschulen). Der schweizerisch-amerikanische Studentenaustausch bestand seit 1926. In den ersten Jahren bis zum Zweiten Weltkrieg konnten jährlich zwischen zehn und fünfzehn Studierende mit Stipendien oder Studiengebührenerlass ausgestattet für ein Jahr an einer US-amerikanischen Hochschule studieren. Im Gegenzug kamen fünf bis zehn amerikanische Studenten in die Schweiz. Während des Zweiten Weltkriegs musste das Austauschprogramm eingestellt werden. In den frühen 1950er-Jahren stiegen die Zahlen auf um die vierzig Studierende pro Jahr. Verglichen mit aktuellen Stipendienzahlen waren Auslandssemester in Amerika damals etwas Besonderes. Dies gilt vor dem Hintergrund, dass sich die Urlaubs- und Arbeitsmobilität der schweizerischen Gesellschaft seither stark erhöht hat, umso mehr.
Anfangs achtete die schweizerische Austauschkommission unter dem Vorsitz des ETH-Schulratspräsidenten darauf, vor allem höhere Semester, Absolventen oder Dokto-

Mitbauen am Mythos Amerika. Der ETH-Absolvent Othmar H. Ammann ging 1904
nach New York und konstruierte ab 1927 die berühmte George-Washington-Bridge...

randen nach Amerika zu schicken. Damit sollte eine reibungslose Integration in die
ausländischen Forschungsabteilungen oder Universitätskrankenhäuser sichergestellt
werden. So waren die Studierenden angehalten, in den Zwischen- und Abschlussberichten an die Austauschkommission darüber zu berichten, wie schwer oder leicht
ihnen der Anschluss an die Lehre, Forschung oder den Berufsalltag gefallen waren.
Sie spekulierten aus diesem Anlass meist über die hochschulpolitischen oder mentalitätsspezifischen Gründe dieser Erfahrungen. Die Berichte erschöpften sich jedoch
nicht in Beschreibungen des universitären Umfelds. Fast immer stellte sich der Bildungsreise-Effekt ein: Die Begegnung mit der fremden Kultur veranlasste die Verfasser zu politischen Statements, und sie dachten laut über ihre eigene Werteordnung nach. So blieb New York, wo die Schiffe aus Europa in der Regel anlegten, selten
unerwähnt, seine «vertikale Ausdehnung wirkt auf den durch die Strassen wandernden Europäer, der Zeit für solche Betrachtungen hat, eher deprimierend», lautete
beispielsweise das negative Urteil eines Politikwissenschaftsstudenten (Schulrat Varia, SR4:6:1927–1938.3, Bericht Hafter 1933).
Aber wie immer man zu Amerika stand: Beim Studienaufenthalt in den USA handelte
es sich um einen aussergewöhnlichen Lebensabschnitt. «Rückblickend muss ich schon
sagen», so schrieb der Bauingenieurabsolvent Vollenweider, der das Studienjahr
1950/51 wie Niedermann an der University of Kansas verbrachte, «dass diese Zeit in
Amerika mir zu einem unbeschreiblich tiefen und wertvollen Erlebnis geworden ist.»
Vollenweider hob den freundlichen Empfang durch seine privaten Gastgeber, das «Studium an und für sich», die beruflichen Erfahrungen und die Freundschaft mit anderen schweizerischen Austauschstudenten hervor. Besonders aber hatten ihn «ganz
allgemein die menschlichen Beziehungen und der Mangel an Klassenunterschied»
der amerikanischen Gesellschaft beeindruckt. «Schon der Baubeginn lehrte mich ei-

...über den Hudson River in Manhattan. Aufnahmen von 1929 und 1947.

genartige Neuigkeiten. Der Chef-Ingenieur in kakifarbenem Hemd mit offenem Kragen hinter dem Instrument, das er auch immer selbst auf die eigene Schulter nahm. Da musste ich langsam umlernen, statt Mr. Charles und Mr. Hanna Forrest und Bill zu sagen zu meinen höchsten Vorgesetzten.» (Schulrat Varia, SR4:6:1951/52, Besondere Abmachungen mit amerikanischen Hochschulen)
Vollenweider staunte über die Allrounderfahrung des Leitungspersonals. Dieses übernahm von den ersten Bodenuntersuchungen bis zur Feinabstimmung der Instrumente und elektrischen Anlagen den gesamten Bau einer Chemiefabrik. Der junge Schweizer erklärte sich das Phänomen mit zwei unterschiedlichen Praxiskulturen. Er stellte einem amerikanischen Pragmatismus die europäische Lust an der Suche nach letzten Dingen gegenüber. «Entsprechend unserer Erziehung wollen wir zuerst wissen warum und für was, und erst dann wird gebaut.» Die amerikanischen Ingenieure liessen sich dagegen einfach auf ein «Zusammensetzspiel nach Rezept» ein. «Nicht, dass nun der ganze Prozess von diesen verantwortlichen Ingenieuren nach unserem ETH-Begriff verstanden wurde», wusste Vollenweider, was ihm in manchen Fällen dann doch brisant schien: «Wie mir von einem Fachmann, der dabei gewesen ist, bestätigt wurde, hat man all die Atomkraftwerke auf genau gleiche Art und Weise zusammengestellt, nur wenige wissen genau, was wirklich vorgeht.»
Der Hochschulingenieur mache in den USA auch die Arbeit von Technikern, und dies rechtfertige eine weniger spezialisierte Berufsausbildung. Unversehens fand sich Vollenweider im «Standarddiskussionsproblem No I unter Foreign Students» wieder: das amerikanische Erziehungssystem. Gegenüber den weiterführenden graduate schools optierte er in der Frage, wo Basiswissen zu vermitteln sei, für den ETH-Lehrplan, der «hieb- und stichfeste elementare Grundlagen» bereits im Grundstudium anbot.
Andrea Westermann

Leistungsdruck und Prüfungsstress. Zu den Belastungsgrenzen studentischer Selbstdisziplin

Seit 1975 bietet die Technische Hochschule gemeinsam mit der Universität Zürich psychologische Beratung für Studierende an. Trotz häufig bezeugter Krisen nahmen die ETH-Studierenden das Angebot aber vergleichsweise selten und spät in Anspruch.

Als das Wort «Information» Ende der 1960er-Jahre längst zu einer beispiellosen Karriere angesetzt hatte, bemerkte die ETH-Schulleitung, dass der Informations- und Beratungsbedarf auf Seiten der Studierenden zwar gross war, die Hochschule ihm aber institutionell nicht gerecht werden konnte. Auch gingen die Meinungen darüber auseinander, welche Art der Beratung im Vordergrund stehen sollte. Schulratspräsident Jakob Burckhardt dachte an einen «Studentenbetreuer» für «alles incl. Stipendien». Schulratssekretär Hans Bosshardt hielt eine solch allgemeine Anlaufstelle für wenig sinnvoll: Vordringlich fehle ein Vertrauenspsychiater. Damit schloss er sich der Sicht des ETH-Vertrauensarztes an, wie jener sie 1967 in seinem Bericht an den Krankenkassenvorstand der Hochschule dargelegt hatte. Er habe den Eindruck, dass psychiatrische Behandlungen hauptsächlich neurotischer und psychosomatischer Störungen die Kasse zunehmend belasteten.

Im Vorstand der seit 1857 bestehenden studentischen Krankenversicherung sassen auch Mitglieder des Verbands der Studierenden VSETH. Diese weigerten sich 1970 wegen eben dieser Kosten eine Erhöhung des Kassentarifs zu akzeptieren. «Da, wie dies aus den Äusserungen von Prof. Kind (Protokolle der Vorstandssitzung KK 1. Dez. 1970) hervorgeht, die meisten psychischen Störungen durch Schwierigkeiten im Studium und Examensschwierigkeiten entstehen, ist der DC des VSETH der Ansicht, dass die Kosten für die Behandlung von psychiatrischen Fällen von der ETHZ übernommen werden sollen. Dies geschieht auf dem Weg der Subventionierung der Krankenkasse.» (ETH Bulletin 1971, Nr. 37, 15)

Dagegen befürworteten die Studierenden die geplante Gründung einer psychologischen Beratungsstelle für beide Zürcher Hochschulen. Die Beratungsstelle nahm 1972 vorerst nur für die Universität Zürich ihre Tätigkeit auf, 1975 kam es zu einem gemeinsamen Trägerverein. Im ersten Tätigkeitsbericht referierte der heute noch am-

Nach den Prüfungen. Dachterrasse des neuen Maschinenlaboratoriums, 1934.

tende erste Studentenberater Eugen Teuwsen die Problemfaktoren knapp: «Umstellungsprobleme in einer veränderten Lebenssituation, z. B. die Stadt-Land-Problematik, Massenhochschule, Unterschied von Mittel- und Hochschule, Informationsflut, Veränderungen und Wertsysteme, Veränderungen der Beziehung zur Familie, Kontaktprobleme, Lerngewohnheiten, Lehrstile usw.»
Diese Faktoren waren im Austausch mit insbesondere bundesdeutschen Studentenberatungsstellen erhoben worden und hatten sich für die Technische Hochschule ebenfalls bestätigt. Die individuellen Problemschilderungen der Beratungssuchenden geronnen zu einer eindrücklichen Beschreibung des ETH-Lehrmilieus. Ein ETH-Student etwa hatte die ersten vier Semester «wahnsinnig unter Druck und aus dem Druck heraus gelebt. Dann ist der Stress weggefallen, und ich habe angefangen zu schwimmen. Als das alles fertig war, hatte ich den Eindruck, einigermassen hilflos herumspaziert zu sein. Ich war gewohnt, unter Stress zu leben und habe versucht, den Stress wiederzufinden, denn da kannte ich mich aus. Als ich das dann nicht gefunden habe, war ich ganz auf mich selber angewiesen. Da blieb nur noch ein Häufchen Elend übrig. Ich habe ein paar Grundprinzipien mitbekommen. Diese Prinzipien habe ich jahrelang gewürdigt und danach gelebt. Aber das hat mich im Grunde so eingeengt, weil ich mich nicht entfalten konnte. Ich suchte meinen eigenen Weg, das aber mit schlechtem Gewissen. Erst seit ich wage, auszuführen, wo ich selber dahinterstehe, fange ich an zu leben – aber es kostet mich viel Kraft, diese Umwandlung.» (Archiv Psychologische Beratungsstelle für Studierende beider Hochschulen Zürichs, Veränderung als Grundthema einer psychologisch-therapeutisch orientierten Studentenberatung, 25. 5. 1972)
Auch in der Retrospektive bleiben solche Alltagsaspekte plastisch, können Druckmittel und Repressionserfahrungen benannt werden. Urs Maurer, der 1968 Delegier-

ter der ETH-Studierenden für Hochschulreformfragen wurde, erinnert sich, wie er kurz nach Semesterbeginn aus der Rekrutenschule an die Architekturabteilung der ETH kam. «Von einem Assistenten wurden alle, die drei Wochen zu spät waren, in einer Daher-Formation aufgestellt. Er erklärte: Entweder ihr habt bis Weihnachten die drei Wochen nachgeholt und verpasst das Laufende nicht oder ihr werdet diese Schule verlassen müssen. Schaut nach links, schaut nach rechts, das sind drei, nach dem ersten Vordiplom ist noch einer von euch da. Nach einem Jahr Turnlehrerstudium in Basel an einer Universität begann so meine zweite Art Rekrutenschule.» (ETHistory-Interview mit Urs Maurer vom 13.7.2004)
Seit der Aufnahme der psychologischen Beratung hat sich das Profil der Klientinnen und Klienten kaum geändert: ETH-Studierende gehen im Vergleich mit Universitätsstudierenden seltener in die Beratung; Männer sind – bei den mehrheitlich männlichen ETH-Absolventen besonders auffällig – seit Jahren unterrepräsentiert. Auch die Erklärungen bleiben erstaunlich konstant. Studierende der philosophischen Fakultäten geraten deswegen häufiger in Krisen, weil ihre Fächer und deren Lernvorgaben weniger greifbar sind, als dies etwa in den Ingenieurwissenschaften der Fall ist. Ein anderer Grund wird darin gesehen, dass die traditionell «männlichen» Ideale wie Durchhaltevermögen und Härte immer noch greifen.
Andrea Westermann

Der Student. Selbst- und Fremdbeschreibungen in den 1960er-Jahren

Die studentische Position ist in den 1960er-Jahren noch deutlich umrissen. Sie zeichnet sich auch weiterhin durch Jugendlichkeit, erlaubten Egozentrismus und Vorläufigkeit aus. Dieser Lebensstil schlägt sich vor allem in der Wohnsituation nieder, die von der Untermiete über das Studentenwohnheim bis zur eigenen Wohnung oder zum Leben in Wohngemeinschaften reichen kann. Ein Thema, das weniger die Selbstbeschreibungen als vielmehr die Klischees über Studentinnen und Studenten lange dominierte, waren sexuelle Ausschweifungen. In diesen Vorstellungen kommen sehr traditionelle Stereotypen von Männlichkeit und Weiblichkeit zum Tragen.

Das lustige Studentenleben.
Zur Geschichte eines unverwüst-
lichen Klischees

Der Mythos von der vieldeutigen studentischen Fröhlichkeit ist schon alt und wurde erstaunlich gleichförmig tradiert. Die realen studentischen Liebesbeziehungen hingegen waren bis vor kurzem von zahlreichen gesellschaftlichen Hürden umstellt.

«Ich erinnere mich an zwei sonderbare Jahre, die ich in den Hörsälen, fast ebenso angeregt in den Gängen verbrachte, immer erwartungsvoll, einsam, voreilig im Urteil, unsicher, meistens in eine heimliche Liebe verstrickt, wovon die Geliebte nichts wusste.» (Max Frisch, Tagebuch 1946–1949)
Zu den verbreiteten Vorstellungen über das Studentenleben gehört etwa die Meinung, das Studium sei im Wesentlichen eine feuchtfröhliche Zeit des Sturm und Drang, ausgelebt in einem munteren Kreis kollegialer Bonvivants. Mit diesem Klischee arbeitete beispielsweise ein Report der Schweizer Illustrierten aus dem Jahr 1968, der «die vergessene Minderheit» der «Schweizer Studentinnen» aufspürte und sie nach ihren Lebens- und Arbeitsbedingungen befragte. Diagnostiziert wurde ein problematischer «Status zwischen Bett und Pult», zwischen sexueller Ausbeutung und sozialer Vereinsamung. Berichtet wurde von «Universitäts-Pappagalli», die sich bei Semesterbeginn am Anschlagbrett versammeln, um die vom Gymnasium anrückenden «grünen Studentinnen» zu beraten «und zugleich die körperlichen Eigenschaften einer näheren Prüfung zu unterziehen». «Man traf sich um neun Uhr an der Uni-Bar und fand um zehn, man habe jetzt genug gearbeitet. Dann sassen wir in irgendwelchen schnittigen Wagen, frühstückten ausgiebig, inszenierten Ausfahrten, Segelpartien, Parties und landeten dann in irgendeinem Bett», wird eine Studentin zitiert, die nach «einschlägigen Erfahrungen» und nach der «grossen Ernüchterung» wieder auf den «Weg der Tugend» zurückgefunden hatte.
Das Studium als lustbetonte Experimentierphase, die Universität als Gefahrenzone für weibliche Wissbegierde. Das Klischee ist alt und wurde erstaunlich gleichförmig tradiert: So etwa weckte der Ruf nach «Studienfreiheit», der in der zweiten Hälfte des 19. Jahrhunderts zahlreiche Bildungsinstitutionen erreichte und eigentlich die Befreiung vom verschulten Lernzwang meinte, wie selbstverständlich zweideutige

Vorläufigkeit. Provisorischer Rollentausch für die Reportage der Illustrierten Sie und Er zum Thema «Studentenehe», um 1960.

Interpretationen. Die Freiheiten des Stundentenlebens, als ungehindertes Ausleben burschikoser Tradition verstanden, waren längst sprichwörtlich, und der viel besungenen studentischen Fröhlichkeit, unermüdlich im Tanzen, Trinken und Renommieren, wurden nicht selten dreiste Züge nachgesagt. Der so genannte «lustige» Lebensstil der «flotten Burschen» fand in der Gesellschaft einigen wohlwollenden Rückhalt, entsprach aber meist mehr dem mystifizierten Ideal als der gelebten Wirklichkeit. Zwar ist die Belletristik des bürgerlichen Zeitalters voll von standardisierten Formen studentischer Galanterie, die sich je nach Standeszugehörigkeit der umworbenen Frau in heimlicher Schwärmerei, heiratswilligem Werben oder vorübergehender Liebschaft äusserten. Und tatsächlich genossen oder erlitten die Studenten aufgrund ihrer materiellen und rechtlichen «Eheunfähigkeit» eine Art gesellschaftliche Auszeit, die zu experimentellen Eskapaden ebenso Anlass bot wie zu idealisierter Askese.

In der Regel aber dokumentieren autobiografische Aufzeichnungen von Studenten des 19. Jahrhunderts ein weit nüchterneres Liebesleben als poetisierte Milieuschilderungen es ausschmücken. Zum einen waren die Kontaktmöglichkeiten zwischen den Geschlechtern deutlich beschränkt, und allzu direkte Avancen von einem um Geld verlegenen «Studiosus» waren in den wenigsten Bürgerhäusern gern gesehen. Zum anderen gingen aufstiegsorientierte Frauen des Kleinbürgertums, die sich auf eine Studentenliebschaft einliessen, ein erhebliches soziales Risiko ein. Von derartigen gesellschaftlichen Hürden umstellt, beschränkten sich die amourösen Abenteuer nicht selten auf phantastische Schwärmereien oder auf diskrete Kontaktaufnahmen im Kreise befreundeter Familien (Müller 1999).

Bekanntlich hat sich zwischen den Geschlechtern im 20. Jahrhundert einiges verändert. Darauf verweist auch die Abschiedsvorlesung von Maschinenbauprofessor Aurel Stodola, 1931 in überarbeiteter Form im Buch «Weltanschauung vom Standpunkte

Bohemiens mit Trauschein. Reportagenbild zum Thema «Studentenehe», um 1960.

eines Ingenieurs» erschienen: «Haltet die ‹schmutzigen Gespenster› fern von Euch; sie haben keine Macht wenn Euer Wille sich widersetzt», mahnte er die versammelten Studierenden. In der schriftlichen Version seines Vortrags führt er aus: «Worin die ‹schmutzigen Gespenster› bestehen, dürfte in Beziehung auf die Jugend klar sein: es ist der Schmutz des niederen erotischen Lebens. Hier herrschen die Schlagworte vom Rechte des ‹Sich-Auslebens› und von der ‹freien Liebe›, wie für amerikanische Verhältnisse im eindrucksvollen Buch von Lindsey und Evans ‹Die Revolution der modernen Jugend› dargelegt wird. Sich ‹auszuleben› wird – innerhalb der Grenzen des Anstandes – niemand gehindert; dieses Schlagwort ist gegenstandslos. Unter Freiheit der Liebe versteht man aber oft das Eingehen flüchtiger Verbindungen, womit die Heiligkeit der Ehe und der Familie, die unersetzbares Fundament einer sittlichen Gemeinschaft sind, in den Staub gezogen wird. Die Profanierung des Aktes, den die Natur ihren letzten biologischen Zwecken vorbehalten hat, ist verwerflich und, da die künstliche Verhütung der Konzeption nicht immer erfolgreich ist, mit der entsetzlichen Gefahr verbunden, ein in seiner Lebenspotenz geschädigtes Wesen ins trostlose Dasein zu wecken.» (Stodola 1931, 9)
Dass eine Abschiedsvorlesung an der ETH mit einem Plädoyer für «Eheschliessung in Aufrichtigkeit und Ehrlichkeit» endete, mag die damals grosse Furcht vor dem Zerfall der Sitten anzeigen. Allerdings: «Die Abweichung von der traditionellen Moral ist zwar beträchtlich, doch eine sexuelle Revolution hat nicht stattgefunden», folgerte die 1968 veröffentlichte Untersuchung des Hamburger Instituts für Sexualforschung zum Thema «Studentensexualität». Die wissenschaftliche Umfrage, an zwölf westdeutschen Universitäten durchgeführt, erkundigte sich nach «sexuellem Verhalten» und «Einstellung zur Sexualität» und stellte fest, dass eine Mehrheit der Studierenden vorehelichen Sex begrüsse und auch homosexuellen Beziehungen gegen-

über tolerant sei. Mit diesen Bekenntnissen begaben sich die Befragten in einen erheblichen Widerspruch zur Gesetzgebung, die noch immer die Fortpflanzungsfunktion der Sexualität betonte und zu deren Ausübung einen Trauschein voraussetzte. In Zürich beispielsweise war das Konkubinat bis in die 1970er-Jahre verboten. Bezüglich den bekannt gegebenen sexuellen Aktivitäten, von der Studie als «partnerbetont» beschrieben, erschienen die Studierenden jedoch weit kontrollierter und konservativer, als es das Bild von der freizügigen 68er-Generation erwarten lässt. Die Autoren Hans Giese und Gunter Schmidt konstatieren Ende der 1960er-Jahre eine auffällige Renaissance der «romantischen Liebe», welche die von der Fortpflanzung abgekoppelte Sexualität mystisch überhöhe und unter unverändert bürgerlichen Vorzeichen domestiziere (Giehse/Schmidt 1968). Kommunenartige Zustände, wie sie der eingangs erwähnte SI-Report für Schweizer Hochschulen beschreibt, decken sich kaum mit den Selbstbeschreibungen von Durchschnittsstudierenden und bedienen einmal mehr den Mythos vom zügellosen Studentenleben, in diesem Fall mit einer zeitgemäss Frauen verleumdenden Zuspitzung.
Monika Burri

Weltpolitik und Wohngruppe.
Im Zuge des Abstimmungskampfes gegen das so genannte ETH-Gesetz
Der Linksrutsch des VSETH
Ende 1968 radikalisierte sich der VSETH und positionierte sich

erstmals in seiner Geschichte als linke Organisation mit radikal-

demokratischem Programm. Dieser Kurs war gegenüber den Studierenden

nicht lange mehrheitsfähig und mündete in einer Nabelschau.

Schon 1965 hatte der Verband der Studierenden an der ETH VSETH das während eines zweitägigen Seminars erarbeitete Konzept «Drei Thesen zum ETH-Studium» vorgelegt. Darin forderten die Studierenden, das ETH-Studium dürfe nicht zum «menschlichen Engpass» werden. Eine «bewusste Auseinandersetzung mit dem tausendfältigen Spektrum unseres Tuns» und das «Wissen um die Tragweite des eigenen Handelns» sollten neben dem Fachstudium unbedingt auch zu den Lehrzielen der Hochschule gehören – wieder gehören, möchte man hinzufügen, denn die studienreformerischen Überlegungen 1965 glichen sogar im sprachlichen Duktus noch stark den Jahrzehnte alten Diskussionen um akademische Bildungsideale und die Erziehung zukünftiger Führungskräfte. Fünf Jahre später – die Jahre 1967 bis 1969 wurden bereits international mit Studentenunruhen in Verbindung gebracht – hatte eine neue Generation von VSETH-Funktionären einen «radikaldemokratischen» Kurswechsel vollzogen und urteilte diese alten Standpunkte harsch ab: «Das Ablaufen des Kalten Krieges liess die Widersprüche zwischen den Interessen der Studenten und der Behörden (= Repräsentanten des Kapitals; dessen waren sich die Studenten damals aber überhaupt nicht bewusst) stärker hervortreten. [...] ‹Ideologisch› wurden damals zwei Momente bedeutsam, die sich mit den Schlagworten: ‹mehr humanistische Ausbildung› und ‹Mensch und Technik› kennzeichnen lassen. [...] Statt dass aber die kapitalistische Form der Verwertung von Wissenschaft und Technik erkannt und kritisiert wurde, blieben die Studenten mit der ‹antitechnischen› Kritik in der Phänomenologie stecken: sie sahen nur eine scheinbar sich verselbständigende, immer allmächtigere Technik, welcher ‹der› Mensch gegenübersteht.» (VSETH 1970, 136) Auch an selbstkritischer Einsicht mangelte es nicht. So weit nach links gerückt, konnte der VSETH nach 1969 nicht mehr beanspruchen, alle Studierenden zu repräsentieren. Das Autorenkollektiv der zitierten VSETH-Analyse von 1970 «Entwicklung und Per-

Studieren als Lebensform. Zimmer der Studentischen Wohngenossenschaft
Zürich Woko, 1981.

spektiven der Politik einer offiziellen Studentenschaft» machte klar: «Eine solche ultralinke Politik hätte nicht einmal einen provokativen Effekt, sondern einen kontraproduktiven Effekt: Stärkung der Rechten und Übernahme des Vorstandes durch die Rechte». Bevor man auf das Dilemma reagierte und sich strategisch neu positionierte, nahm man sich vor, zunächst das «Bewusstsein» beziehungsweise das «Selbstbild» der ETH-Studierenden genauer aufzuschlüsseln. Als erste Umsetzung des Vorschlags wurde noch im selben Jahr eine weitere Dokumentation vorgelegt, «von Studenten über Studenten mit dem Ziel einen Betrag zu leisten zur Optimierung von studentischem Wohnen und aufgewendeten öffentlichen Mitteln». Sie schraubte den Massstab studentischer Politik zurück, ohne auf Generalisierungsansprüche gänzlich zu verzichten. Denn dass das Private auch öffentlich sei, gehörte zur Überzeugung der von Universitäts- und ETH-Studierenden gemeinsam getragenen Wohnungskommission Woko, die in der Studie im Mittelpunkt stand. Sie evaluierte die bisherige Projektarbeit der 1956 gegründeten Woko. Insbesondere ihre Auseinandersetzung mit der studentischen «sozialen Rolle» ermöglicht einen Einblick in das damalige Selbstverständnis der Studierenden.

Offenbar sahen sich jene unter Rechtfertigungszwang: Gegenüber Gleichaltrigen, die bereits eine feste Stelle im Produktionsprozess angetreten hätten, so die Autoren reichlich defensiv, erbringe man selbst weder eindeutig messbare noch bezahlte Leistung. Die finanzielle Unsicherheit zog ein allgemeines Grundgefühl der Unsicherheit und Abhängigkeit nach sich, zu der auch die Negativ-Definition des Studentenstatus als einer Phase des «Noch-Nicht» beitrug. Das Woko-Modell der Wohngruppe reagierte nach Ansicht der studentischen Trägervereine auf eben diese Situation in sozialer und baulicher Hinsicht. Es kam dem Bedürfnis nach Kontakt und Gemeinschaft entgegen und verhinderte damit, dass Studierende zu weltfremden Stubengelehrten

und Fachidioten wurden. Selbstverwaltung statt eine «für studentische Belange uneinsichtige Berufsverwaltung» und die Idee einer mobilen Gruppenkonstellation zeichneten das Woko-Modell aus: Frei einteilbare Einheiten von Privatzimmern und Gruppenräumen statt des üblichen trostlosen Korridors samt schmaler Gemeinschaftsküche.
1969/70 gingen bei der Woko 301 Anmeldungen für Zimmer und 41 Anmeldungen von Ehepaaren für Wohnungen und Doppelzimmer ein. Der grossen Nachfrage standen 255 Zimmer und 22 Wohnungen gegenüber, etwa ein Drittel der Zimmer und Wohnungen wurden in dem Jahr neu vermietet. Damit konnten etwa 2,5 Prozent der Studierenden mit günstigem und selbst verwaltetem Wohnraum versorgt werden.
Andrea Westermann

Soziale Herkunft. Statuserhalt und Statusgewinn

Einer Umfrage von 1966 zufolge stellten die Bergkantone Graubünden und Tessin mit je über einem Viertel der Befragten die meisten Studierenden der Bauingenieurabteilung. Die Studierenden der Maschineningenieurabteilung rekrutierten sich dagegen vornehmlich aus den stark industrialisierten Mittellandkantonen. Die Tendenz der regional bedingten Fächerwahl fiel mit einer tendenziellen Kontinuität in der Berufswahl zwischen den Generationen zusammen. Dies konnte mit dem Erhalt des sozialen Status oder mit Bildungsaufstieg einhergehen, etwa mit einer Akademisierung innerhalb des Familienbetriebs.

An den gesammelten Zahlen liessen sich auch die allgemeinen Rekrutierungsmuster für schweizerische Universitäten in den 1960er-Jahren ablesen. Studierende mit akademischem familiärem Hintergrund waren angesichts der Tatsache, dass in jener Zeit überhaupt nur ein Prozent der Gesamtbevölkerung über einen Hochschulabschluss verfügte, an der ETH stark überrepräsentiert. Die akademische Selbstrekrutierung war demnach das vorherrschende Prinzip. Bei manchen Anlässen thematisierten die Angehörigen der Hochschule – der Schulratspräsident oder Rektor ebenso wie Studierende – die Familienverhältnisse und ihre zukünftige Ausgestaltung ziemlich explizit. Ein ideales Forum dafür war der Polyball.

Der Polyball. Mehr als eine
Einladung zum Tanz

Das Jahr des ersten Polyballs ist nicht zu ermitteln. Nach punktuell überlieferten Feiern seit den 1880er-Jahren, so genannten «Akademien», verdichtet sich die Dokumentation ab den 1910er-Jahren. Der traditionelle Polyball mauserte sich damals zum Gesellschaftsereignis. Die Veranstaltung besitzt ihre eigenen unterschwelligen Dynamiken.

«Zwei im Herbstwind zerrissen flackernde Flammen auf hohen Säulen, Fassaden vom Lichte der Scheinwerfer überspielt, strahlende Fenster, aus denen da und dort schon vereinzelte Tanzrhythmen erklingen – mit diesem festlichen Gesicht empfängt das Hauptgebäude der E.T.H.» So berichtete die Neue Zürcher Zeitung 1949 über den Polyball. Der grösste Ball der Stadt habe sich wieder einmal als triumphaler Erfolg herausgestellt, so die Neuer Zürcher Zeitung 1960, über 3500 Paare seien der Einladung gefolgt. Für einen Abend vergesse man die Newton, Bernoulli und Galilei, die sonst «mit strengen Profilen» von den Mauern auf «die Alumnen der Wissenschaft» blickten. Die aussergewöhnliche Stimmung, von der jeweils berichtet wurde, war zu einem guten Teil der Dekoration geschuldet. Sie sollte aus den Hochschulräumlichkeiten einen Ballsaal machen. In den Reportagen war ihr daher stets ein eigener Abschnitt gewidmet. «Die beiden Eingänge bereits sind mit Lampengirlanden geschmückt, man bekommt ausführlich Gelegenheit, sie zu bewundern, da sich der Menschenstrom nur sehr mühsam gegen die Garderoben hinschiebt. […] Zum ersten Mal begegnen wir dem Motto des Balles: ‹Farben›. Bunte, prächtige, klecksige, überschäumende und düstere Farben beherrschen das Feld. […] Besonders geistreich und witzig: ‹Black and white› mit Assoziationen zum weltberühmten Whisky, zur edlen Kunst des Schachspiels und zum Zeitungsgewerbe.» (NZZ, 21.11.1960)
Kein Zweifel, der Polyball elektrisiert. Aber er polarisiert auch. Die ehemalige VSETH-Vorsitzende und heutige Nationalrätin Barbara Haering erinnert sich, dass der Vorstand des Studierendenverbandes in den 1970er-Jahren jedes Jahr im Delegierten-Convent den Antrag stellte, den Polyball abzuschaffen. Denn ein Polyball, an dem auch die Professorenschaft teilnehme, habe etwas mit «der alten Studentenschaft, mit dem grünen Liederbüchlein» zu tun (ETHistory-Interview mit Barbara Haering vom 3. Oktober 2004).

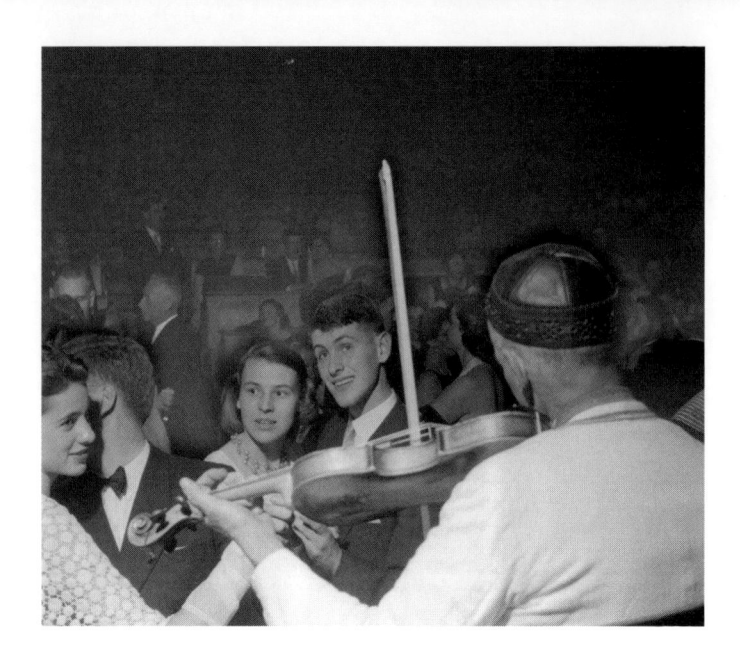

Nähe einstudieren. Die ETH Zürich als Tanzsaal, 1955.

Haering hätte ihre schlimmsten Befürchtungen wohl noch 1980 bestätigt gesehen: Der Polyball war seit Jahrzehnten nichts anderes als die schulbehördlich institutionalisierte Gelegenheit, private Weichen für die Zukunft zu stellen. So zieht sich neben dem jährlich wechselnden Motto stets ein zweites Thema durch Programmhefte, Festreden und Zeitungsberichte. Athene habe für eine Nacht Apollo und den Musen den Platz geräumt, Aphrodite wandele unsichtbar durch die Gänge, unzählige Amoretten flirrten mit leuchtenden Blicken bewaffnet treppauf treppab, am Polyball sei der Gott Amor jeweils sehr beschäftigt. Tatsächlich ging es dort für die jungen Naturwissenschaftler und Ingenieure um Frauen, Heirat und damit um die Absicherung und Reproduktion der eigenen Sozialstrukturen. Das Motto, das sich die Polyballkommission anlässlich des 125-jährigen Bestehens «des Poly» 1980 ausdachte, war denn auch bedeutungsvoller, als dies die Urheber wohl intendiert hatten. Es lautete «$5^3=125$ Jahre: Traumzeit hoch drei» und eignete sich zu vielfachen Verdrehungen und Assoziationen.

Im Festjahr 1980 fragte die Kommission für studentische Anlässe KOSTA den damaligen ETH-Präsidenten Heinrich Ursprung um einen Ballalmanach-Beitrag über die «Ingenieurstudenten der Zukunft» an. Der Beitrag solle «den Kern des Themas mit der dem Anlass gemässen Feder treffen». Ursprung führte im Wesentlichen aus, «dass wie jeder anständige rechtschaffene Mann auch, wie Naturwissenschafter, Architekten, Arbeiter, Mathematiker, Handwerker, Juristen, Kaufleute, Pharmazeuten, Gewerbetreibende, Phil-Eins und Phil-Zweier etc., wie jeder anständige rechtschaffene Mann [...] der Ingenieurstudent mit hoher Wahrscheinlichkeit eine Frau finden und eine Familie gründen wird» (ETH-Bibliothek, Archive, unbearbeitete Abl. 2003/09. ETH-Texte 1980–1984. «Zur Zukunft des Ingenieurs», Rede Heinrich Ursprungs am Polyball 1980). Freilich wurden alle Begehrlichkeiten zunächst einmal in ihr Gegenteil

Ausnahmezustand. Damen auf dem Polyball, 1955.

verkehrt, und auch dann konnte man das Kind noch nicht beim Namen nennen. «Bei bestimmten Theologen», so kam Ursprung der Bitte um den der Veranstaltung angemessen heiteren Tonfall nach, «ist die Wahrscheinlichkeit deutlich geringer, nicht wegen Mangel an Anstand und Rechtschaffenheit, sondern weshalb? Als Test 1 wird der Dame empfohlen, den Ingenieurstudenten um eine Erklärung zu bitten. Allgemeine Bildung. Das Stichwort beginnt mit Z.»
Naturwissenschaftlerinnen wie Haering mussten sich von Hochschulanlässen wie dem Polyball doppelt ausgeschlossen fühlen. Nicht nur dass wissenschaftliche Nachwuchsrekrutierung auf männlich dominierten Lehrer-Schüler-Genealogien beruhte. Die älteren Semester fantasierten ihren Zöglingen noch um 1980 Bilder der Ehe vor, die darauf hinausliefen, dass Frauen ihre wissenschaftliche Karriere nach der Hochzeit aufgaben. Eine Belohnung für diesen Rückzug und die immer freundliche, kreative Unterstützung stand allerdings in Aussicht. «Wenn sich dann einmal wirklich der Ruhm einstellt, so werden die Strahlen der Ruhmeskrone gleich zwei Stirnen beleuchten», zitierte Ursprung den berühmten spanischen Hirnforscher, Wissenschaftscauseur und Patriarchen Santiago Ramón y Cajal als abschliessende Pointe. Solchermassen getröstet: Gaudeamus igitur!
Andrea Westermann

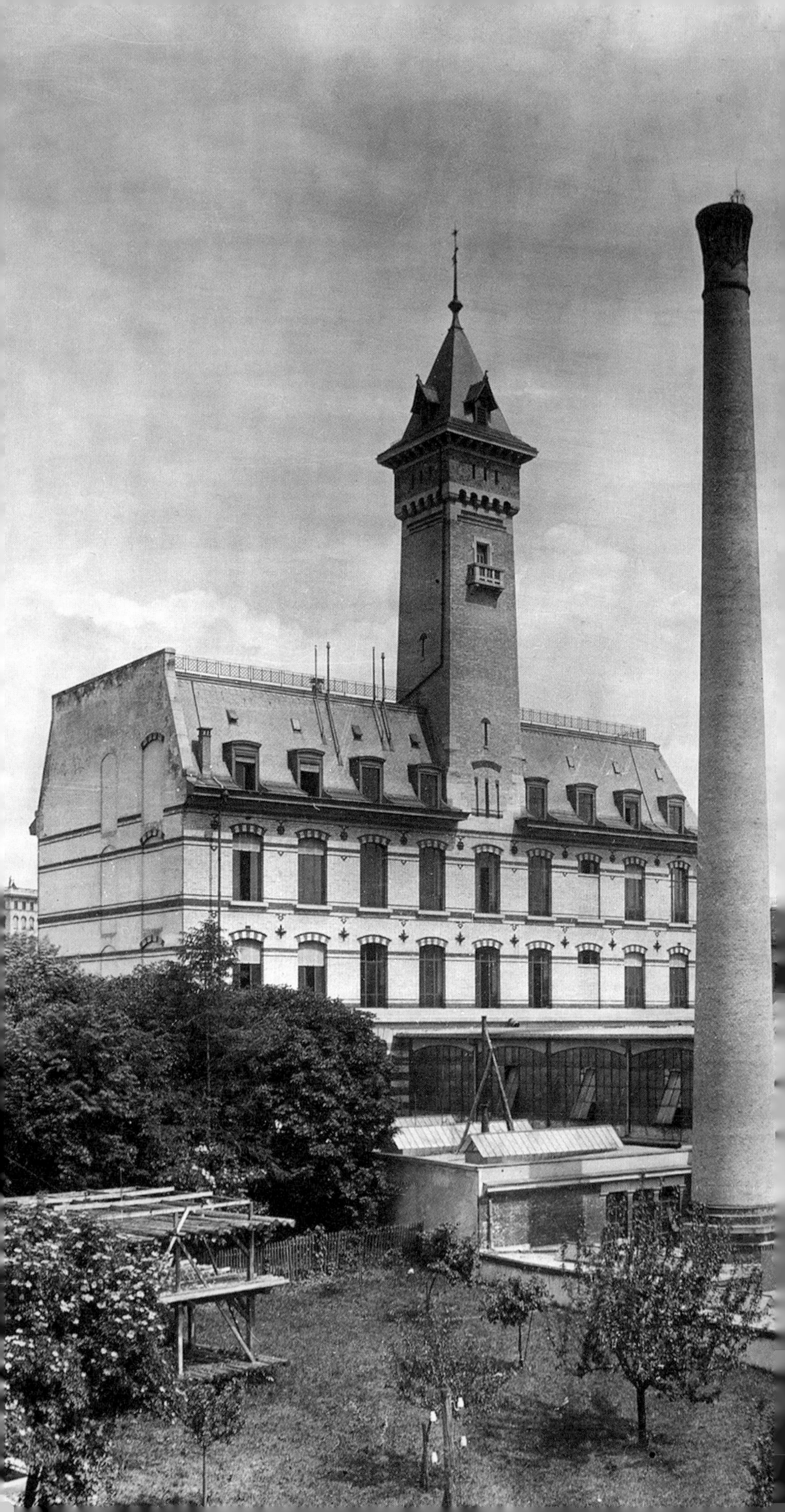

Forschungspfade – Disziplinenentwicklung und Wissenschaftsalltag an der ETH

Die Professoren des Polytechnikums betrieben seit 1855 an vielen Orten Wissenschaft, am Schreibtisch und in Fabrikwerkstätten, im Hörsaal und auf Exkursionen. Die für die Technikerausbildung geforderte Praxistauglichkeit der Lehrinhalte konkurrierte dabei mit Theoriefragen oder der mathematischen Formalisierung von Konstruktionsproblemen.

Die Chemieschule merkte wohl als Erste, dass sich im letzten Viertel des 19. Jahrhunderts die Erwartungen der schweizerischen Industrie, aber auch die eigenen disziplinären Standards radikal der Zukunft öffneten. Neue chemische Stoffe oder Produkte konnten nicht erreicht werden, ohne dass Innovationen und neues Wissen konsequent verfolgt wurden. Private und staatliche Gelder flossen nun vermehrt in die Vermittlung zwischen Theorie und Praxis.

Zahlreiche Laboratorien wurden ausgebaut und experimentelle Apparaturen entwickelt oder angeschafft. Die traditionelle ‹Ingenieurkunst› verwissenschaftlichte sich nicht zuletzt dadurch, dass sie am Bau dieser Instrumente selbst beteiligt war. Damit war ein Wandel in den polytechnischen Selbstbeschreibungen eingeläutet, der sich dann im frühen 20. Jahrhundert vollzog. Heute präsentiert sich die ETH als Forschungsuniversität.

Die Einheit von Lehre und Forschung

Die Rede von der Einheit von Lehre und Forschung ist seit Wilhelm von Humboldts Skizze zur preussischen Hochschulpolitik 1810 ein Dogma universitärer Selbstbeschreibung. Der Universitätsprofessor verkörperte diese Vorstellung. Mit dem Charisma des Meisters führte er Neulinge in die Probleme und Methoden wissenschaftlicher Forschung ein. Dies geschah vor allem im ganz auf den Professor zugeschnittenen Hörsaal. Der Wissenschaftssoziologe Rudolf Stichweh weist darauf hin, dass die Definition der professoralen Lehre als Forschung in eine Reihe von Unteilbarkeitsideen eingebettet war. «Wissenschaft» ist als systematische Einheit definiert und die Universität der Ort, der die Zusammengehörigkeit aller Wissenschaften symbolisiert. Am Polytechnikum pflegten vor allem die klassischen Universitätsdisziplinen dieses Selbstbild.

Der Hörsaal. Die perfekte Bühne
der Professoren

Wissenschaftliche Probleme und Methoden sind nur bedingt sprachlich vermittelbar. Die Rede von der «Einheit von Lehre und Forschung» bringt das Kommunikationsdilemma auf den Punkt. Der Professor personifiziert die Überwindung des Problems, und der Hörsaal ist die geeignete Kulisse für diese Aufgabe.

Hörsäle befinden sich in Kollegien- und Hauptgebäuden von Universitäten, in Instituten und in Kliniken. Ihre Gestaltung, der Ausbau und die Einrichtung, sollen «zunächst einmal den erfolgreichen Ablauf des Unterrichts dadurch verbürgen, dass der Vortragsgegenstand einer bestimmten Hörerzahl in der wirksamsten, die Arbeit des Vortragenden fördernden und die Aufnahmefähigkeit der Zuhörer erhöhenden Weise mitgeteilt werden kann». So leitete der Berliner Architekt Gellinek den Abschnitt «Die Sehgüte» seiner an der Technischen Hochschule Berlin 1933 eingereichten Dissertation «Der Hörsaal im Hochschulbau» ein. Auch die in den hinteren Reihen Sitzenden sollen sehen, was der Professor vorn an die Tafel schreibt. Das einfachste Mittel, dies zu erreichen, ist ein Vortragspodium. «Bei zunehmender Grösse des Saals und bei mehr als zehn Sitzreihen ist das andere Mittel, um eine gute Sicht herzustellen, das Ansteigen der Sitzreihen nach hinten. Bei grossen Hörsälen ist der Höhenunterschied zwischen der ersten und letzten Sitzreihe häufig eine Geschosshöhe des anschliessenden Gebäudes.» (Gellinek 1934, 31)

Die Besonderheiten der Fachgebiete stellen je eigene Anforderungen an die räumliche Einbettung und Ausgestaltung des Auditoriums. Die Physik- und Chemiehörsäle – kleine für die Theorie und grosse für die Experimentalvorlesungen – sind in eigenen Institutsgebäuden untergebracht. Die grossen Hörsäle benötigen eine Versorgungsinfrastruktur, «weitverzweigte Leitungssysteme zu den energieliefernden Maschinenräumen» sowie Belüftungsanlagen. Der Anstieg ihrer Sitzreihen ist darauf angelegt, die Versuchsanordnungen möglichst gut einsehbar zu machen. Die Reihen sind daher etwas steiler als in Hörsälen mit vorwiegend «rednerischem, von Tafelschrift und Lichtbild begleitetem Vortrag».

Wenn vom Podium als «Vortragsbühne» die Rede war, durfte das inszenatorische Hilfsmittel Licht nicht fehlen. Podiumbandleuchten, Tafelscheinwerfer und Saalleuchten

Wissenschaftsaufführung. Professor Fierz im Vorlesungssaal für anorganische und organische Chemie, um 1917.

optimierten den Auftritt des Professors. Er betrat den Hörsaal von der Seite her, wo die Vorbereitungs- und Sammlungsräume lagen. Sie waren die faktischen und symbolischen Schleusen zwischen Forschung und Lehre, ein vom Hörsaal aus nicht einsehbarer Ort kanonischer Versuche und didaktischer Medien. Zutritt hatten nur die unmittelbar zum Institut gehörenden Professoren, Assistenten und Laboranten.

Auf der Fotografie aus den späten 1910er-Jahren ist der Professor für technische Chemie Hans Eduard Fierz mit einem Laborgehilfen im Hörsaal für organische und anorganische Chemie zu sehen. An der Decke sind die Scheinwerfer angebracht. Das Bild zeigt die Chemie als komplexe Anordnung von Wissen, Stoffen und Apparaten; die Handgriffe müssen sitzen. Der Chemieassistent Dr. Brenner, der die Aufnahme für sein privates Album machte, vermisste die studentische Zuhörerschaft offenbar nicht, um den Zweck des Hörsaals in Aktion festzuhalten. Brenners Kamera verlieh der Demonstration bereits insofern Sinn, als das Fach imposant repräsentiert wurde. Um die akademische Selbstbeschreibung «Einheit von Lehre und Forschung» zu verstehen, reicht diese Momentaufnahme jedoch nicht. Die Einbeziehung eines über längere Zeit aufmerksamen Publikums ist dafür unerlässlich.

Im Hörsaal erleichterten Vorführtechniken die Kommunikation mit dem studentischen Publikum. «Der naturwissenschaftliche Vortrag lässt seine beweglich aufgebauten Versuchsanordnungen im grossen Hörsaal durch dahintergestellte Lichtwerfer als Schattenriss auf der ganzen Tafelwand erscheinen», beschrieb Gellinek den state of the art der Experimentalvorführung in den 1930er-Jahren. Auch der eben erfundene Hellraumprojektor kam zum Einsatz. Der von Zeiss-Jena konstruierte «Schreib-Projektionsapparat Belsazar», nach dem babylonischen König benannt, der Gott lästerte und dem daraufhin eine unheilkündende Flammenschrift an der Wand erschien, machte «den unbequemen Gebrauch von Kreide und Schwamm» überflüssig und schonte den eleganten Anzug des auf dem Podium agierenden Professors. Ihm kam es zu, den Studenten die Komplexität wissenschaftlicher Forschung und ihrer Methoden aufzuschlüsseln, durch Mitteilung, vor allem aber durch Anregung zum selbsttätigen Denken. In der Logik der Einheit von Lehre und Forschung war der öffentliche Denkakt ein genuiner Forschungsakt. Der freie Vortrag rege den Forscher ebenso an wie die einsame Musse des Schriftstellerlebens oder die lose Verbindung einer akademischen Genossenschaft, urteilte Wilhelm von Humboldt 1810 in dem Fragment «Die innere und äussere Organisation der höheren wissenschaftlichen Anstalten in Berlin». Er untermauerte damit den Topos, Reproduktion von Wissenschaft sei Produktion von Wissenschaft. Die Person des Professors profitierte ausserordentlich von den theatralischen Umständen und den Inhalten gelungener Vorlesungen. Zugleich garantierten seine mitreissenden Auftritte gelungene Lehre: Sie bescherten den Studenten Selbstbestätigung und Erfolgserlebnisse. Für die Dauer der Vorlesung partizipierten sie an der Wissenschaft.

Andrea Westermann

Im Feld. Exkursionen der Abtei-
Geologie und Botanik sind klassische Feldwissenschaften des 19. Jahr-
lung für Naturwissenschaften
hunderts. Im Feld lebte der Professor Forschung vor. Der Wissens-

erwerb auf Exkursionen war stark körperbasiert.

Um 1900 bildete sich um den Geologen Albert Heim, Inhaber einer Doppelprofessur an der Universität und am Polytechnikum, sowie den Polytechnikumsbotaniker Carl Schröter eine Zürcher «Exkursionsschule» heraus. Heim zum Beispiel leitete in den fast vierzig Jahren als Hochschullehrer über 300 Exkursionen, und Schröter stand ihm darin, nach der Anzahl der vollgeschriebenen Feldbücher und einer ebenfalls 40-jährigen Professorenkarriere zu urteilen, in nichts nach. «Diese Exkursionen vermittelten wohl die stärksten Eindrücke, die ein Student empfing. Sie übten denn auch ihre Anziehungskraft weit über die Grenzen Zürichs, ja der Schweiz aus. [...] Auch ältere Gelehrte fanden sich zu den Exkursionen ein, und so ergab sich oft eine nach Alter, Kenntnissen und Nationalitäten bunt gemischte Gesellschaft.» Dies berichtete die Geologin und Botanikerin Marie Brockmann-Jerosch in ihrer 1952 erschienenen wissenschaftlichen Biografie über Albert Heim aufgrund der eigenen Studienerfahrungen. Im Folgenden werden die «stärksten Eindrücke», welche die disziplinäre Identität der angehenden Naturwissenschaftler prägten, ins Zentrum gerückt: das «Feld» und der Professor.

Das Feld ist für Botaniker und Geologinnen «zugleich Anschauungsgrund und Datenreservoir» (Heintz et al. 2004, 129). In Analogie zum Labor etwa für Chemiker hat die Exkursion ins Feld wesentliche Sozialisationsfunktionen. Die Studierenden festigen und erweitern dort auf spezifische Weise das bereits erworbene Lehrbuchwissen. Die unmittelbare Beobachtungssituation in der Natur bringt einen «Auge in Auge mit den Erscheinungen, die in den Vorlesungen geschildert wurden». Manches sehe da «ganz anders, viel komplizierter aus als auf der Wandtafel» (Brockmann-Jerosch et al. 1952, 162). Der Wissenserwerb stellt auf die Aneignung von verkörperlichten Fähigkeiten ab. Die Ausbildung von Blicktechniken steht an erster Stelle. «Was nützt einem jungen Forscher, einem Experten, der sich in fremdem Lande vor eine For-

Botanisch-zoologische Pfingstexkursion ins Wallis, 1920.

schungsaufgabe gestellt sieht, alle Bücherweisheit, wenn Blick und Beobachtungsgabe nicht geweckt sind» (Brockmann-Jerosch et al. 1952, 168)? Es gilt zunächst, das Auge als Wahrnehmungsorgan zu schulen und die einzelnen Forschungsobjekte aus dem Universum der Details zu filtern. Parallel dazu muss ein klassifizierender Blick entwickelt werden. Im Fall der geologischen Exkursionen half die «sichere Führung durch des Meisters Hand», an der Überfülle der Eindrücke nicht zu verzweifeln (Brockmann-Jerosch et. al. 1952, 162). Das Erlernen des möglichst objektiven, genauen Blicks wurde mit Zeichenübungen unterstützt, der Exkursionsleiter zeigte sich dabei «unermüdlich im Erklären, Ermutigen und Korrigieren». Nahmen an den Exkursionen auch Ingenieure, Land- und Forstwirte teil, musste die Gruppe zudem lernen, Gefälle, Rauminhalte oder Geschwindigkeit und Menge der Wasserführung von Flüssen abzuschätzen. An den ingenieurbetonten Beispielen wird besonders anschaulich, dass der instrumentelle Einsatz des Blicks mehr war als eine Methode: Es stellte sich allmählich Erfahrungswissen ein, das in neuen Situationen immer wieder vergleichend abgerufen werden konnte.

Auf Exkursion war der Professor in seinem Element. Er machte Forschung in all ihren Stadien nachvollziehbar. Denn er dachte «laut» nach und verschaffte den Studierenden so Anschluss an seine Wissenswelt. Selbstständige Feldarbeit bedeutete nicht zuletzt, sich die Umgebung in einer Weise vertraut zu machen, die neue Entdeckungen und Fragestellungen ermöglichte. Diese Forscherhaltung wurde durch Heims Vorträge vor eindrücklicher Kulisse stimuliert: Sie konnten zu «wahren Bergpredigten» werden, die Erleuchtungscharakter hatten.

Botanische und geologische Exkursionen unterschieden sich in Ablauf und Rhythmus, weil ihre Forschungsgegenstände je eigene Sammlungstechniken erforderten. So dauerte das Aushämmern von Gesteinsproben seine Zeit. Neben der geduldigen Anleitung durch Heim war dabei auch manuelles Geschick gefragt. Bis zum geeigneten Ort wurde zügig durchgegangen. Während der Tour wurden Anfänger im richtigen Bergsteigen, «im Traversieren steiler Hänge» unterrichtet, die Sicherung der Teilnehmer durch Seile war bei geologischen Exkursionen keine Seltenheit. Botaniker dagegen pflegten auf dem Weg «jeden Augenblick still zu stehen» und Pflanzen zu betrachten und zu bestimmen. Diese waren schnell gepflückt und in Pflanzenpapier und Gitterpresse verwahrt. Die Menge indes konnte beträchtlich sein. Die Exkursionsprogramme in den 1920er-Jahren empfahlen für eine mehrtägige Exkursion, 150 bis 200 Bogen Pflanzenpapier mitzunehmen (ETH Bibliothek, Archive, Hs 1368:9 Nachlass Frey-Wyssling, Botanisch-zoologische Pfingst-Exkursionen ins Wallis für Förster Lehramtskandidaten und Pharmazeuten 22.–25. Mai 1920).

Die Sozialisierung zum Forscher – und damit die akademische Reproduktion – verlief unter anderem über das Erlebnis der gemeinsamen Wanderungen und Mahlzeiten. Nicht zuletzt wirkte die charismatische Figur des Professors integrativ. Er unterhielt die jungen Leute abends mit Wissenschaftsklatsch und Anekdoten und führte sie so in vielerlei Hinsicht an die akademische Welt heran. Umgekehrt trugen die Studierenden zum lokalen Wissenschaftsbetrieb bei: Besonders schöne oder seltene Fundstücke wurden der hochschuleigenen Sammlung einverleibt, Generationen von Qualifizierungsarbeiten sind Teil botanischer Langzeitversuche auf eigenen Testgeländen (Brockmann-Jerosch et. al. 1952, 165; Heintz et al. 2004, 117). Diese Beispiele setzen auf ihre Weise das wissenschaftliche Ideal des kollektiven Erkenntnisgewinns um. Die Semantik der Einheit von Lehre und Forschung fand so ihre Entsprechung in einer Einheit von «Lernen und Forschen».

Andrea Westermann

Projektorientiertes Studium
POST. Zur Einheit von Lernen und Forschen

Das Projektorientierte Studium war ein hochschuldidaktischer Versuch der 1970er-Jahre, Flexibilität im Studium einzuführen. In Analogie zur Einheit von Lehre und Forschung wurde POST als «Forschendes Lernen in Gruppen» verstanden.

Das POST ist ein spätes Resultat vielfältiger Vorschläge, welche die Reformkommission seit ihrer Gründung 1970 gemacht hatte. Zahlreich waren die Anregungen, wie man vom Frontalunterricht der klassischen Vorlesung und damit vom bisherigen didaktischen Fabrikbetrieb der Hochschule loskommen könnte. Lernen in Gruppen war dafür ein beliebtes Schlagwort. Gleichzeitig sollte ein Unterricht vermieden werden, der etwa das Periodensystem konsequent und bis zur Erschöpfung aller körperlich Anwesenden durchnahm. Manche versprachen sich bessere Lernerfolge, wenn man von dem Ort ausging, wo Chemie tatsächlich passiert, also von einem konkreten Problem, von einer realen Situation. Noch besser, so die gewagte These, könnte der Unterricht gestaltet werden, wenn ihn die Lernenden selbst in die Hand nehmen und selbst gestalten würden; wenn sie in Projekten arbeiteten, wie mittlerweile auch die grossen Forscher. «Projektorientiertes Studium» wurde die organisatorische Kombination dieser Anforderungen an einen alternativen Unterricht genannt.
Je weniger man damit rechnen konnte, dass alternative Studienformen irgendwann einmal umgesetzt werden würden, je stärker die Reformchancen abnahmen, desto mehr wurde das POST zu einem eigentlichen pièce de resistance der Reformbemühung. Vielleicht erinnerte man sich in der zweiten Hälfte der 70er-Jahre auch einfach gerne und mit Nostalgie an jene Projektarbeit, die 1972 von Architekturstudierenden durchgeführt worden war und zu einem berühmt-berüchtigten Bildband über kapitalistischen Wohnungsbau in «Göhnerswil» – dem von der Firma Göhner überbauten Dorf Volketswil – geführt hatte.
Das Projektorientierte Studium stellte mit Sicherheit ein Reformziel dar, das alle Beteiligten und Betroffenen grundsätzlich herausforderte. Denn hier ging es nicht einfach um die Anpassungen der Normalstudienpläne, wie sie jede Abteilung von Zeit zu Zeit durchführte, noch ging es um die apparative Aufrüstung der Unterrichtsmit-

Der Bauunternehmer...

tel, also bildlich gesprochen um den Krieg des Hellraumprojektors gegen die Wandtafel. Weder begnügte sich das POST mit einer blossen Enthierarchisierung des Unterrichtsstils, noch wollte man sich damit zufrieden geben, die Stühle und Tische der Hörsäle aus ihren festen Verankerungen zu reissen und sie wieder zu Mobiliar, also zu beweglichen Einrichtungsgegenständen zu machen.

Beim POST ging es um mehr: Es sollten sowohl Inhalte und Studienformen als auch Forschung und Lehre völlig neu konfiguriert werden. Damit beinhaltete das POST gleichzeitig die aktive Mitgestaltung des Studiums durch die Studenten, eine Reform der Lehrziele, der Lehrinhalte und der Prüfungsanforderungen, und zudem besass es als alternativer Studiengang Implikationen für die Interdisziplinarität der Lehre, für ihre Forschungsorientierung und ihre Didaktik schlechthin. Studierende des POST konnten, nachdem sie die zweite Vordiplomprüfung bestanden hatten, erstmals zwischen 1976 und 1979 in Projektgruppen einem selbst entwickelten Spezialstundenplan folgen und nach dem Grundsatz des forschenden Lernens ein naturwissenschaftliches Thema gemeinsam bearbeiten. Gegenüber dem starren Normalstudienplan war das nachgerade ein revolutionärer Akt. Ungehörig war etwa die unkonventionelle Vorstellung, sich statt des systematischen Erlernens der disziplinären Grundlagen in der Gruppenarbeit den Stoff im Zusammenhang mit einer konkreten Fragestellung anzueignen, Wissen somit ad hoc – nicht auf Vorrat, sondern nach Bedarf – zu gruppieren.

Die Anforderungen wurden jedoch so hoch gesteckt, dass nur gerade drei Gruppen mit je höchstens fünf Mitgliedern in diesem Zeitraum tatsächlich ein POST durchführten. Manche scheiterten daran, dass nicht alle Mitstudierenden das Vordiplom schafften, andere konnten sich nicht auf ein Thema einigen, dritte brachten keinen Arbeitsplan zustande.

...seine Mieter...

Die Schulleitung gab sich schon bei der Einführung betont skeptisch und machte deutlich, dass sie nicht viel von der Sache hielt. Deshalb zitierte man zuerst die Reformkommission mit den Worten «Die zur Zeit bestehenden Möglichkeiten für alternative Studiengänge ausserhalb des Normaldiploms sind wenig bekannt und werden kaum je genutzt.» Dass dies nicht eine Frage des Angebots war, schien dem Präsidenten klar: «Offenbar ist das Bedürfnis danach nicht sehr gross.» Zudem betonte man, dass das Projekt vom Schulrat und nicht von der Schulleitung bewilligt worden war. Kein Wunder, dass es an einer Abteilung durchgeführt werden sollte, deren Profil immer mehr an Kontur verlor: «Eine neue Möglichkeit für alternatives Studium schuf der Schulrat an der Abteilung für Naturwissenschaften in Form des so genannten Projektorientierten Studiums, das nach dem zweiten Vordiplom ergriffen werden kann» (Jahresbericht 1976, 4).
Auch der studentische Kommentar, nach langem offiziellen Schweigen der Studentenschaft von Barbara Haering am ETH-Tag 1977 formuliert, war kritisch. Das POST diene einerseits als «Reformalibi» und «Reformbeweis». Andererseits lege man den Studenten Steine in den Weg, wo immer es möglich sei: «Die Studenten werden vom Arbeiten abgehalten und kontrolliert» (Haering 1977). Die Begeisterung hielt sich also in Grenzen. Den einen galt das POST als eine unnötige Konzession an studentische Mitgestaltung und Mitsprache, welche die Allmacht des Ordinariats gefährdete, den anderen als verpasste Chance, endlich eine zeitgemässe Studienform einzuführen. Der Wille zur Selbstbestimmung löste sowohl Ängste wie auch Hoffnungen aus – die konkrete institutionelle Ausgestaltung des POST konnten weder die einen beseitigen noch die anderen erfüllen.
Während mit Hilfe des POST in den späten 1970er-Jahren in unterschiedlichen Kontexten immer wieder altbekannte Konfliktlinien bestätigt worden sind, kann das POST

... seine Arbeiter, 1972.

jenseits der ideologischen Grabenkämpfe auch als Reflex eines tief greifenden Wandels der Hochschule gedeutet werden. Dieser Wandel schlug sich institutionell sichtbar erst in den 1980er-Jahren nieder, und zwar in der Einführung der Matrixstruktur, in der schleichenden Entmachtung der Ordinariate und der steigenden Bedeutung des Selbstmanagements der Hochschulangehörigen.

Der Begriff des forschenden Lernens hätte es eigentlich deutlich machen können: Die Technische Hochschule verwandelte sich im letzten Drittel des 20. Jahrhunderts in eine naturwissenschaftlich-technische Universität, deren wichtigste Aufgabe die Spitzenforschung war. Dementsprechend deutete sie sich nicht einmal mehr dann als Schule, wenn es um ihr altes «Kerngeschäft», um die Ausbildung und die Gestaltung des Studiums ging. Die primären Kriterien, um die Qualität der Hochschule zu beurteilen, lagen nun fast ausschliesslich in der Forschung. Sie war die Messlatte jeder Selbstdarstellung.

Diesem Trend entsprechend, wurde die hergebrachte Rede von der Einheit von Lehre und Forschung von den POST-Advokaten dadurch erweitert, dass man dem Projektorientierten Studium das Etikett des «Forschenden Lernens» umhängte. Damit wurden aber auch jene Geister geweckt, die sich schon immer der Überwachung der Wissenschaftlichkeit verpflichtet hatten. In dieser Intervention musste weder das Problem der Personalintensität des POST noch das Problem des möglichen Kontrollverlustes der Dozenten speziell thematisiert werden. Man konnte ganz einfach auf die mangelnde Wissenschaftlichkeit der Diplomarbeiten hinweisen und diese an die Entstehungsbedingungen der Arbeiten knüpfen, um sich das POST vom Leib zu halten. «Wir haben die Diplomarbeiten gelesen und uns vor allem die Frage gestellt, ob die Anforderung der Wissenschaftlichkeit, die unseres Erachtens an eine Diplomarbeit zu stellen ist, erfüllt wurde. Wir kommen zum Schluss, dass die Wissenschaftlich-

keit der Arbeiten unter dem POST-Regime gelitten hat», liess sich der Präsident der
ETH im Sommer 1980 an der Gesamtkonferenz der Professoren vernehmen.
Ganz anderer Meinung war die vom Abteilungsrat der Abteilung X für Naturwissenschaften eingesetzte «POST-Auswertungskommission»: «Besonders die dem POST eigene Art des Forschenden Lernens in Gruppen ist dabei eine inzwischen vielerorts bewährte Lernkonzeption. […] Diese Lernvorteile rechtfertigen unserer und der Gutachter Meinung nach eindeutig, die Versuche mit projektorientiertem Studium fortzusetzen. Die positiven Beurteilungen, insbesondere auch aller direkt Beteiligten, fordern es geradezu!»
Projektorientiertes Lernen spielte in den Umweltnaturwissenschaften spätestens seit den frühen 1990er-Jahren wieder eine grosse Rolle. Die dort eingeführten «Fallstudien» haben das Erbe des POST angetreten, inklusive des Vorwurfs der mangelnden wissenschaftlichen Ernsthaftigkeit. Unterstützt werden die Umweltwissenschaften inzwischen von den im Herbst 2002 eingeführten Bewegungswissenschaften. Dieser Studiengang wird auf der Web-Site als «fächerübergreifend, ganzheitlich und projektorientiert» bezeichnet.
Die Gralshüter der wissenschaftlichen Forschung erkennen in dieser gruppendynamischen Anwendungsorientiertheit vielleicht zu Recht die Gefahr der Erosion dessen, was Forschung an der Hochschule sein sollte. Sie verkennen dabei aber auch, dass die Dominanz des Forschungsbegriffs in der Lehre vor nicht allzu langer Zeit erst aufgebaut worden ist.
David Gugerli

Wissenschaftspraktiken im Wandel

Im letzten Drittel des 19. Jahrhunderts erlebten naturhistorische Sammlungen, die klassischen Medien der wissenschaftlichen Anschauung, ihre Blütezeit. Der sich rasch verändernde Wissensstand, aber auch pragmatische Gründe forderten die Sammlungsordnung immer wieder aufs Neue heraus. Parallel dazu verschoben sich auch die Ansichten darüber, was unter «Naturwissenschaft» oder «Forschung» zu verstehen sei. Die Bedeutungsverschiebung war eng mit einem Ortswechsel verbunden: Das naturwissenschaftliche Labor wurde für die Wissenserzeugung entscheidend. Dort wurden anhand immer neuer technischer Apparaturen chemische, physikalische und biologische Strukturen und Phänomene experimentell isoliert, visualisiert und analysiert. Die Technikwissenschaften schlossen mit Hilfe des Labors an die neuen naturwissenschaftlichen Standards an.

Forschungsalltag im 19. Jahrhundert. Geologisch-paläontologische Fundstücke sammeln und ordnen

Ordnung in den naturwissenschaftlichen Sammlungen zu schaffen, war eine endlose und teure Aufgabe. Ergebnisse waren für gewöhnlich nur provisorisch: Neue Gegenstände kamen laufend hinzu, und die Sammlungskriterien veränderten sich häufig.

Albert Heim trat zum Wintersemester 1881/82 das Amt des Direktors der geologischen Sammlungen an. Die Übersicht, die er sich aus diesem Anlass «über Zustand und notwendige Verbesserungen» verschaffte, machte klar, dass die Sammlungen so kaum genutzt werden konnten. Überall herrsche Unordnung, so Heim. Im Pflanzensaal folge «auf eine Schublade Paläontologie […] wieder einige Schubladen geographisch-geognostische Sammlung, dann wieder eine solche Stratigraphie etc etc und dazwischen Schubladen mit ganz unetiquettirten Materialien. In Saal 29.c ist es nicht viel besser» (ETH-Bibliothek, Archive, Hs 1080:17, Nachlass Albert Heim, Geologische und paläontologische Sammlung, Sammlungsprotokolle 1882–1928).

Die Sammlung brauchte vor allem mehr Mobiliar. Es fehlte an Vitrinen und Schubladen, die für eine Ordnung «unumgänglich» waren. So banal wie entscheidend war auch das Problem, die einzelnen Gegenstände dauerhaft zu beschriften. Im Januar 1882 ordnete Heim an, alle Sammlungsetiketten, Nummern usw. nur mit Tusche zu verfassen, nach den «schlechten Erfahrungen, welche mit Erbleichen selbst von so genannter ‹permanenter› Kanzleitinte etc.» gemacht worden waren. Heim erarbeitete ein Programm «über die Arbeitsvertheilung auf die für die vollständige Ordnung der Sammlung in Aussicht genommenen 5 Jahre». Im April 1883 wurde ihm vom Schweizerischen Schulrat dafür ein Sonderkredit gewährt. Er war mit 1200 Franken mehr als dreimal so hoch wie das reguläre Budget und erlaubte es, Schränke anzuschaffen und mehr Personal einzustellen.

Inhaltlich ging es darum, die Sammlungsvorgaben «Vollständigkeit», «Konzentration», «Repräsentation» und «Singularität» neu in Einklang zu bringen. Denn die Entwicklung der Disziplin forderte den geologischen Sammlungsalltag heraus. Teile der Sammlung wurden nach Kriterien umgeordnet, die Veränderungen im bislang durch die Sammlungsordnung vorstrukturierten und stabilisierten Wissen des Fachs anzeigten.

Museum und Forschungssammlung. Die neu aufgestellte geologische Hauptsammlung, um 1900.

In der stratigrafischen Schausammlung, das heisst der Ausstellung der räumlichen und zeitlichen Ordnung der Gesteinsformationen, wurden zum Beispiel bis zu Beginn der 1880er-Jahre nur diejenigen Schichten ausgestellt, in denen auch tatsächlich etwas zu sehen war, die so genannten Leitfossilien. Sie galten als Indikatoren für die zeitliche Datierung, aber auch als Kuriosa, die einer Vorführung lohnten. Fossilien wurden als ästhetische Objekte oder singuläre Laune der Natur begriffen (Rudwick 1996). Diese Qualitäten hatten bislang das Prestige reicher Sammlungen zum grossen Teil mit ausgemacht. Heim dagegen war auf vollständige Abbildung der «natürlichen Verhältnisse» aus. Die Hauptsammlung sei bisher einseitig konzipiert, weil sie nur auf die «fossilienhaltigen Schichten» Rücksicht nehme. Um ein Bild der Stratigrafie der Schweiz zu geben, sei es notwendig, dass auch die fossilfreien Gesteinsproben eingeordnet würden.

Eine andere Aufstellungslogik, die weitgehend aufgegeben wurde, als Sammlungen ins staatliche Aufgabenspektrum rückten, war die Ordnung nach der Sammlerbiografie. Von Arnold Escher von der Linth gesammeltes «ausserordentlich interessantes Material» etwa lag «verstaubt und hochübereinandergethürmt» in Schubladen. Escher war der Lehrer Heims und sein Vorgänger auf dem Lehrstuhl für Geologie. Um das Material «durch Ordnung und Aufstellung für Lehre u. Forschung fruchtbar» zu machen, wurden grosse Teile von Eschers Kollektion zur Erweiterung oder Verbesserung – im Sinn einer qualitativen Konzentration – bestehender Sammlungen eingeordnet.

Schwierigkeiten entstanden, weil mit den Sammlern und Forschungsinteressen auch die Nomenklatur wechseln konnte. Auch hier ist das Etikett eine kleine, aber aussagekräftige Quelle (te Heesen/Spary 2001). Wie sollte man es jenseits aller technischen Schwierigkeiten beschriften? Im Bericht zur Ende 1883 neu geordneten stratigrafischen Lehrsammlung problematisierte der Assistent Bertschinger diese Über-

lagerung verschiedener Wissensbestände: «In Betreff der Nomenklatur sei beigefügt, dass der Referent für die Bezeichnung der stratigraphischen Gruppe kein einheitliches System wählen konnte, ohne dadurch starke Unzukömmlichkeiten hervorzurufen.» Alte Etikettierungen mussten mit Fingerspitzengefühl modernisiert werden. Je nach Sammlungsbereich schien es sinnvoll, weiterhin lokale Bezeichnungen zu verwenden, in anderen Fällen hatten sich Neusystematisierungen durchgesetzt.
Das Prinzip «Vollständigkeit» hatte auch politische Grenzen: Grundsätzlich sollte die «Schweiz vollständig, das Ausland thunlich» gesammelt werden. In der stratigrafischen Lehrsammlung dagegen ging es um Repräsentativität: Nur die allerwichtigsten Leitfossilien «jeder in sich geschlossenen grösseren stratigraphischen Gruppe» sollten aufgestellt werden. Denn die Klarheit dürfe nicht durch «compendiöse Skizzierung, durch zu detaillierte Rubrizierung oder durch die Anwesenheit von minderwichtigen Repräsentanten geschwächt oder verwischt» werden. Der paläontologischen Lehrsammlung waren insbesondere «zum Vergleich noch Repräsentanten lebender Arten namentlich bei den Mollusken hinzuzufügen». Morphologische Vergleiche sollten die Vorstellungen von einer gerichteten Entwicklungsgeschichte des Lebens auf der Erde – und damit die damals vorherrschende Deutung der Darwin'schen Evolutionstheorie – unterstützen.
In Zürich wurde zwischen einem allgemeinen Publikum und Forschern nicht grundsätzlich unterschieden. Die Hauptsammlung bestand aus einer Schau- und Forschungssammlung, die nur durch die Aufteilung in Glaskästen und Schubladen getrennt waren. Für die Studierenden wurden noch zusätzliche Sammlungen zusammengestellt: Lehr- und Übungssammlungen zur Demonstration in Vorlesungen und zur eigenen Bestimmung ohne Beschriftung.
Andrea Westermann

Entscheidender Paradigmen-

An der Wende zum 20. Jahrhundert fand der Maschinenbau Anschluss

wechsel in den Ingenieur-

an die Standards von Wissenschaftlichkeit, wie sie die Naturwissen-

wissenschaften. Das Maschinen-

schaften vorgaben. An technischen Hochschulen rückten die

laboratorium

Maschinenlaboratorien zu charakteristischen Orten mit hohem

Identifikationswert auf.

Schon lange bevor in den 1920er-Jahren Frederick Taylors Texte zum «scientific management» faszinierte Leser fanden, schaute in Europa ein technikinteressiertes oder machtpolitisch bewusstes Publikum nach Amerika. Insbesondere die Weltausstellung in Chicago 1893 hatte die Maschinenbauer in helle Aufregung versetzt. Die US-amerikanische Werkzeugmaschinenindustrie war offensichtlich dabei, die internationale Führungsrolle innerhalb der Branche zu übernehmen. Der Schlüssel zum Erfolg konnte wohl mit einiger Sicherheit im US-amerikanischen Hochschulwesen vermutet werden. Deutsche und schweizerische Berichterstatter widmeten daher den Selbstdarstellungen der technischen Hochschulen in den USA ihre besondere Aufmerksamkeit, meist schlossen sie dem Ausstellungsbesuch sogar eine Rundreise zu den Universitätsstandorten an. Ihre Berichte waren nicht zuletzt wissenschaftspolitische Empfehlungen.

Selbst der Chemieprofessor am Polytechnikum Georg Lunge, eigentlich als Delegierter für das chemisch-technische Ausbildungswesen unterwegs, konnte sich ein Lob der Organisation im Maschinenbau nicht verkneifen. In den USA werde «unvergleichlich mehr Gewicht als bei uns auf die wirklich praktische Ausbildung der Studierenden in Werkstätten, die mit richtigen Arbeitsmaschinen versehen sind, im Felde etc.» gelegt. Für die Metallurgie beispielsweise sei ihm in Europa «nichts Ähnliches bekannt wie die Einrichtungen des Massachusetts Institute of Technology, mit denen die Studierenden die Hüttenprozesse schon im Laboratorium in solcher Weise praktisch erlernen, dass sie davon unmittelbare Anwendung im Grossen machen können» (Lunge 1894, 20).

Die Fachschulen für Maschinenbau seien leider erst mit Chicago aufgewacht, argumentierte 1897 auch der Schweizerische Schulrat gegenüber dem Bundesrat, als er den längst überfälligen Bau eines Maschinenlaboratoriums anmahnte. Die Elektro-

Das neue Zeichensaalgebäude mit Maschinenhalle, 1904.

technik war in dieser Hinsicht schneller und erfolgreicher. Die Verbindung von wissenschaftlicher Messkunde und den Konstruktionsmethoden des allgemeinen Maschinenbaus hatte ihr einen erstaunlichen Aufschwung gebracht. Ihre Erfolge galten in den Diskussionen um Maschinenlaboratorien als nachahmenswert. Im Maschinenbau selbst genügte es nun offensichtlich nicht mehr, dass der Polytechniker eine industrielle Anlage projektieren und betriebssicher herstellen konnte. Die sprunghaft steigenden Grössenordnungen im Motorenbau machten die Einhaltung ihres garantierten Gütegrads zu einer echten Forschungsaufgabe. Die Gas- und Petrolmotoren konkurrenzierten auf dem Gebiet der kalorischen Maschinen die Dampfmaschine: «Jeder Tag kann neue Erfindungen bringen, die den ausübenden Techniker zur experimentalen Untersuchung, als der letzten Instanz in technischen Dingen, zwingen» (Bericht des Schweizerischen Schulrates, Bundesblatt 1897 I, 18). Die zukunftsorientierten Dynamiken der Wissensproduktion hatten zu diesem Zeitpunkt für die Ingenieure an Anschaulichkeit gewonnen. Ihre Zugkraft zwang zu Anpassungsleistungen. So konvergierten nach mehr als vierzig Jahren Disziplinenentwicklung an der technischen Hochschule Praxisorientierung und Forschung schliesslich auch in den Ingenieurwissenschaften: In einem Maschinenlaboratorium kam die «wirklich arbeitende Maschine» zur Anschauung und konnte im Unterschied zur tatsächlichen Fabrikpraxis unter beliebig veränderbaren Betriebsbedingungen studiert werden. Maschinenbauprofessor Aurel Stodola, der die Ausstattung des Laboratoriums für die Zürcher Technische Hochschule plante, versprach sich davon ein Training der studentischen «Raumvorstellung», das die Lerneffekte skizzenförmiger Konstruktionsübungen weit übertraf.

Die Professoren wollten im Maschinenlaboratorium auch selbst experimentell arbeiten. Dabei gingen sie gemäss Alois Riedler, Professor für Maschinenbau in Berlin und

Das Maschinenlaboratorium, Kalorische Abteilung, 1904: Im Hintergrund das
Betriebsschaltbrett der zentralen Beleuchtungsanlage für das Polytechnikum.

seinerseits deutscher Chicago-Berichterstatter, problemorientiert oder phänomenologisch vor. Das Ingenieur-Experiment suche nicht wie der physikalische Versuch naturwissenschaftliche Abstraktion und verfolge nur eine einzige, zuvor isolierte Wirkung, sondern ziehe von vornherein die Gesamtwirkung aller Ursachen mit in die Betrachtung (Riedler 1904, 132).

Im Gegenzug zu den Forderungen nach einem Maschinenlaboratorium hatten die Maschinenbauingenieure ein attraktives Angebot für das Polytechnikum parat. «In zweckmässiger Weise» hätten zum Beispiel Darmstadt und München Gebäudetechnik und Experimentalaufbauten kombiniert, indem sie die zentrale Beleuchtungs- und Beheizungsstation als Übungslabor konzipierten. Auch in Zürich könne das Maschinenlaboratorium den gesamten Komplex der Schulgebäude elektrisch beleuchten, «und zwar billiger, als dies nach den vom Elektricitätswerk Zürich gemachten Anerbieten durch dieses oder sonst von anderer Seite her geschehen könnte». Mit dem frei Haus gelieferten elektrischen Licht stellte die mechanisch-technische Abteilung dem Schweizerischen Schulrat in Aussicht, die Bundeshochschule auf den um 1900 angezeigten Stand von Urbanität und Modernität zu bringen. Diese Gelegenheit wollte der Schulrat unbedingt ergreifen: «Die bisherige Gasbeleuchtung war stets ungenügend, besonders für die Zeichensäle, und fällt immer mehr ab gegenüber der ringsum in öffentlichen und privaten Gebäuden aller Art sich verbreitenden elektrischen Beleuchtung; wohl hat man durch Einführung von Gasglühlicht die Gasbeleuchtung zu verbessern gesucht, aber dies bleibt blosses Flickwerk» (Bericht des Schulrats 1896, 21).

Der Technikhistoriker David Gugerli hat gezeigt, dass in der Schweiz der 1880er- und frühen 1890er-Jahren elektrische Beleuchtung ein «äusserst exklusives Konsumgut» war, das – ob privat oder öffentlich – vor allem für repräsentative und touristische

Zwecke eingesetzt wurde. Elektrisch beleuchtete Hotels waren der Inbegriff von Eleganz und Komfort. Elektrisches Licht kam den bürgerlichen Distinktionsbemühungen ebenso entgegen wie der Absicht öffentlicher Stellen, den Mangel an bundesstaatlicher und städtischer Einheitlichkeit mit Licht zu überblenden und zu kompensieren (Gugerli 1996, 45–47). An der ETH wirkten beide Motive für die landesweite Elektrifizierung. Am Erwerb bürgerlicher Insignien waren die Polytechniker stets interessiert. Das Hauptgebäude wiederum strahlte die gesellschaftseinigende Fortschrittsidee, die eng mit dem Polytechnikum verbunden war, nun auch abends auf die Stadt hinunter.

In der Professionsmentalität der Maschinenbauingenieure hatte das Maschinenlaboratorium bald einen festen Platz. Es wurde nicht zuletzt zum hochschulinternen Forum für Standesangelegenheiten. Im März 1902 veranstaltete der Akademische Maschinen-Ingenieur-Verein AMIV dort beispielsweise eine Versammlung der Studierenden, während der beschlossen wurde, sich für die Einführung der Doktorwürde des Ingenieurs einzusetzen.

Übrigens gab man nach zehn Jahren die Stromerzeugung für die ETH dann doch an die städtischen Elektrizitätswerke ab. Der symbolische Anschluss war längst sichergestellt; wissenschaftspraktisch jedoch lief der Versorgungsauftrag dem immer stärker ausgebauten Experimental- und Lehrbetrieb zu sehr entgegen (Feuchte 2000, 136).

Andrea Westermann

Das Elektronenmikroskop und
Um mit Hilfe des neuen Elektronenmikroskops etwas zu sehen,
sein Einbau in die ETH
musste auch die Präpariertechnik für die untersuchten Proben

weiterentwickelt werden. Anschliessend hatte man die erzeugten

Daten in disziplinär anschlussfähige Fragestellungen und Thesen

zu übersetzen.

Innovationen im wissenschaftlichen Apparatebau können typischerweise nur in enger Abstimmung zwischen Instrumentenbauern und Nutzern – den Wissenschaftlern – erreicht werden (Rasmussen 1997). So hatten die ETH-Institute etwa auf dem Gebiet der Kathodenstrahloszillografen mit Brown Boveri & Cie und der Zürcher Apparatebaufirma Trüb, Täuber & Co AG (TCC) zusammengearbeitet. Auf diese Erfahrung konnte TCC zurückgreifen, als sie sich um das Jahr 1940 an die Entwicklung eines Elektronenmikroskops machte. TCC beschritt mit dem Einsatz einer kalten Kathode statt den im deutschen und US-amerikanischen Elektronenmikroskopbau üblichen Glühkathoden, mit den elektrischen statt magnetischen Linsen und einer eigenen Molekularpumpe technisch einen Sonderweg. Im Einklang mit der politischen Situation hob ein Artikel in der Neuen Zürcher Zeitung vom 28. Februar 1945 diese genuin schweizerischen Anstrengungen positiv hervor. «An dieser Stelle wurde im letzten Frühjahr [...] über die Bestrebungen berichtet, in der Schweiz zu eigenen Konstruktionen von Übermikroskopen zu kommen. Es wurde speziell darauf hingewiesen, dass die Inlanderfahrungen im Bau von Elektronengeräten aus Metall durchaus geeignet waren, um gewisse wesentliche Verbesserungen und Neuerungen an Übermikroskopen zu verwerten.»
1946 bestellte die an der ETH eingesetzte «Kommission zur Anschaffung eines Elektronenmikroskops», in der die Physiker Paul Scherrer und Franz Tank, der Kristallograf Paul Niggli und der Botaniker Albert Frey-Wyssling sassen, ein erstes Elektronenmikroskop bei TCC. Als es zwei Jahre nach der Bestellung endlich eintraf, wurde es zunächst ausführlich besichtigt und auf vielen Vorträgen und in Zeitungsbeilagen besprochen: immer wieder in der Neuen Zürcher Zeitung, in der Zeitschrift Du, vor der Gesellschaft ehemaliger Polytechniker oder der Naturforschenden Gesellschaft in Zürich. Der Schulrat hatte einen Besichtigungstermin für das, wie Schulratsprä-

Elektronenmikroskop, konstruiert von G. Induni, 1944–1946.

sident Arthur Rohn es nannte, «hervorragende Forschungsinstrument schweizerischer Herkunft» eingeplant, und auch das Kuratorium des «Jubiläumsfonds», aus dem Teile der über 100 000 Franken stammten, die die Hochschule investieren musste, meldete sich an.

Neue Forschungsinstrumente beschäftigen nicht nur die Öffentlichkeit. Sie sorgen vor allem in der experimentellen Forschungspraxis für Aufruhr und erschüttern fachliche Gewissheiten. Der Professor für spezielle Botanik Ernst Gäumann hatte diese Dynamiken, von der genannten Kommission um eine Meinung gebeten, schon im April 1946 auf den Punkt gebracht. Für sein Arbeitsgebiet schätze er das Elektronenmikroskop als «sehr wertvoll» ein. «Möglicherweise wird es mit der Zeit sogar unerlässlich werden. Ich möchte deswegen die Bestrebungen zur Schaffung einer entsprechenden Zentralstelle warm unterstützen» (Schulratsakten, SR3:1946, Nr. 2821 ad 3, Gäumann an Rektor Tank, 10. 4. 1946). Gäumann fügte zwei elektronenmikroskopische Fotos von Diatomeen oder Kieselalgen bei, um den biologischen Erkenntnisfortschritt exemplarisch zu dokumentieren. Seit 100 Jahren verwende man als Test für das Auflösungsvermögen der Mikroskope die Struktur der Diatomeenschalen. Die elektronenmikroskopischen Untersuchungen hätten nun erstens gezeigt, «dass diese Strukturen noch viel feiner differenziert sind, als man bisher annahm, indem neben den ‹grossen›, bis jetzt mikroskopisch sichtbaren Poren noch zahlreiche andere bestehen». Diese Porenornamentik besitze zweitens einen betriebstechnischen Sinn: «Die Poren sind Austrittsstellen für Gallertfäden, mit welchen sich die Diatomeen auf ihrer Unterlage festhaften und wahrscheinlich auch weiterbewegen». Gäumann schloss seine Ausführungen mit den Hinweis auf eine offene Zukunft: «Es ist nicht ausgeschlossen, dass, auf dieser Bahn weiterschreitend, die ganze Gruppe der Diatomeen anders verstanden werden muss.»

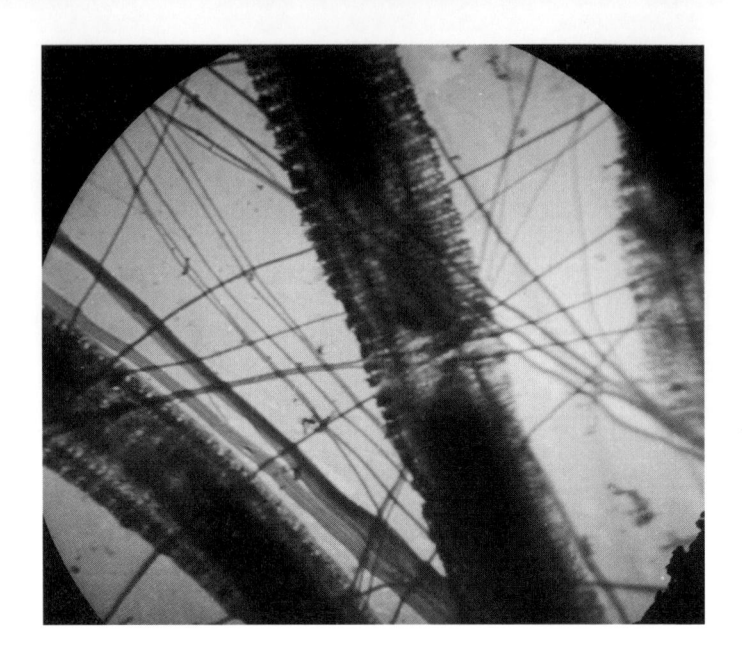

Porenornamentik mit betriebstechnischem Sinn. Aufnahme der Gallertfäden
von Kieselalgen, 1946.

Nun werden apparategestützte Beobachtungsmethoden gerade weiterentwickelt und verbessert, um mehr zu sehen als vorher. Etwas seltener freilich kommt es zu einem so konsequenten wie eleganten Austausch des Untersuchungsgegenstands. Bei gleich bleibendem Versuchsaufbau wechselte das Studienobjekt, indem sich die Mittel-Zweck-Relation der ursprünglichen Konstellation wendete: Statt die technische Performanz des neuen Mikroskops mit Hilfe der hoch aufgelösten Kieselalgenstruktur zu testen, stellte das neue Instrument umgekehrt die vertrauten Kieselalgen auf die Probe und öffnete damit längst geklärt geglaubte Forschungsfragen wieder neu.

Das von der ETH angeschaffte TCC-Elektronenmikroskop wurde im Institut für allgemeine Botanik aufgestellt. Andere Institute sollten die kostspielige Anschaffung selbstverständlich ebenfalls nutzen können. Bald zeigte sich jedoch, dass jede Disziplin nur unter sehr spezifischen Bedingungen mit dem Elektronenmikroskop experimentieren und arbeiten konnte und dass ein gemeinsam genutztes Labor dieser besonderen An- oder Einpassung entgegenstand. Institute, die über industrielle Stiftungsgelder verfügten, erwarben die begehrte Forschungsressource unabhängig vom laufenden ETH-Budget – 1956 zum Beispiel das Institut für Festkörperphysik mit Industriegeldern von BBC und Landis & Gyr. Eine Geschichte des Elektronenmikroskops an der ETH verzweigt sich mithin ziemlich schnell.

Um beim Labor für Elektronenmikroskopie zu bleiben: Der Professor für allgemeine Botanik Albert Frey-Wyssling und sein Diplomand beziehungsweise Doktorand Kurt Mühlethaler berieten den zuständigen Ingenieur bei TCC, den ETH-Absolventen Giovanni Induni, schon seit den frühen 1940er-Jahren beim Bau und bei der Feinjustierung des Elektronenmikroskops (Strasser 2002, 135–137). Durch Frey-Wyssling war das Forschungsgebiet der Ultrastrukturforschung an biologischen Objekten populär geworden. Sie basierte auf der schon Ende der 1920er-Jahre eingeführten submikroskopischen Morphologie, die mit den indirekten Methoden der Polarisationsoptik und Röntgendiffraktion operierte. Dies führte dazu, dass die ETH-Botaniker der Abteilung X das neue Mikroskop gerade nicht für die Darstellung von molekularbiologisch wichtigen Makromolekülen wie Proteinen, Nukleinsäuren oder Viren nutzten und so ein ganz neues Forschungsfeld links liegen liessen. Stattdessen überprüfte die Gruppe um Frey-Wyssling die bereits indirekt ermittelten Zellstrukturen elektronenmikroskopisch, insbesondere die Zellwand und deren Gerüstsubstanz, die makromolekulare Zellulose.

Das erste Elektronenmikroskop an der ETH konnte dabei, entgegen ersten Beteuerungen bei der Anschaffung, keineswegs von Anfang an als «hervorragendes Forschungsinstrument» eingesetzt werden. Die üblichen Präpariermethoden für biologische Proben erwiesen sich für das Elektronenmikroskop als unbrauchbar. Während Frey-Wyssling seine Lehrzeit im Mikroskopieren in den 1920er-Jahren noch in Jena, dem thüringischen Mekka der Optik im 19. und frühen 20. Jahrhundert, verbracht hatte, zog es Kurt Mühlethaler 1948 und 1950/51 in die USA. Dort führte ihn Ralph Wyckoff im Laboratory of Physical Biology des National Institute of Health in die Elektronenmikroskopie ein. Er eignete sich die Präpariermethode der metallischen Beschattung an, ohne die es, wie Wyckoff dem schweizerischen Publikum 1949 erläuterte, bei den allermeisten Proben nur wenig zu sehen gab: «Solche ‹metallbeschattete› Präparate erscheinen im Elektronenmikroskop wie ein dreidimensionales Relief. Ähnlich einer Landschaft, die bei auf- oder untergehender Sonne von oben betrachtet wird, werfen die feinsten Einzelheiten deutliche Schatten.» (Wyckoff 1949, 48)

Die experimentelle zellbiologische Forschung brachte weitere präparatorische Herausforderungen. Mühlethalers 1961 ausgearbeitete Gefrierätzmethode entwickelte sein

Assistent Hans Moor weiter. Ab 1964 war man in der Lage, «Zellen von höheren Organismen lebend» zu fixieren und «der elektronenmikroskopischen Untersuchung nach der Methode der Gefrierätzung zu unterwerfen» (Schulratsprotokolle, SR2:1964, Sitzung vom 5. 9. 1964, 588). Die Methode gestattete nicht nur «Querschnitts-, sondern auch Aufsichtsbilder der ultrastrukturellen Objekte», was zur Folge habe, so Frey-Wyssling 1967 begeistert, dass «Ultrastrukturforscher aus aller Welt an die ETH kommen, um die neue Methode für die Präparation ihrer zytologischen Objekte zu erlernen» (Schulratsprotokolle, SR2:1967, Sitzung vom 8. 7. 1967, 547).

Die Reisekoordinaten der Mikroskopie hatten sich damit erneut leicht verschoben. Die Botanik der ETH konnte sich auf der elektronenmikroskopischen Landkarte als Anlaufstelle für technischen Service einzeichnen. Auch die Industriekontakte hatte man aktualisieren können. Mit Moors Gefrierätzmaschine gab es 1967 einen kommerziellen Erfolg – diesmal mit der Nachfolgefirma von TCC, der Balzers AG – vorzuweisen.

Andrea Westermann

Wissenschaftsnetze

Die Professorennachlässe im ETH-Archiv veranschaulichen besonders eindrücklich, dass Wissenschaft auf persönlichen, zeitintensiven Beziehungen basiert. Manche privaten Briefwechsel mit Kollegen nehmen mehrere Laufmeter in den Regalen in Anspruch. Die korrespondierend geknüpften Wissenschaftsnetze werden durch Kommunikationsforen wie Fachzeitschriften und Konferenzen weiter verdichtet.

In nationalen und internationalen Grossforschungsprojekten ist das Vernetzungsprinzip nicht mehr primär personengebunden. Hier geben teure, personalaufwändige und zumeist nur interdisziplinär zu bedienende Forschungsapparaturen die Struktur der Wissenschaftslandschaft vor. Zudem bestimmen politische, militärische und industrielle Akteure die Forschungsprogramme mit.

Die Konferenz. Ein traditioneller

Auf zentralen Fachkonferenzen versichern sich Disziplinen regelmässig

Ort wissenschaftlicher Kommuni-

ihrer Einheit. Mathematiker «aller Länder» trafen sich 1897 zum ersten

kation

Mal in Zürich. Im Anschluss an die Tagung konnten die Teilnehmer

noch ein paar Tage Ferien in der Schweiz anhängen.

Der erste internationale Mathematikerkongress fand 1897 am Polytechnikum statt. Die Konferenzsprachen waren Deutsch und Französisch. Damals ging es um persönlichen Austausch sowohl auf professioneller Ebene wie auch im geselligen Rahmen. Man präsentierte und bestätigte einander ein bestimmtes Bild des Mathematikers und Gelehrten. Schliesslich arbeiteten die Mathematiker im Namen der Allgemeingültigkeit wissenschaftlichen Wissens an der internationalen Vereinheitlichung ihrer Terminologie und strichen zugleich die nationalen Forschungsbeiträge heraus. In der Gründungsgeschichte dieses Forums finden sich mithin die typischen Strukturmerkmale wissenschaftlicher Konferenzen wieder.

Unter der Federführung des ETH-Mathematikers Carl Friedrich Geiser machten sich die Zürcher Kollegen daran, den Plan eines internationalen Mathematikerkongresses zu verwirklichen. Die geografische Lage Zürichs «im Kreuzungspunkte der grossen Linien von Paris nach Wien und von Berlin nach Rom» schien sich für ein erstes Treffen anzubieten. Das international besetzte Organisationskomitee verschickte ein halbes Jahr später Einladungen an 2000 Mathematiker in Europa und den USA. 242 Mathematiker aus 16 Ländern, darunter 38 Mathematikerinnen, sassen schliesslich in der Aula, als Geiser in der Eröffnungsrede die Gründe und Ziele der neuen Einrichtung noch einmal ausführlich erläuterte. Wie viele seiner Nachredner begriff Geiser die Konferenztage als «Festtage», er nahm die Tagung also nicht zuletzt als Gesellschaftsereignis von eigenem Erinnerungswert wahr.

«Wir legten die Festtage in eine Zeit, in welcher die Schweiz ohnehin ein Hauptsammelplatz derjenigen ist, welche Ruhe und Erholung nach gethaner, Mut und Kraft zu neuer Arbeit suchen. So wird auch für Sie die Gelegenheit verlockend sein, nach den Anstrengungen gemeinschaftlicher Arbeit noch einige Tage oder Wochen in der belebenden Nähe unserer stürzenden Bäche und rauschenden Tannen, im stillen An-

blicke unserer blauen Seen und grünen Alpen oder mitten unter den wilden Felsen und kalten Gletschern unserer Hochgebirgswelt zu verweilen.» (Rudio 1898, 24)
Die vorgetragene Überlegung der Organisatoren zum Veranstaltungsdatum wirft ein Schlaglicht auf das Selbstbild der versammelten Wissenschaftler. Das Ferienland Schweiz belohnte die angereisten Konferenzteilnehmer mit der Möglichkeit touristischer Ausflüge. Ihre selbstverständliche Berufung auf die akademische Forschungsfreiheit brachte es mit sich, dass Arbeitszeit und Freizeit nur schwer voneinander zu trennen waren. Arbeits- und Lebensform konvergierten: Die Mathematiker verfolgten selbst gesteckte Ziele, deren Erreichung auch ein Ziel persönlicher Entwicklung war. Dabei schmälerte sich das Arbeitspensum angesichts neuer Forschungsergebnisse und einem sich stets verändernden Spektrum ungelöster Probleme nie. Vor diesem Hintergrund lag es nahe, Freizeit und Arbeit beziehungsweise Genuss und Disziplin nicht als Gegensatzpaare anzusehen, sondern sich zum Beispiel kleine Auszeiten an fremden Dienstorten zu nehmen und sie als Erholung und alternatives Bildungsangebot zu betrachten.
Die Mathematik galt im besonderen Mass als «einsame» Tätigkeit, ein Topos, der auch in Zürich bemüht wurde. Einen Mathematikerkongress zu organisieren, musste als unkalkulierbares Wagnis erscheinen. Es handele sich um «eine Art von Sprung ins Dunkle», so Rudio 1898. Und der Tübinger Professor Alexander von Brill hatte im Vorfeld geargwöhnt, ob es überhaupt möglich sei, «die schwerflüssige Masse einsiedlerischer Mathematiker zur Teilnahme an einem erstmaligen internationalen Kongress zu bewegen» (Rudio 1898, 58).
Wenn es so vieler Anreize bedurfte und solche Hürden zu nehmen waren, um Mathematiker miteinander ins Gespräch zu bringen: Warum überhaupt einen internationalen Kongress organisieren? Die verdichtete Kommunikation auf Konferenzen befeuere

Festkarte von 1898 mit nationalen Bezügen. Zu sehen sind die Mathematiker Daniel, Jakob und Johann Bernoulli, Leonhard Euler, Jakob Steiner und das Polytechnikum.

das individuelle Denken und steigere die Wahrscheinlichkeit gemeinsamer Lösungen, so die Veranstalter in ihrem Reglementsentwurf für den Kongress. Bei einem umfassendem Programm und der repräsentativen Auswahl der Redner werde zugleich der gegenwärtige Stand einzelner Wissensgebiete ermittelt (Rudio 1897, 33). Mit der beschlossenen regelmässigen Ausrichtung eines internationalen Mathematikerkongresses vertrat die Gründungsversammlung sogar den Anspruch, die Mathematik insgesamt zu überblicken und zu organisieren.

Am Ende der Zürcher Konferenz war die Einsicht in die Notwendigkeit der Koordination grösser denn je. Der deutsche Mathematiker Felix Klein zeigte sich überwältigt von «der Mannigfaltigkeit mathematischer Auffassungen und Interessen, die eine Bezugnahme von Mathematiker zu Mathematiker ausserordentlich erschwert. Die Verschiedenheit der Sprache tritt fast zurück hinter der Verschiedenheit der mathematischen Denkweise» (Klein 1898, 300).

Im Lauf der Konferenz war vor allem eine fortlaufende, dauernd aktualisierte internationale Bibliografie angemahnt worden, nicht zuletzt, um, noch einmal in den Worten Kleins, «die Geltung unserer Wissenschaft nach aussen hin zu sichern». Voraussetzung dafür war eine anerkannte Klassifikation der mathematischen Subdisziplinen. «Eine solche allgemein und von allen Fachgenossen adoptierte Klassifikation besitzen wir auf mathematischem Gebiete leider noch nicht», hatte der ETH-Professor Ferdinand Rudio schon bei der Kongresseröffnung konstatiert. «Wohl haben wir eine Reihe von Klassifikationen, die alle in ihrer Art Vortreffliches leisten. Ich erinnere an die Klassifikation des Pariser bibliographischen Kongresses, der 1889 unter dem Vorsitze des Herrn Poincaré [...] tagte, ich erinnere an die Klassifikation des von Herrn Lampe herausgegebenen Jahrbuchs über die Fortschritte der Mathematik, an diejenige des universell angelegten Dewey'schen Dezimalsystems und so manche andere»

(Rudio 1898, 35f.). Eine ganze Sektion widmete sich im Anschluss dem Thema und bereitete eine Resolution für die zweite Hauptversammlung der Tagung vor, nach der bis zur nächsten Konferenz 1900 in Paris – auf diese Daten hatte man sich schon geeinigt – eine Expertise über die Klassifikationsfragen und Kooperationsmöglichkeiten mit bereits begonnenen bibliografischen Projekten in Auftrag gegeben werden sollte.
Die angestrebte Standardisierung der Terminologie arbeitete dem Ideal zu, nach dem wissenschaftliche Erkenntnis universell gültig ist. Das Streben nach Objektivität wurde als Handlungsmaxime oft beschworen. Mit dem Engagement für die Disziplin erwerbe man sich jenseits politischer Zugehörigkeiten ein «geistiges Bürgerrecht in einem Reiche von unendlicher Ausdehnung: Es ist das Reich der Wissenschaft» (Rudio 1898, 28). Auf nationale Helden bei der Fachgeschichtsschreibung musste trotz der identitätsstiftenden Idee der Gelehrtenrepublik nicht verzichtet werden: Im Zuge des Beschlusses, den mathematischen Kanon zu stabilisieren und Klassikerausgaben zu erstellen, wurde von Schweizer Seite der Plan vorgetragen, die Werke Leonhard Eulers zu edieren. Auch die Festkarte des Kongresses illustrierte den schweizerischen Beitrag zur internationalen Mathematik.
Andrea Westermann

Der Traum von einem nationalen Flugzeug. Die ETH als aerodynamische Denkfabrik

Die im frühen 20. Jahrhundert dominante Vision eines selbst gebauten Flugzeugtyps liess sich in der Schweiz nicht bis zur Marktreife bringen. Die Eigenentwicklung von Militärflugzeugen scheiterte an den organisatorischen Herausforderungen eines Grossforschungsprojekts.

Anlässlich des 60. Geburtstags von Jakob Ackeret, langjähriger Professor für Aerodynamik an der ETH Zürich, äusserte sich sein Kollege Eduard Amstutz zu «einigen Grundlagen der Eigenentwicklung von Flugzeugen in der Schweiz».
«Die schweizerische Flugzeugindustrie ist nie zu dem geworden, was man sich als Student darunter etwa vorstellen mochte», begann Amstutz seinen Vortrag, der in der Zeitschrift Flugwehr und -technik vom 17. März 1958 abgedruckt wurde. «Von den drei Stufen der Beschaffungsmöglichkeit – Kauf der Flugzeuge im Ausland, Flugzeugbau im Lande nach ausländischer Lizenz und Eigenentwicklung mit anschliessendem Selbstbau – kann eben für den tüchtigen Ingenieur letzten Endes immer nur die Eigenentwicklung die volle Befriedigung bringen. Sie allein schliesst schöpferisches Gestalten mit ein, dessen Ausstrahlung sich bis zum letzten Gehilfen hinab begeisternd und mitreissend auswirkt. Und gerade diese Eigenentwicklung ist es, die bei uns immer angefochten, mehrmals vorübergehend aufgegeben, aber auch immer wieder aufgenommen worden ist. Noch nie aber konnte man zur Überzeugung kommen, die jeweils gefassten Entschlüsse über die Eigenentwicklung würden auch von Bestand sein; sie waren nämlich nie mehr als ein nur recht zaghafter Entscheid, der in sich schon wieder den Keim zum Zweifel und schliesslich zu seiner Wiedererwägung barg.» (Flugwehr und -technik, 17.3.1958)
Als zentrale Grundbedingung einer befriedigenden Flugzeugforschung nannte Amstutz die Notwendigkeit einer alle Kräfte bindenden Vision, nämlich ein von den wissenschaftlichen Studien bis hin zum marktreifen Bau selbst kreierter Flugzeugtyp. Anders als beispielsweise der längst auf Komponentenentwicklung spezialisierte Schiffs- und Maschinenbau träumte die maschinelle Luftfahrt Mitte des 20. Jahrhunderts noch immer von einem Take-off nationaler Flugmaschinen. Für die Realisation dieses Grossforschungsprojekts, das in der Schweiz nur im Rahmen militärischer Flug-

Freunde und Mitarbeiter von Jakob Ackeret auf einer Kaplanturbine der
Escher Wyss AG, Anfang 1940er-Jahre.

zeugproduktion rentabel sein konnte, formulierte Amstutz insbesondere organisatorische Anforderungen. Diese seien seit 1915, als in den eidgenössischen Konstruktionswerkstätten in Thun und parallel dazu in Dübendorf der Bau von Militärflugzeugen aufgenommen wurde, kaum je in vollem Umfang erfüllt worden. Es sei das «Wirrwarr der Auffassungen über die für unsere Landesverteidigung zweckmässigen Flugzeugtypen», das «den Erfolg einer Eigenentwicklung von Militärflugzeugen in der Schweiz» am meisten gefährdet habe, meinte der Luftfahrtpionier. Er spielte auf die erschwerte Interessenkoordination zwischen Wissenschaft, Militär und Politik an, welche die schweizerische Flugzeugentwicklung über Jahre blockiert und verzögert habe.

Schon bei der Berufung des Maschineningenieurs Eduard Amstutz auf den 1938 neu geschaffenen Lehrstuhl für Flugzeugstatik und Flugzeugbau hatte der Schulrat auf «gewisse unerfreuliche Verhältnisse in der kriegstechnischen Abteilung des E.M.D.» hingewiesen: «Die neue Lehrkraft muss insbesondere über eine geistige Beweglichkeit und Initiative verfügen, sodass es ihr möglich wird, auf dem Gebiete des schweizerischen Flugwesens fördernd zu wirken, gegebenenfalls auch gegen gewisse Widerstände, wie sie besonders bei der Militäraviatik vorliegen.» Kritisiert wurde insbesondere, dass die kriegstechnische Abteilung KTA unter der Leitung von Oberst Robert Fierz die einheimische Flugzeugentwicklung nicht fördere und sich bei der Beschaffung von Materialien, Konzepten und Fachkräften ganz auf das fortschrittlichere Ausland abstütze. «Umsomehr ist es die Pflicht der E.T.H., die Schweizerindustrie auf dem Gebiete des Flugzeugbaus zu fördern. Kann Ing. Amstutz gegebenenfalls auch gegen Oberst Fierz auftreten?» heisst es im Schulratsprotokoll (Schulratsprotokolle, SR2:1937, Sitzung vom 8.5.1937, 92–98). In Bezug auf das nationale Verteidigungsdispositiv erachtete es die ETH als ihre Aufgabe, «tüchtige Fluginge-

Versuchsaufbau im ETH-Windkanal, 1955.

nieure» auszubilden und «jungen wissenschaftlich geschulten Köpfen mehr Vertrauen zu schenken und ihnen die nötige Zeit zu vertiefter Ausbildung und zu eigenen Leistungen zu geben».

Tatsächlich hatte die ETH Ende der 1930er-Jahre einigen Grund, in der Flugzeugentwicklung auf ihr kreatives Potenzial zu setzen. Der Jahreskurs für Flugingenieure, im Wintersemester 1928/29 erstmals durchgeführt, hatte eine so grosse Nachfrage erzeugt, dass der Schulrat trotz finanziellen Engpässen beschloss, eine Professur für Aerodynamik einzurichten. Mit dem 1931 berufenen Ingenieur Jakob Ackeret erhielt das damals neue Forschungsgebiet der Strömungsphysik eine wegweisende Kapazität. Ackeret, der sich am Zentrum für moderne Aerodynamik in Göttingen und als Leiter des Labors für Hydraulik und Strömungsmaschinen bei der Escher Wyss AG verdient gemacht hatte, formulierte bereits in seiner Habilitationsschrift wesentliche Impulse für die künftige Luftfahrt. Die 1934 zum Institut ausgebaute Professur für Aerodynamik wurde von Anfang an mit modernen Messeinrichtungen sowie mit neuartigen und leistungsfähigen Windkanälen ausgerüstet. In Zusammenarbeit mit der lokalen Maschinenindustrie entwickelte das Institut 1933/34 den ersten in geschlossenem Kreislauf arbeitenden Überschallwindkanal der Welt. Die Anlage erlaubte es beispielsweise, erstmals Strömungsphänomene um Tragflügelprofile bei schallnahen Geschwindigkeiten genauer zu untersuchen (Bridel 1998).

Der Flugzeugstatiker Eduard Amstutz, der Aerodynamiker Jakob Ackeret und der Maschinenbauer Gustav Eichelberg, alle drei Schüler und ehemalige Assistenten des legendären ETH-Maschinenbauprofessors Aurel Stodola, ergänzten sich in ihren innovativen Stossrichtungen und bildeten Mitte des 20. Jahrhunderts das so genannte «Dreigestirn» der Luftfahrttechnik an der ETH (Guldimann 1998, 40). Sie verfügten über ein exklusives Wissen und wurden immer wieder als Experten in Kommissionen berufen. 1941 übernahm Amstutz für das eidgenössische Post- und Eisenbahndepartement das Pflichtenheft eines Delegierten für zivile Luftfahrt. Ackeret wurde 1943 in die Eidgenössische Kommission für militärische Flugzeugbeschaffung KMF berufen, die er ab 1950 präsidierte. Weniger glücklich verlief hingegen das Projekt einer eigenen Flugzeugkonstruktion. In den 1940er-Jahren wurde das Studienbüro des Schweizerischen Flugtechnischen Vereins SFV, das Amstutz seinem ETH-Institut angegliedert hatte, vom eidgenössischen Luftamt beauftragt, ein Flugzeug zu entwickeln, das sich für den Verkehr in den Berggegenden eignen würde. Entworfen und berechnet wurde der «Pilatus SB-2 Pelican». Die Pilatus-Flugzeugwerke in Stans führten die Konstruktion des einmotorigen, speziell für den Langsamflug geeigneten Schulterdeckers aus. Obwohl Fachleute «alle Forderungen des Pflichtenheftes erfüllt» sahen, konnte man sich nicht für einen Serienbau dieses Typs entscheiden. Immerhin dienten die Studien dem erfolgreicheren «Pilatus Porter».

Erst nach dem Zweiten Weltkrieg, der die kriegsentscheidende Bedeutung der Luftwaffe vorgeführt hatte, erfuhr die Schweizer Luftfahrtindustrie einen sichtbaren Modernisierungsschub. Im Eidgenössischen Flugzeugwerk F+K in Emmen, wo schon die berühmten «Vampires», die erste Flotte nationaler Düsenjäger, in Lizenz zusammenbaut wurden, hatte der Bund die Entwicklung eines auf eidgenössische Verhältnisse zugeschnittenen Mehrzweckflugzeugs in Auftrag gegeben. In der Dornier-Flug AG, der späteren Flug- und Fahrzeugwerke AG Altenrhein, baute man auf private Initiative hin das Erdkampfflugzeug P-16. Für beide Projekte wirkte die ETH als aerodynamische Denkfabrik, in beiden Produktionsstätten waren Schüler Ackerets die massgeblichen Akteure. In Emmen waren Windkanal- und Forschungsanlagen nach ETH-Vorbild errichtet worden, und insbesondere für Altenrhein lieferten Institute der ETH wichtige Studien.

Das weitere Schicksal dieser beiden Flugzeugentwicklungen ist wesentlicher Bestandteil der oft als «tragisch» bezeichneten Geschichte des schweizerischen Militärflugzeugbaus. Angelegt war diese Tragik bereits darin, dass die beiden Projekte sich zunehmend konkurrenzierten. Die Arbeiten am Emmener Kampfjet N-20, dessen Triebwerke sich beim ersten Testflug als zu schwach erwiesen, wurden 1954 eingestellt: Der Bundesrat war nicht bereit, weitere drei Millionen Franken in die Produktionskosten zu investieren. P-16 brachte es so weit, dass das Parlament 1957 einen Kredit für 100 Flugzeuge bewilligte. Als kurz vor der Vertragsunterzeichnung ein zweiter Prototyp in den Bodensee stürzte, wurde der Serienbau auf Druck des Militärs storniert. Ackeret demissionierte daraufhin aus der Eidgenössischen Kommission für militärische Flugzeugbeschaffung.

Immerhin fanden die Entwicklungsarbeiten um den P-16 in einem Nachfolgeprojekt ihren Niederschlag. Es war die Equipe von Altenrhein, welche die Entwicklung des ersten düsengetriebenen Geschäftsflugzeugs mit dem Namen Swiss-American-Aviation Corporation SAAC-23 bis zu Beginn der Prototypherstellung betreute. Fertigung und Serienbau wurden dann allerdings in die kostengünstigeren USA transferiert. Mit der Einstellung der Entwicklung von Strahlflugzeugen in der Schweiz ging eine Abwanderung von Fachleuten einher, von der sich die Flugindustrie nicht mehr erholte. Zwar sind auch heute schweizerische Forschungsinstitute an der Produktion von Luft- und Raumfahrttechnologien beteiligt. Die Vision eines flugtechnischen Unabhängigkeitsbeweises scheiterte jedoch an den organisatorischen Anforderungen von Grossforschungsprojekten in der Nachkriegszeit, die grosses Risikokapital und eine intensive Interessenkoordination verlangten.

Monika Burri

Kernphysikalische Grossforschung. Zu den Folgekosten internationaler Kooperationen in den Wissenschaften

Am 1. Juli 1953 wurde in Paris die Übereinkunft zur Errichtung der Europäischen Organisation für Kernforschung CERN abgeschlossen. Auch die Schweiz verpflichtete sich, jährliche Beiträge in Höhe von rund drei Millionen Franken zu bezahlen. Schon bald zog das Engagement weitere Kosten nach sich, mit denen niemand gerechnet hatte.

Die Kooperation des CERN war eine Reaktion auf die Entwicklung der Physik hin zur big science, das heisst zu einer betriebsmässigen Grossforschung, die sich um stets aufwändiger werdende Experimentalanlagen organisierte. Die Architekten des Projekts, zu denen auch der ETH-Physikprofessor Paul Scherrer gehörte, teilten die Überzeugung, dass kein westeuropäisches Land allein in der Lage sei, die in Zukunft notwendige Forschungsinfrastruktur bereitzustellen. Ohne länderübergreifende Kooperation, so der Tenor, würde die Erforschung bestimmter Fragestellungen der Kernphysik sehr bald nur noch an amerikanischen Grosslabors möglich sein.
Besonders deutlich zeigte sich diese Entwicklung bei den Teilchenbeschleunigern. Unter Scherrer hatte die ETH in der Entwicklung dieses Forschungsinstruments seit dem Bau einer Van de Graaff-Anlage ab 1936 und der darauf folgenden Entwicklung eines Cyclotrons weltweit gut mithalten können. In diesen Projekten hatte Peter Preiswerk, der 1954 die Leitung der Abteilung Sites et Bâtiments des CERN in Genf übernahm, zunächst als wissenschaftlicher Mitarbeiter, 1946 als Privatdozent und seit 1950 als Titularprofessor kernphysikalisches Wissen gewonnen – und zugleich auch technische Expertise und wissenschaftliches Renommee. In den 1950er-Jahren begannen die ETH-Geräte bereits zu veralten. Sie waren nicht mehr leistungsfähig genug, um an ihnen die neuesten, international diskutierten Forschungsfragen zu studieren.
Die Zusammenarbeit im CERN gewährleistete, dass die Schweiz den Anschluss an die Spitzenforschung nicht verlor. Aber damit war die Verpflichtung verbunden, den stetig wachsenden Bedarf an Forschungsmitteln zu decken. Aus den regulären Beiträgen an den Betrieb der Forschungsanlage in Genf ergaben sich in der kantonal gegliederten Schweizer Forschungslandschaft Folgekosten, die so nicht geplant waren. Bereits 1965 etwa forderte der Bundesrat in seiner Botschaft «über den weiteren

Montage der Sektormagnete des Ringbeschleunigers im SIN, 1972.

Ausbau der Eidgenössischen Technischen Hochschule (ETH) und der mit ihr verbundenen Anstalten» die Summe von 92,5 Millionen Franken für den Bau einer kernphysikalischen Versuchsanlage (Bundesblatt 1965 II, 978f.).

Die Begründung war pikant: Nur mit einem Beschleuniger hoher Intensität für Protonen von 500 MeV könne die Schweizer Kernphysik ihren Nachwuchs auf das Niveau bringen, das für erfolgreiche Mitarbeit an den Projekten des CERN zwingende Voraussetzung sei. «Zu jedem Spitzenprodukt, wie dem des internationalen CERN, gehört ein entsprechender Unterbau aus nationalen Forschungszentren», schrieb der Bundesrat und folgerte: «In der Schweiz leiden wir gegenwärtig ausgesprochen an dieser Niveaudifferenz zum CERN» (Ebenda, 981).

Um die Schwäche zu beheben, plante die ETH in Villigen, also in ummittelbarer Nachbarschaft zu dem ebenfalls vom Bund unterhaltenen Eidgenössischen Institut für Reaktorforschung EIR, ein Institut für Nuklearforschung SIN, das mit seiner «relativ zentralen Lage die Schweizer Universitäten zur Mitarbeit einlädt» (Ebenda, 986). Dies erwies sich jedoch als eher schwierig. Denn die Universitäten Zürich und Basel hatten bereits mit Vorstudien für eine kernphysikalische Anlage begonnen. Ferner hatte man ihnen bereits Nationalfondsgelder in Aussicht gestellt, die dem ETH-Projekt fehlen würden. Eine ausgeprägte Konkurrenzsituation entstand.

Gemeinsam mit dem Professor für Experimentalphysik Jean-Pierre Blaser trat der eben neu gewählte Schulratspräsident Jakob Burckhardt im Frühjahr 1966 die Flucht nach vorn an. Mit einer Umfrage bei allen interessierten Physikprofessoren der Schweiz und unter geschickter Einbeziehung des im Jahr zuvor gegründeten Wissenschaftsrates konnten sie ihr Projekt verteidigen. Der Wissenschaftsrat qualifizierte die Basler und Zürcher Beschleunigeranlage als «nicht wünschbar», hielt aber fest, bei der weiteren Konkretisierung des Villiger Projekts seien «psychologische Belange» sorg-

fältig in Rechnung zu stellen. Die Kooperation müsse so aufgebaut werden, dass die kantonalen Universitätsphysiker dort «weniger als Gäste denn als Teilhaber arbeiten können» (Schulratsprotokolle, SR2:1966, Sitzung vom 12. 6. 1966, 278).
Burckhardt stellte nach diesem Entscheid des Wissenschaftsrates eine Leitungskommission für das Institut in Aussicht, die analog zur Führungsstruktur des CERN ausschliesslich aus Wissenschaftlern bestehen sollte. Man müsse «alles vermeiden, was den Anschein erwecken könnte, der Schulrat oder die ETH wollten der Kommission ihren Willen diktieren», lautete seine Devise (Schulratsprotokolle, SR2:1966, Sitzung vom 8. 7. 1966, 560). In diesem Sinne bemühte er sich, neben Vertretern von allen Schweizer Universitäten unter anderem auch den späteren Nobelpreisträger Georges Charpak als Vertreter des CERN sowie einen Schweizer Vertreter des Deutschen Elektronen-Synchrotrons DESY in Hamburg in die Führungsverantwortung einzubinden.
Doch auch ETH-intern formierte sich Kritik. Im Juli 1966 hielt Rektor Leibundgut fest, im Lehrkörper bestehe eine «gewisse Missstimmung», weil man den Eindruck habe, «bei der Kern- bzw. Hochenergiephysik genügten Anträge einzelner Dozenten, um den Schulrat zu Beschlüssen zu veranlassen, während in anderen Fachrichtungen wohlbegründete Anträge ganzer Abteilungen nicht zum Ziele führten» (Schulratsprotokolle, SR2:1966, Sitzung vom 8. 7. 1966, 564). Insbesondere die Bauingenieure fühlten sich gegenüber der Physik benachteiligt. In der Tat vermochte die Nukleartechnik noch bis in die ausgehenden 1960er-Jahre grosse Zukunftshoffnungen zu wecken und eindrückliche Geldflüsse auszulösen. Fast etwas schuldbewusst gestand der Schulrat im Dezember 1966 ein, dass andere «dringliche Aufgaben der Hochschulförderung [...] dem Hochenergieprojekt nicht hintangestellt werden» dürften (Schulratsprotokolle, SR2:1966, Sitzung vom 10. 12. 1966, 773).

Dass die Versuchsanlage in Villigen schliesslich 1974 ihren Betrieb aufnehmen konnte, ist weitgehend der Intervention des Schweizerischen Nationalfonds zu verdanken. Mit seinem ganzen Prestige setzte sich dessen leitende Persönlichkeit, Alexander von Muralt, 1967 dafür ein, dass Zürich und Basel ihre eigenen Pläne mit dem ETH-Projekt verbanden. Blaser hatte einige konzeptionelle Änderungen an der geplanten Anlage vorgestellt, sodass die von Basel und Zürich gewünschten Experimente durchführbar würden. Die durch die Kompatibilisierung entstehenden Mehrkosten von 8,5 Millionen Franken übernahm der Nationalfonds (Schulratsprotokolle, SR2:1967, Sitzung vom 4. 2. 1967, 5).

Sämtliche wissenschaftspolitischen Instanzen der Schweiz hatten dem Projekt eines Schweizerischen Instituts für Nuklearforschung SIN Pate stehen müssen. Dabei war allen Akteuren klar geworden, dass das SIN wegen der zur Debatte stehenden Geldbeträge wahrscheinlich «das letzte in der Schweiz realisierbare Grossprojekt der Physik» darstelle (Schulratsprotokolle, SR2:1966, Sitzung vom 10. 12. 1966, 773). Diese Einschätzung teilte auch Bernard Grégory, der Direktor des CERN, als er das Villiger Projekt 1967 als «remarquable» bezeichnete und als letzte Hoffnung unter den realisierbaren Projekten in Europa (Schulratsprotokolle, SR2:1967, Sitzung vom 4. 2. 1967, 6). Seither haben sich die Investitionen auf die Aufrüstung bestehender Forschungsanlagen beschränkt.

Daniel Speich

Life Sciences

Die konzeptionelle Offenheit des Kurztitels «Life Sciences» steht in Wissenschaftspolitik und Forschungsförderung hoch im Kurs: «Als Wissenschaften, die sich mit Leben in all seinen Erscheinungsformen befassen, weisen Life Sciences eine breite Disziplinenvielfalt mit offenen Grenzen auf», bestätigt das Web-Portal «Life Science Zürich», auf dem sich aktuell mehr als 100 Institutionen, von der Professur zum Museum, vernetzt wissen wollen.

Die Faszination für die Erforschung «des Lebens» setzte unmittelbar nach 1945 ein. Die Vokabel erlaubte es den Wissenschaftlern, die Wissensdimension der kleinsten Massstäbe, wie die atomare und molekulare Ebene häufig genannt wurde, von der zeitgenössisch beherrschenden Erfahrung des Atombombeneinsatzes im Zweiten Weltkrieg abzusetzen. Naturwissenschaften und Technik waren Mitte des 20. Jahrhunderts eine qualitativ neue und weithin sichtbare Allianz eingegangen: Auch für die Life Sciences hatte sich die Technisierung als konstitutiv erwiesen.

Life Sciences als Techno Sciences. Das Beispiel der magnetischen Kernresonanzspektroskopie

Die Entwicklung der Life Sciences wurde nach 1945 durch neue Techniken vorangetrieben. Aber auch die Forschungsorganisation in den USA spielte eine international prägende Rolle. Die Geschichte der magnetischen Kernresonanzspektroskopie NMR ist für beide Trends exemplarisch.

Die naturwissenschaftliche Grundlagenforschung hat seit Mitte des 20. Jahrhunderts durch die Einführung von physikalischen Instrumenten und Computern beziehungsweise Computersoftware immer neue Technisierungsschübe erfahren. Insbesondere die laufende Verbesserung von Methoden zur chemischen Strukturanalyse auf molekularer Ebene war die Bedingung dafür, elementare Prozesse des Lebens einerseits und Materialeigenschaften andererseits zu verstehen und zu manipulieren. Dies war beim Elektronenmikroskop nicht anders als bei der Infrarotspektroskopie, die erst seit den 1940er-Jahren aufnahmetechnisch leistungsfähiger und daher wissenschaftlich relevant wurde (Lenoir/Lécuyer 1995, 300). Der Erfolg der IR-Spektroskopie schuf im Prinzip den Markt für Messgeräte, die das elektromagnetische Spektrum von Molekülen auch im langwelligeren Radiowellenbereich jenseits des Infrarotbereichs erfassten.

Kalifornische Physiker, denen die Dominanz der im grossen Stil betriebenen Atomforschung an den Universitäten im Nachkriegsamerika nicht in die eigenen Forschungspläne passte, gründeten kurzerhand Privatfirmen. Diese arbeiteten – mit grosszügiger finanzieller Unterstützung der Navy – an Instrumenten für diesen Markt. Bei der Firma Varian Associates in Palo Alto war man sich einig, dass die auf der Registrierung des Eigendrehimpulses von Protonen beruhenden Möglichkeiten zur Anwendung von NMR in der Chemie beträchtlich waren. Diese Annahme wurde noch bestärkt, als klar wurde, dass «die Resonanzfrequenz eines gegebenen Atomkerns in empfindlicher Weise von der lokalen Umgebung, das heisst von den Nachbaratomen und von der räumlichen Lage im Molekül» abhing (Wokaun 1991).

Die Frequenzen aller Impulse oder Kernspins der Probe zusammengenommen boten damit hoch aggregierte Information. Entwicklungsziel war es zunächst, sie anschaulich darzustellen. Das erste kommerzielle Varian-Spektrometer erfüllte die Anforde-

Richard Ernst am C1024-Time-Averaging-Computer zum Überspielen der Daten auf den Card Punch nach einem Pulsexperiment, Varian Associates, California 1964.

rungen an Sensitivität, Stabilität und Reproduzierbarkeit der Ergebnisse: Alle weiteren Verbesserungen sollten direkt mit den zukünftigen Nutzern ausgehandelt werden. Das Know-how der Anwender war für eine Optimierung der Apparate unerlässlich (Joerges/Shinn 2001).

Um den Apparat unter die Leute respektive in die Universitätschemie zu bringen, richtete Varian ein anwendungstechnisches Labor ein, das den interessierten Käufern erste Informationen und praktische Erfahrungen mit auf den Weg gab und die Weiterentwicklung und Feinjustierung des Instruments für die vorgesehenen Einsatzbereiche gemeinsam mit Anwendern voranbrachte. Der Absatz zog an, und bald konnten auch ausserhalb Kaliforniens Verkaufs- und Servicestellen eröffnet werden. Begleitend dazu wurden Workshops angeboten, die ebenfalls Neugier wecken und Wissen über NMR verbreiten sollten.

Damit der Funke auch auf Europa übersprang, wurden in den 1960er-Jahren regelmässig Workshops in Zürich abgehalten (Lenoir/Lécuyer 1995, 317). An der dortigen ETH war im Übrigen auch eines der Varian-Anwendungslaboratorien untergebracht (Ebenda, 321). In den Schulratsakten ist der Einzug eines Privatunternehmens in ein ETH-Hochschulgebäude allerdings mit keinem Wort erwähnt. Wahrscheinlich hatte Hans-Heinrich Günthard die Initiative für eine Kooperation zwischen Varian und Zürich ergriffen. Günthard war seit 1952 ausserordentlicher und 1959–1982 ordentlicher ETH-Professor für physikalische Chemie. Er machte sich mit Unterstützung von Leopold Ruzicka und der Schulleitung daran, den im Zweiten Weltkrieg erreichten Aufschwung der Elektronik und Experimentaltechnik in den USA auch für die chemische Forschung an der ETH zu nutzen: Die ersten Apparate, Infrarot- und Kernresonanzspektrometer, bauten Günthard und seine Mitarbeiter Anfang der 1950er-Jahre sogar selbst (Günthard 1981, 39).

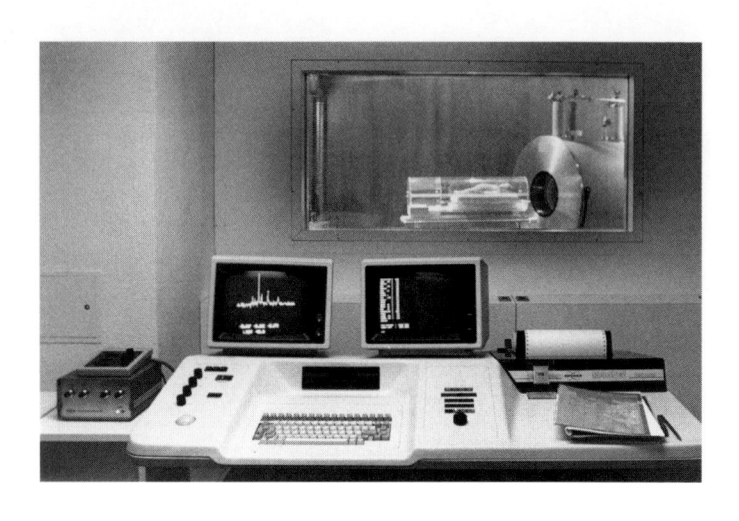

NMR am lebenden Organismus: Auf dem linken Bildschirm werden die Hirnspektren abgebildet, die durch die Magnetröhre im Hintergrund proviziert wurden, 1986.

1963 vermittelte der Zürcher Varian-Mitarbeiter Günthards Doktoranden Richard Ernst in die USA (Lenoir/Lécuyer 1995, 321). Zusammen mit Weston Anderson arbeitete Ernst bei Varian daran, die Nachweisempfindlichkeit des Spektrometers zu verbessern, was erstmals 1964 gelang. «In der klassischen NMR-Spektroskopie wird die Frequenz eines Senders so lange durchgestimmt, bis Resonanzabsorption stattfindet. Dies entspricht der Bestimmung der Resonanzfrequenz einer Stimmgabel mit einem Synthesizer: man variiert die Frequenz, bis die Stimmgabel zu klingen beginnt. Es gibt aber eine weit einfachere Methode: nach kurzem Anschlagen wird die Eigenfrequenz spontan abgegeben.» (Wokaun 1991) Ernst übertrug das Prinzip der Stimmgabel auf die magnetische Resonanz, indem er einen kurzen, intensiven Radiofrequenzimpuls anlegte und dadurch die magnetischen Momente aller Kerne gleichzeitig provozierte. Diese Signale konnten per Fourier-Transformation und Computer in ein Spektrum zerlegt werden. Die Empfindlichkeit wurde so um das Hundertfache erhöht.

Die Anwendung eines «on-line computers für ein sehr komplexes und wesentlich nichtlineares Regelungsproblem in der chemischen Präzisionsmethodik» sei bisher einmalig und zeige Ernst nicht zuletzt als glänzenden Experimentator, wertete Günthard in Ernsts Habilitationsverfahren. Wenig später anerkannte man an der ETH mit der Verleihung des Ruzicka-Preises an Ernst, dass die «umfassende und tiefgründige Analyse der Probleme der Empfindlichkeitssteigerung» dabei war, die NMR-Methode in eine attraktive Forschungsressource zu verwandeln. «Es besteht kein Zweifel, dass diese in zunehmendem Masse angewandt werden wird und speziell auch zum Durchbruch der Molekularbiologie massgebend beitragen wird.» (Schulratsprotokolle, SR2:1969, Sitzung vom 5.7.1969, 812)

In Zusammenarbeit mit einem weiteren NMR-Spezialisten vor Ort, dem späteren ETH-Professor für Biophysik Kurt Wüthrich, gelang dann Mitte der 1970er-Jahre die für dieses Feld entscheidende Entwicklung: die zweidimensionale Fourier-Transformation und ihre Anwendung in der NMR-Spektroskopie. Damit konnten die Struktur von Proteinen und Nukleinsäuren erstmalig in gelöstem Zustand bestimmt und biochemische Prozesse sowie molekulare Interaktionen von Enzymen und genetischen Informationsträgern im Detail studiert werden, erläuterte Richard Ernst anlässlich der Nobelpreisverleihung an Wüthrich 2002. Ernst hatte bereits 1991 den Nobelpreis für seine NMR-Arbeiten entgegennehmen können.

NMR transformierte also nicht nur die Forschungspraxis der Chemie, sondern auch die Praktiken der Molekularbiologie und Medizin: Aufnahmen am lebenden Organismus wurden möglich. Mit der ersten Magnetresonanzanlage, die 1986 im Zürcher Kinderspital aufgestellt wurde, liessen sich sogar molekulare Spektren des Säuglingsgehirns abbilden – auf dem Foto ist freilich nur eine Puppe und kein Säugling zu sehen. In der klinischen Medizin wurde aber das bildgebende Verfahren der Magnetresonanz-Tomografie MRI besonders prominent. MRI lieferte noch viel anschaulichere Bilder als die gezackten Kurven der Spektroskopie: Zu sehen waren erstmals aus Schichtbildern konstruierte dreidimensionale Bilder der inneren Organe.

Andrea Westermann

Wissenschaftlicher Ruf und andere Arten von Berühmtheit

In der Wissenschaft sind Objektivität und exzellente Forschungsleistungen die zentralen Faktoren bei der Zuweisung von Renommee. Aber andere gesellschaftliche Instanzen bewerten die Reputation von Wissenschaftlern ebenfalls – und zwar nach eigenen Massstäben.
So äussern sich Wissenschaftlerinnen nicht nur in Fachzeitschriften: Auch das Fernsehen verpflichtet bestimmte Experten zu Stellungnahmen oder berichtet über Nobelpreisträger. Wissenschafts- und Kunstbetrieb weisen Parallelen auf, und Wissenschaftsdisziplinen lassen sich in mancher Hinsicht als Glaubenssysteme interpretieren. Dabei folgen Glaubensgemeinschaften, Kunst und Massenmedien bei der Vergabe ihrer Wertschätzung und Aufmerksamkeit eigenen Regeln. Diese können mit der akademischen Reputation konkurrieren oder die Berühmtheit noch steigern.

Albert Einstein. Wissen-

Einen Popstar erkennt man daran, dass die Rechte an seinen

schaftsgenie und internationaler

Bildern wie ein Schatz gehütet werden. Auch das ETH-Bildarchiv

Popstar

besitzt die Rechte an ein paar Dutzend Einstein-Fotografien.

An der Entstehung der Medienfigur Einstein arbeiteten viele mit,

nicht zuletzt der Nobelpreisträger selbst.

Schon die Sammlung ETH-eigener Einstein-Bilder belegt es: Das ehemalige eidgenössische Polytechnikum kann für sich in Anspruch nehmen, privilegierte Beziehungen zum Entdecker der Relativitätstheorie zu unterhalten. Einsteins mehrjährige Anwesenheit schmückt jedenfalls die Hochschulgeschichte aufs Schönste, und die Anekdoten sind wohlbekannt. Bei seiner ersten Bewerbung für ein Studium wurde der 16-jährige Albert Einstein, der in München gerade die Schule abgebrochen hatte, wegen der «Lückenhaftigkeit seiner Vorbildung» abgewiesen. Dies berichtete Einstein in einem schmeichelhaften Rückblick auf seine schweizerische Ausbildungszeit, den er aus Anlass des Hundert-Jahr-Jubiläums der ETH 1955 für die Schweizerische Hochschulzeitung verfasste. Einstein holte an der liberalen Kantonsschule in Aarau die Matur nach, die ihm in den sechs Jahren an «autoritär geführten deutschen Gymnasien» verleidet worden war.
Von 1896 bis 1900 studierte er an der Fachlehrer-Abteilung des Polytechnikums Physik. Von den fünf Diplomanden des Jahres 1900 an dieser Abteilung erhielten Einsteins Freunde Jakob Ehrat, Marcel Grossmann und Louis Kollros sofort eine Assistentenstelle am Polytechnikum. Einstein aber, so eine weitere aus der Rückschau oft bestaunte kleine Geschichte, war unter den beiden Absolventen, die leer ausgingen.
Die dritte Pointe im Verhältnis zwischen der ETH und dem wohl bekanntesten Physiker des 20. Jahrhunderts betrifft die Berufungsverhandlungen mit Einstein, zu denen sich die ETH dann schliesslich doch entschloss. Der damalige Schulratspräsident Robert Gnehm opponierte 1911 längere Zeit dagegen, Einstein die Professur für theoretische Physik anzubieten. Die ersten bahnbrechenden Studien waren längst veröffentlicht und diskutiert, und Bundesrat Ludwig Forrer wollte Einstein «der ETH zum Geschenk machen», wie ein zeitgenössischer Beobachter formulierte (Medicus 1996,

Das erste Popbild von Albert Einstein. Berliner Illustrirte Zeitung, 14. Dezember 1919.

223). Gnehm indes bezweifelte dessen didaktische Qualitäten: «Herr Einstein ist eine ausgesprochene Gelehrtennatur. Seine wissenschaftlichen Arbeiten zeugen nach Ansicht der Sachverständigen [...] von Originalität und Eifer der Gedanken, von genialer schöpferischer Kraft. Dagegen ist er kein hervorragender Dozent und entbehrt einer ausgesprochenen Lehrbegabung [...]. Will man dem genialen Forscher gerecht werden, [...] müssen [wir] eine Professur für theoretische Physik schaffen, mit einer ganz bescheidenen Lehrverpflichtung für eine kleine Elite der Vorgerückteren und Begabteren an unserer VIII. Abteilung und vielleicht auch für diesen und jenen mathematisch besonders veranlagten Ingenieur.» (Gnehm an Bundesrat Josef Anton Schobinger, 30. 9. 1911, zitiert nach Medicus 1996, 224)
Gnehm wollte ferner die Reorganisation des physikalischen und elektrotechnischen Unterrichts abwarten. Er fürchtete, die Kosten für ein «Labor mit Zubehör (Assistenten etc.)», das dann sowohl für Einstein als auch für einen ebenfalls neu zu berufenden Professor für theoretische Elektrotechnik eingerichtet werden müsste, sprengten den finanziellen Rahmen. Einstein nahm es gelassen und schrieb hinsichtlich dieser «öden Berufungsaffaire» im November 1911 an einen Freund in Zürich, er habe sich nun für das Lehrstuhlangebot aus Utrecht entschieden. Die «lieben Züricher können mich auch [...] gern haben bis auf Sie» (Einstein Collected Papers 5, Brief vom 15. 11. 1911 an Heinrich Zangger, Dokument 305, 349). Sowohl die Meinungen über Einsteins Eignung zum Lehrer als auch über den Laborbedarf eines theoretischen Physikers gingen aber auseinander. Der Schulrat schloss sich den «verschiedenen kompetenten Fachmännern» an, die «neuerdings auf Dr. A. Einstein, z. Z. Professor für theoretische Physik an der deutschen Universität Prag, als einen für unsere Zwecke geeigneten Gelehrten» hinwiesen. Am 2. Dezember 1911 ermächtigte er den Präsidenten, mit Einstein zu verhandeln, und zwei Monate später nahm Einstein den Ruf an

Ein Denkmal wird verfertigt. Albert Einstein mit der Bildhauerin Gina Plunguian, 1954.

die ETH an. Dort lehrte er drei Semester, bevor er 1914 nach Berlin ging. Zum in Zürich aufgebauten Diskussions- und Freundeskreis zählten einige ETH-Angehörige, etwa der Historiker Alfred Stern oder der Mathematiker Adolf Hurwitz. Mit seinem Freund Marcel Grossmann, dem späteren Mathematikprofessor an der ETH, arbeitete er auch nach dem Studium eng zusammen. Grossmann «war nicht so eine Art Vagabund und Eigenbrötler wie ich [...]. Ausserdem hatte er gerade jene Gaben im reichen Masse, die mir fehlten: rasche Auffassungsgabe und Ordnung in jedem Sinne. Er besuchte nicht nur alle für uns in Betracht kommenden Vorlesungen, sondern arbeitete sie auch in so vorzüglicher Weise aus, dass man seine Hefte sehr wohl gedruckt hätte herausgeben können. Zur Vorbereitung für die Examina lieh er mir diese Hefte, die für mich einen Rettungsanker bedeuteten; wie es mir ohne sie ergangen wäre, darüber will ich lieber nicht spekulieren» (Einstein 1955, 147).

Schon 1911 sprach Gnehm vom Wissenschaftsgenie Einstein. In der Folge wurde dieses Bild weiter ausgeschmückt und mündete schliesslich im Format Popstar. Ein Medienereignis darf als entscheidende Wegmarke angesehen werden. Zwei Expeditionen, eine nach Brasilien, die andere an die westafrikanische Küste, hatten anlässlich der Sonnenfinsternis im Mai 1919 Vorhersagen zur Beugung des Sternenlichts in Sonnennähe empirisch bestätigt, die Einstein aufgrund seiner allgemeinen Relativitätstheorie gemacht hatte. Im September lagen die Ergebnisse der Fachöffentlichkeit vor und machten Furore. Die grossformatige Berliner Illustrirte Zeitung titelte am 14. Dezember 1919 unter einem ganzseitigen Portraitfoto: «Eine neue Grösse der Weltgeschichte: Albert Einstein, dessen Forschungen eine völlige Umwälzung unserer Naturbetrachtungen bedeuten und den Erkenntnissen eines Kopernikus, Kepler und Newton gleichwertig sind». Einstein kursierte zum ersten Mal als Sensation in den Massenmedien der deutschen Hauptstadt.

Die Selbststilisierungen des Nobelpreisträgers, dem die ETH anlässlich ihres 75-jährigen Bestehens 1930 die Ehrendoktorwürde verlieh, taten freilich ihr Übriges; sie beförderten den Genie- und Starkult weiter. Die oben stehende Erinnerungspassage, in der sich Einstein als zerstreuten Eigenbrötler und schlechten Studenten zeichnete, verdeutlicht dies. Bestes Beispiel aber bleibt das Foto mit der herausgestreckten Zunge, 1951 auf einer Pressekonferenz von Arthur Sasse am Institute for Advanced Study in Princeton aufgenommen. Die kleine Geste hatte eine grosse Wirkung. Das Bild avancierte zum berühmtesten Popbild Einsteins – sehr zum Leidwesen der Familie und der Hebrew University, die als Nachlassverwalterin Einsteins «image» zu kontrollieren versucht. Die Jerusalemer Universität ist darum bemüht, dass die Übereinkunft mit dem Bildrechtinhaber United Press International aus den 1980er-Jahren eingehalten wird, nach der das Bild nicht mehr vertrieben werden soll. Keine leichte Sache, wie allein schon eine google-Suche klar macht.

Andrea Westermann

Der «Pauli-Effekt».

Korrespondierende wissenschaftliche Glaubenssysteme

Wolfgang Pauli, Nobelpreisträger und ETH-Professor für theoretische Physik, galt nicht nur als hoch begabter Wissenschaftler. In der zweiten Hälfte seines Lebens versuchte er zunehmend, das moderne physikalische Weltbild mit alternativen Deutungszusammenhängen in Einklang zu bringen.

«Sehr geehrter Herr Professor Jung. Äussere Umstände veranlassen mich, Ihnen das beiliegende Traummaterial aus den Jahren 1937 bis 1939 zu senden, damit es nicht verloren geht. Mitte Mai habe ich nämlich plötzlich und überraschend eine Einladung als Gastprofessor nach Princeton erhalten, wo ich ja schon einmal war. Möglicherweise werde ich diese Woche verreisen; dies wird davon abhängen, was in dem Wettlauf der Passvisabürokratie und dem drohenden Mittelmeerkrieg das Schnellere sein wird», schrieb Wolfgang Pauli am 3. Juni 1940 an Carl Gustav Jung (zitiert nach Meier 1992, 32).

Nach Ausbruch des Zweiten Weltkriegs hatte der gebürtige Österreicher Wolfgang Pauli, seit 1928 Nachfolger von Peter Debye auf dem Lehrstuhl für theoretische Physik an der ETH Zürich, bei den Schweizer Behörden zum zweiten Mal ein Einbürgerungsgesuch gestellt, wiederum mit abschlägigem Bescheid. Der Chef der Polizeiabteilung, Heinrich Rothmund, begründete die Ablehnung des Antrags damit, dass Pauli «dem Erfordernis der Assimilation in der strengen Auslegung der geltenden Praxis nicht genüge». Pauli, zutiefst gekränkt, nahm eine Gastprofessur in Princeton an. Die ETH gewährte ihm im Juni 1940 Urlaub für ein halbes Jahr. Es war jedoch absehbar, dass Pauli aufgrund seiner jüdischen Herkunft kaum in absehbarer Zeit in die Schweiz zurückkehren konnte. An der ETH machte sich das Fehlen des «Haustheoretikers» bald bemerkbar. Um die «aussergewöhnliche wissenschaftliche Kapazität» zur Rückkehr zu bewegen, drohte der Schulrat wiederholt mit Auflösung des Dienstverhältnisses. Pauli, der am Institute for Advanced Study mit zahlreichen emigrierten Physikern – allen voran Albert Einstein und Niels Bohr – zusammentraf, beharrte auf dem Standpunkt, er wolle seinen Pflichten gerne nachkommen. Höhere Umstände – so etwa das Fehlen eines Schweizerpasses – würden ihn jedoch daran hindern (Schulratsprotokolle, SR2:1942, Sitzung vom 13./14. 2. 1942, 56–58).

Auf dem Zürichsee. Otto Stern und Wolfgang Pauli (rechts), Nobelpreisträger von 1943 und 1945, Aufnahme um 1935.

1945, während seines Aufenthalts in Princeton, wurde Wolfgang Pauli der Nobelpreis zugesprochen, «für die Entdeckung des Pauli-Prinzips». Seine Auseinandersetzung mit dem periodischen System der chemischen Elemente, die zur Definition der so genannten «Spinquantenzahl» führte, hatte Pauli über Jahrzehnte beschäftigt. Neben dem «Pauli-Prinzip» – auch «Ausschliessungsprinzip» oder «Pauli-Verbot» genannt – ist Paulis Name noch mit weiteren grundsätzlichen Einsichten der modernen Physik verbunden: mit der «Neutrino-Hypothese» beispielsweise oder mit einer heute noch gebräuchlichen mathematischen Darstellung der teilchenphysikalischen Eigenschaft «Spin». Aber auch berühmte Standardartikel zur Quantentheorie, so etwa das Kapitel «Quantentheorie» im Handbuch für Physik von 1926 und der Übersichtsartikel «Die allgemeinen Prinzipien der Wellenmechanik» im Handbuch für Physik von 1933, unter Eingeweihten «Altes Testament» und «Neues Testament» genannt, gelten als wissenschaftliche Meilensteine.

Schon um die jungen Jahre Paulis rankt sich grosse Bewunderung. Mit 19 Jahren veröffentlichte der Gymnasiast erste wissenschaftliche Arbeiten in der renommierten Zeitschrift für Physik. Nach seiner Jugendzeit in Wien zog er nach München und begann das Studium der Physik bei Arnold Sommerfeld, der sich mit den damals neuen Problemen der Relativitäts- und Quantentheorie befasste. Schon als Erstsemestriger hielt Pauli ein Referat in Sommerfelds berühmtem «Mittwochskolloquium». Der Professor übertrug dem jungen Studenten daraufhin die Abfassung einer Besprechung der Relativitätstheorie für die «Encyklopädie der mathematischen Wissenschaften». Der «Encyklopädieartikel», der schliesslich den Umfang von 250 Seiten annahm, gilt noch heute als lesenswerte Einführung.

Im Dezember 1921, kurz nach Erscheinen des Aufsatzes, schrieb Albert Einstein an Max Born: «Pauli ist ein feiner Kerl mit seinen 21 Jahren; er kann auf seinen En-

In den Schweizer Bergen. Wolfgang Pauli (Mitte) mit den Mathematikprofessoren
Georg Polya und Erich Hecke, Aufnahme aus den 1930er-Jahren.

cyklopädie-Artikel stolz sein.» Und im Jahr darauf präzisierte Einstein sein Lob: «Wer
dieses reife und gross angelegte Werk studiert, möchte nicht glauben, dass der Verfasser ein Mann von einundzwanzig Jahren ist. Man weiss nicht, was man am meisten bewundern soll, das psychologische Verständnis für die Ideenentwicklung, die Sicherheit der mathematischen Deduktion, den tiefen physikalischen Blick, das Vermögen übersichtlicher mathematischer Darstellung, die Literaturkenntnis, die sachliche Vollständigkeit, die Sicherheit der Kritik [...]. Paulis Bearbeitung sollte jeder zu Rate ziehen, der auf dem Gebiete der Relativität schöpferisch arbeitet, ebenso jeder, der sich in prinzipiellen Fragen authentisch orientieren will.» (zitiert nach Pietschmann 1995, 33) Ein Vierteljahrhundert später, bei einer spontanen Rede anlässlich der Nobelpreisverleihung von 1945, bezeichnete Albert Einstein Wolfgang Pauli als seinen geistigen Nachfolger.

Fast ebenso viel Aufmerksamkeit wie die wissenschaftlichen Leistungen zog und zieht auch Paulis schillernde Persönlichkeit auf sich. Ehemalige Assistenten und andere Pauli-Spezialisten loben die «Kritikalität» und «Unabhängigkeit seines Denkens». Seine schonungslosen Urteile, aber auch sein Festhalten an den Grundsätzen einer unabhängigen und reinen Wissenschaft hatten ihm den Ruf des «Gewissens der Physik» eingebracht. Dass Pauli schliesslich, trotz zahlreichen attraktiven Angeboten, im April 1946 an die ETH Zürich zurückkehrte, hat auch mit seinem Widerwillen gegenüber einer militärisch instrumentalisierten Forschung zu tun.

Paulis eigenwilliger Stil war nicht nur auf wissenschaftliche Diskussionen beschränkt, im Gegenteil. Seine geistreichen Alltagsbemerkungen sind sprichwörtlich und wurden als «Pauli-Anekdoten» gesammelt. Zu diesem originellen Persönlichkeitsbild gehörte etwa auch der «Pauli-Effekt» oder das so genannte «zweite Paulische Ausschliessungsprinzip». Dieses wurde scherzhaft wie folgt formuliert: «Es ist unmöglich,

dass sich Wolfgang Pauli und ein funktionierendes Gerät im gleichen Raum befinden»
(Pietschmann 1995, 43). Zeitzeugen versicherten wiederholt, dass dieses «Prinzip»
tatsächlich existierte und dass wissenschaftliche Versuche regelmässig gestört wurden, wenn Pauli in die Nähe kam. Pauli selbst nahm diese Tatsache mit Humor,
allerdings war sie ihm nicht nur eine anekdotische Begebenheit. So schrieb er am
16. Juni 1948 an den Psychoanalytiker Carl Gustav Jung: «Sehr geehrter Herr Professor Jung. Als bei der Gründung des C. G. Jung-Institutes jener lustige ‹Pauli-Effekt›
der umgestürzten Blumenvase erfolgte, entstand bei mir sofort ein lebhafter Eindruck,
ich sollte ‹innen Wasser ausgiessen› (um mich der symbolischen Sprache zu bedienen, die ich von Ihnen gelernt habe). Als sodann die Beziehung zwischen Psychologie und Physik in Ihrer Rede einen verhältnismässig breiten Raum einnahm, wurde
es mir noch deutlicher, was ich tun solle. Das Resultat ist der Aufsatz, den ich hiemit sende.» (zitiert nach Meier 1992, 37). Von einem Besuch in Princeton berichtete Pauli am 26. Februar 1950: «Hier hat sich ereignet, dass das ganze Cyclotron
der Princeton University vollständig abgebrannt ist (die Ursache der Entstehung des
Brandes ist nicht bekannt). Ist es ein ‹Pauli-Effekt›?» (zitiert nach Pietschmann
1995, 43f.)

In der zweiten Hälfte seines Lebens war Pauli zunehmend damit beschäftigt, seine
Suche nach Symmetrien auszudehnen und die Einsichten der modernen Physik in
einen erweiterten Denkzusammenhang einzubinden. Bemüht, «die Einseitigkeiten
eines rein patriarchalischen Zeitalters zu korrigieren», beschäftigte er sich mit
asiatischen Heilslehren und jüdischer Zahlenmystik, erforschte die Anfänge des naturwissenschaftlichen Weltbildes im 17. Jahrhundert und wandte sich auch der
Jung'schen Tiefenpsychologie zu. Mit dem ETH-Privatdozenten Carl Gustav Jung, den
er anlässlich einer Lebenskrise Anfang der 1930er-Jahre konsultierte und der ihm

eine Traumanalyse bei einer seiner Praktikantinnen vermittelte, unterhielt er nach dem Abbruch der Therapie eine langjährige Korrespondenz.
Dieser Pauli-Jung-Dialog, der bis heute zahlreiche Publizisten beschäftigt, regte Pauli dazu an, Traumprotokolle anzulegen und seine «Nachtseite» als erkenntnistheoretisches Reservoir zu erschliessen. «Der radioaktive Kern ist ein ausgezeichnetes Symbol für die Energiequelle des kollektiven Unbewussten, als dessen äusserste Schicht, das individuelle Bewusstsein erscheint», kommentierte Jung die Aufzeichnungen, die er von seinem Kollegen erhielt (zitiert nach Meier 1992, 18). Auf Basis einer aus über 400 Träumen bestehenden Traumserie Paulis verfasste der Psychologe im Jahr 1936 – mit Paulis Einverständnis und unter Wahrung der Anonymität – einen Aufsatz über Traumsymbole des Individuationsprozesses, der Paulis physikalisch inspirierte Traumsprache in die «historische Configuration der Ideen» einordnet und der «die Herstellung eines neuen Persönlichkeitszentrums» zum Thema hat.
Monika Burri

GÜLTIG BIS OKTOBER 1910

Legitimationskarte
: der eidgenössischen :
polytechnischen Schule

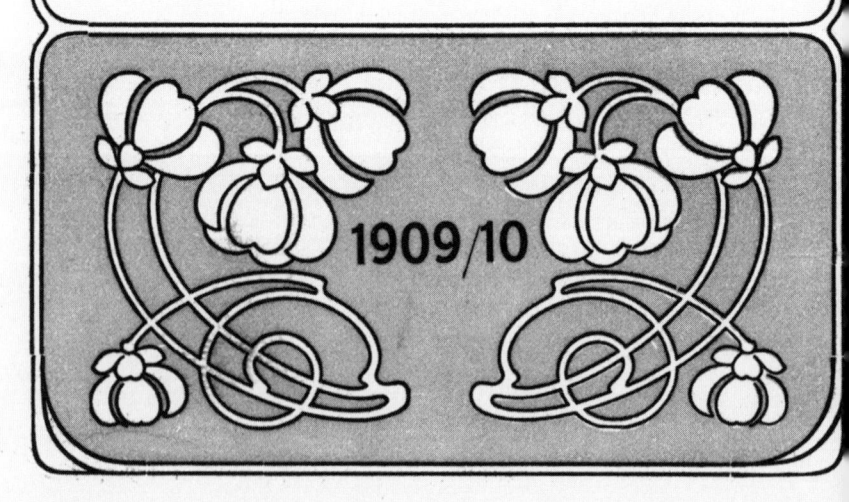

1909/10

Dienstwege – die ETH verwalten

Dienstwege an der technischen Hochschule Zürich mögen langwierig sein – langweilig werden sie nur dann, wenn sie problemlos funktionieren. Einen effizienten Hochschulbetrieb zu gewährleisten, ist eine grosse Herausforderung. Die Verwaltungsarbeit spielt sich gegenüber Lehre und Forschung im Hintergrund ab, die Öffentlichkeit sieht wenig davon. Dies kann sowohl zum Vorwurf der Intransparenz führen als auch dazu, dass unsichtbar bleibt, wie sehr der Lehr- und Forschungsalltag auf die Verwaltung angewiesen ist.

Unmittelbar nach Gründung der ETH stand auch für die Administration die Abstimmung der internen Organisation mit den an die Schule herangetragenen Ansprüchen aus Politik, Wissenschaft und Industrie im Zentrum: Es ging um die Definition eines Leistungsprofils. Schon bald zeigte sich, dass die Arbeiten an diesem Profil nie abgeschlossen werden können. Die Dauerrevision der einmal etablierten Ausbildungsinhalte und Organisationsformen ist der verwalterische Normalfall.

Hochschulverwaltung – eine endlose Aufgabe

Es sei ein «schweres und nicht endendes Studium, die Frage der besten Organisation höherer technischer Unterrichtsanstalten!», diktierte Schulratspräsident Karl Kappeler anlässlich der Wiener Weltausstellung 1873 einer interessierten internationalen Öffentlichkeit ins Notizbuch. Dieser Seufzer kann als Leitmotiv einer Geschichte der ETH-Führungsriege gelten. Tatsächlich stehen dauernd Berufungen an. Finanzielle Mittel müssen akquiriert, sichergestellt und verteilt werden. Eine Infrastruktur, Räume und Organisationseinheiten sind zu schaffen, zu bewirtschaften und regelmässig darauf zu prüfen, ob sie noch den an sie gestellten Anforderungen entsprechen. Studierende sind nach Stunden- oder Prüfungsplänen zu verteilen. Und nicht zuletzt sollen Diplomanden an der ETH gehalten oder – ausreichend mit Wissen und Können versorgt – in der Berufswelt untergebracht werden.

Das Tagebuch des ersten Polytechnikumsdirektors. Beredtes Zeugnis bürgerlicher Selbstvergewisserung

«Die lezten Tage waren nicht ohne Wichtigkeit für mich. Der Schulrath sass u. ernannte mich zum Direktor der polyt. Schule für die nächsten Jahre.» Der Professor für darstellende Geometrie Deschwanden war Lehrer aus Leidenschaft, die Verwaltungsarbeiten absorbierten ihn aber beinahe ganz.

Josef Wolfgang von Deschwanden (1819–1866) war Ende der 1840er-Jahre Lehrer und Rektor an der Oberen Industrieschule in Zürich und schon dort mit Fragen nach einem geeigneten Unterricht für Techniker beschäftigt. Ab 1851 beriet er die Hochschulkommission in Bern bei den Vorarbeiten zur Errichtung einer polytechnischen Schule. Diese übertrug ihm zudem die Aufgabe, den Vorbereitungskurs einzurichten, der seit dem Frühjahr 1855 die ersten Polytechnikumsanwärter auf einen angemessenen Wissensstand bringen sollte: Die neu gewählten Professoren, oft bekannte Wissenschaftler auf ihrem Gebiet, sollten den regulären Semesterbetrieb im Oktober aufnehmen können, ohne intellektuelle Abstriche machen zu müssen.
Deschwandens Tagebuchnotizen aus den ersten Jahren des Polytechnikums sind ein hochinteressantes Dokument bürgerlicher Selbstvergewisserung. Das Tagebuch war für den Verfasser eine offenbar notwendige Instanz, um die Spannungen zwischen politisch-professioneller Pflichterfüllung und wissenschaftlich-forschender Selbstverwirklichung abzufedern und auszuhalten. Denn die organisatorischen Aufgaben brachten es mit sich, dass Deschwanden Lehre und Forschung stark vernachlässigen musste. So schrieb er Ende April 1855: «Schon lange kam ich nicht mehr so müde nach Hause, wie Heute. Den ganzen Vormittag und Nachmittag bis 4 Uhr Prüfungen mit den zum Polytechn. Angemeldeten; nachher Transport von Modellen aus der Kantonsschule in die Gebäude des Polytechn., das Erlassen mannigfacher Anordnungen um das Geschäft der Prüfungen in Gang zu erhalten u. gegen Jeden, der etwa verletzt werden könnte seine Schuldigkeit zu thun: dies Alles hat mir meine Kräfte für heute ordentlich geraubt. Und doch war es mir wieder eine Art Erholung, bei den jungen Leuten zu sein. Ihr Anblick erfüllt mich mit mehr Freudigkeit, den Unterricht wieder zu beginnen u. statt mit diesen trockenen Verwaltungssachen, wieder mit dem Unterricht u. der Wissenschaft selbst mich zu beschäftigen; nachdem ich

Joseph Wolfgang von Deschwanden (1819–1866).

diese schönen Tage des Lehrens u. Arbeitens schon über ein Jahr verlassen, ist dieser Wunsch für den Lehrer nicht ein unbilliger.» (Gyr 1981, 122f.)
Die Aufnahmeprüfungen zum Vorbereitungskurs erwiesen sich als rundum positive Erfahrung. Deschwanden zählte die Absprachen und Beratungen im neuen Kollegium zu den «grössten Freuden, welche ich während der ganzen Zeit der Verhandlungen über das Polytechnikum genoss». Auch war man hinsichtlich der kommenden Lehraufgaben nun ein wenig beruhigt. Die Prüfungen waren gut ausgefallen. Kaum jemand musste abgewiesen werden, und «einige dieser jungen Leute machten so schöne Arbeiten, dass man eine wahre Freude daran haben muss». «Wenn diese jungen Herzen sich erfreuen an dem, was man ihnen darbietet, dann schlägt auch unser Herz höher u. voller, dann empfindet man eine Wonne, wie sie vielleicht nur dem Lehrer vergönnt ist. Dieser Wonne kann auch ich wieder hoffen, theilhaftig zu werden. Also Glück auch zum neuen Werke! Diese Hoffnung, dieses vielmehr mit Sicherheit vorauszusehende Glück entschädigt für manche Mühe u. Qual des lezten Jahres.» (Gyr 1981, 124)
Lehrer zu sein verstand Deschwanden als Berufung. Man sah den Direktor und Geometrieprofessor Lehrmittel basteln und Bücherlisten für die Bibliothek zusammenstellen. Er begann ein «technologisches Wörterverzeichnis in 4 Sprachen mit Figuren, zum Gebrauch für die Schüler» und meldete seinem Tagebuch im Mai 1855: «Ordentlicher Fortgang des Wörterverzeichnisses. Ich freue mich recht darauf, nach Pfingsten einige Tafeln aufhängen zu können. Dies wäre eine erste aus der eidgen. Anstalt hervorgegangene u. die Eigenthümlichkeiten derselben an sich tragende Arbeit.»
Allerdings musste er unmittelbar darauf zur Kenntnis nehmen, dass sein Vorgesetzter, Schulratspräsident Jakob Konrad Kern, die didaktischen Anstrengungen als

«höchst untergeordnet, unbedeutend u. wenig dringend» behandelte. «Der Mann war niemals Lehrer!», empörte sich Deschwanden (Gyr 1981, 131).
Zu Beginn eines jeden Kurses blühte Deschwanden auf. Im täglichen Umgang mit den Studenten fühlte er sich in seinem Element. Auch träumte er davon, wieder zur «so lieben Thätigkeit» der Forschung zu kommen. Jedoch blieb dazu keine Zeit. Die Verwaltungsaufgaben, die «Dutzend u. Dutzend Nebendinge» und «juridischen Spitzfindigkeiten», von Deschwanden durchweg als Bürde und Negativerfahrung beschrieben, hinderten ihn daran. Er sah sich in einer undankbaren Vermittlerposition zwischen Schulrat und Professoren: «Die Bildung der LektionsVerzeichnisse u. Stundenpläne ist etwas, das mit den speziellsten Ansichten der Lehrer über ihre Wissenschaften u. mit ihren eigenthümlichsten Wünschen zusammenhängt. Daher ein mehrfaches Kreuzfeuer auf den vom Schulrath entworfenen Plan» (Gyr 1981, 129).
Undankbar war die Direktorenstelle vor allem deswegen, weil sie institutionell nur wenig Gewicht hatte. Dies machte sich Deschwanden im Eintrag vom 5. September 1855 klar. Es passe nicht recht zu seiner Stellung, dass man ihm dauernd ins Handwerk pfusche. Er fühlte sich korrigiert wie ein «Schulbub»: «Würden am Ende nur noch die Arbeiten bleiben, wie ich sie gemacht, so hätte ich doch wenigstens eine einzelne Arbeit vor mir; aber so wird nachher immer noch soviel herumgekleistert, dass ich doch niemals ein eigenes Werk vor mir sehe.»
Die geplante Eröffnungsfeier torpedierte seine Vorstellungen eines konstruktiven Arbeitsklimas an Hochschulen von vornherein: «Die Anstalt ist für die Jugend, die Schüler errichtet worden, u. man schliesst gerade diese von der ganzen einen Hälfte des Festes aus. Also ist auch ein Schulfest möglich ohne Schüler!» Die Führung der Schüler, wie die Polytechniker in den ersten Jahrzehnten tatsächlich hiessen, erschien

ihm ebenfalls kontraproduktiv: Solange die jungen Leute in ihren Lehrern «Polizeidiener» erblickten, sei die Lehratmosphäre gründlich vergiftet.

Immer wieder beschäftigte ihn der Gedanke, die Direktorenstelle aufzugeben. Als er 1856 ein Gesuch um Verminderung seiner Geschäfte beim Schulrat einreichte, «wurde ein Beschluss gefasst, der so gut wie eine Abweisung dieses Gesuchs ist: Erleichterung durch Verminderung meines Unterrichtes». So bat er am 7. August 1857 mit ausführlicher Begründung um vollständige Entlassung als Direktor. Die Verwaltungsaufgaben seien zu einer schweren Last geworden, die ihm «wenig andere Befriedigung als die der Pflichterfüllung» gewährten. Auch fürchtete er, den Anschluss an den Stand seiner Wissenschaft zu verlieren und damit den Anforderungen der Lehre immer weniger gerecht zu werden. Doch sein Wunsch stiess auf taube Ohren. Deschwanden blieb noch bis 1859 Direktor. Bis zu seinem Tod 1866 lehrte er am Polytechnikum.

Andrea Westermann

«Raumnot». Hochschulwachstum und Krisenwahrnehmung

Die ETH ist über 150 Jahre hinweg mehr oder weniger kontinuierlich gewachsen. In der zeitgenössischen Wahrnehmung hinkte ihr Ausbau dabei meist den Bedürfnissen hinterher. Zwangsläufig wurde die Gegenwart deswegen als krisenhaft empfunden.

Wie die zeitgenössische Wortprägung «industrielle Revolution» in Anlehnung an die umwälzenden Ereignisse von 1789 veranschaulicht, wurde das 19. Jahrhundert als Epoche eines dynamischen Wandels erlebt. Die Technischen Hochschulen und ihre Wissenschaftsdisziplinen waren an diesen Veränderungen aktiv beteiligt. Zugleich gerieten sie unter dem Eindruck der allseitigen Beschleunigung selbst unter Zugzwang. Die regelmässig ausgerufene «Raumnot» illustriert die Probleme sehr gut. Denn an Gebäuden und Plänen für die Auslegung von Hochschulquartieren lassen sich die aktuell und mittelfristig für angemessen erachteten Bedingungen der Wissensproduktion ablesen. Die Geschichte des Eidgenössischen Polytechnikums kann als die Geschichte ihrer räumlichen Engpässe und bewilligten Baukredite verstanden werden: Auf diese Weise rückt das Vermögen der Hochschulverwaltung in den Blick, im Namen von Wissenschaft, Industrie oder Politik frühzeitig auf sozialen Wandel zu reagieren.

Die Naturwissenschaften Chemie und Physik machten den Anfang. Nach 1860 stellten die beiden Fächer ihre Disziplinenkultur sukzessive aufs Experimentieren um. Dies führte dazu, dass sie grössere Laboratorien benötigten. Als 1883 der Beschluss für ein neues Chemiegebäude fiel, hatte der Schulrat auch schon den Ausbau des Physikinstituts als «zweite Hauptsache für die Zukunft unserer Schule erkannt».

Physiker und Schulrat stilisierten die Probleme zu einer «Lebensfrage für die Existenz und Rangbehauptung unserer technischen Hochschule» (Botschaft des Bundesrates an die Bundesversammlung betreffend die Erstellung eines Gebäudes für Physik, Bundesblatt 1886 II, 632–643). In der Physik habe sich längst «alles geändert»: «Der Physiker wird nicht mehr im Auditorium gebildet wie ehedem, sondern geradezu vorzugsweise im Laboratorium.» Aus der Verbindung von Theorie und Versuchspraxis versprachen sich die Physiker «die grössten Resultate». Aus den anfänglich

ETH-Aussenstation Hönggerberg, 25. Oktober 1973.

zehn Studenten waren mittlerweile vierzig geworden; das Hauptgebäude käme nun schon beim «kleinsten Mehrbedürfniss» an seine Grenzen.
Zudem waren die Physiklaboratorien dort denkbar schlecht untergebracht. Von störungsfreien Experimentalbedingungen war keine Spur. Die an Decken und Pfeilern befestigten Messapparate wurden durch den Studienbetrieb im oberhalb gelegenen Hörsaal «ins Schwanken» versetzt und durch den «Eisenreichthum und die in ihnen bewegten Eisenmassen» der benachbarten Schmiede und des Dampfmaschinenraums abgelenkt. Physiker und Schulrat stilisierten die Probleme zu einer «Lebensfrage für die Existenz und Rangbehauptung unserer technischen Hochschule» (Ebenda).
Aber nicht nur die experimentellen Wissenschaften, auch die klassischen naturhistorischen Disziplinen der Botanik und Geologie mit ihren Sammlungen litten unter Platzmangel. Albert Heim, Geologieprofessor und seit 1882 geologischer Sammlungsdirektor am Polytechnikum, skandalisierte seit den 1890er-Jahren die anarchischen, jedem Ordnungssinn spottenden Zustände: «Und nun das alte Lied immer wieder, schlechte staubende Böden in den Sammlungen, Kasten wegen Bodensenkungen nirgends schliessend, selbst aufspringend, überall Staub einlassend, Schwanken und Zittern der Böden und der Kasten, so dass die Ordnung des Aufgestellten sich zur Unordnung verschiebt. Überall Drängung bis zur Unbenutzbarkeit und dem allweiligen Zugrundegehen der schönsten Sachen.» (ETH-Bibliothek, Archive, Hs 1080:17, Geologische und paläontologische Sammlung, Sammlungsprotokoll 1905)
Zum knappen Baubudget kam der ordentliche Polytechnikumshaushalt, dessen unvermeidliche Erhöhung jedes Jahr aufs Neue begründet werden musste. Der Unterhalt der Laboratorien und Sammlungen, die Erneuerung von Mobiliar, Räumen und Infrastruktur, langsam aber sicher steigende Studierendenzahlen, die Ausdehnung der Studienzeiten und Studienpläne sowie die Schaffung neuer Professuren, in de-

ETH Zürich, Dritte Ausbauetappe Hönggerberg, Aufnahme von 1997.

nen sich die Auffächerung des polytechnischen und naturwissenschaftlichen Fächerkanons spiegelte, verlangten nach Aufstockungen. Auch mussten die steigenden Gehaltsansprüche der Professoren erfüllt werden, um international und gegenüber der Industrie konkurrenzfähig zu bleiben.

Entgegen den nie abschwellenden Klagen brachte der schweizerische Schulrat die Bundeshochschule mit der Durchsetzung immer höherer Gesamtsummen nicht schlecht durch die Jahrzehnte. Er führte die Finanzverhandlungen im öffentlich gern herausgekehrten Wissen darum, dass das Polytechnikum von den «Opfern, die das Land zu bringen vermag», abhing. Das Eingeständnis der Abhängigkeit verpflichtete aber keineswegs zu Bescheidenheit. Opfer brachten schliesslich alle. 1893 wies der Schulrat etwa auf die Investitionen des «kleinen Hessen-Darmstadt» hin. Die dortige technische Hochschule bekam gerade einen Neubau und ein chemisch-technisches Institut für «volle zwei Millionen Franken». Und die Rhetorik liess sich problemlos auf die Hochschulangehörigen selbst anwenden, auf das Arbeitsethos der Professoren, ja sogar auf das streng kontrollierte und unbezahlte Engagement der Studenten: Die finanziellen Entbehrungen im Streben nach Wahrheit und Selbstbildung machten aus der Wissenschaftsgemeinschaft eine Opfergemeinschaft par excellence.

Die Rede von der Krise hielt sich auch nach 1900. Immer öfter wurden die Hochschulkrisen nun mit nationalen Problemlagen in Verbindung gebracht. Der Erste Weltkrieg galt als Katalysator für gesellschaftliche und wissenschaftliche Transformationen und die Anpassung an diese Veränderungen blieb eine dauernde Herausforderung. So wurde 1920 zwar eine Stiftung zur Förderung der schweizerischen Volkswirtschaft durch wissenschaftliche Forschung an der ETH ins Leben gerufen (Botschaft des Bundesrates, Bundesblatt 1919 IV, 387–393). Dennoch warnte man auf parlamentarischer Ebene schon wieder Anfang der 1930er-Jahre vor volkswirtschaftlichen Folgeschäden, wenn die labortechnische Ausrüstung der ETH und der schweizerischen Industrie auf dem diagnostizierten niedrigen Niveau verharre (Amtliches stenographisches Bulletin der Bundesversammlung. Nationalrat, 13.12.1934, 942).

Nach 1945 konstatierte der Bundesrat des Innern mit Blick auf die vorangegangenen kriegsbedingten Sparmassnahmen endgültig eine «Wachstumskrise der Hochschule». Zudem machte der internationale Konkurrenzdruck die schweizerischen Führungskräfte nervös. Ihrer Meinung nach konnten die kriegführenden Staaten die Resultate der Rüstungsforschung nun in ziviles Kapitel ummünzen und sich so einen Vorsprung auf dem Weltmarkt verschaffen. Derart alamiert bewilligte die Bundesversammlung Anfang 1946 einen Baukredit von 27 Millionen Franken für die ETH. Kurz darauf machten Hochrechnungen von bald benötigten akademisch ausgebildeten Arbeitskräften die Runde. Sie bestätigten den vermeintlichen schweizerischen Rückstand erneut und riefen nach vermehrter Rekrutierung von Maturandinnen und Maturanden (Hummler 1955). Die Möglichkeiten, im städtischen Hochschulviertel mehr Studienplätze anzubieten, waren indes begrenzt. So plante man seit Mitte der 1950er-Jahre eine zentrumsnahe «Aussenstation» der ETH. Auf dem Hönggerberg wurde Bauland ausgespäht und eine neuerliche Baubotschaft 1959 mit der Formel, es sei «eine genügende Anzahlung an die Zukunft zu leisten», begründet (Botschaft des Bundesrates, Bundesblatt 1959 I, 204).

Bis in die 1990er-Jahre hinein erfuhren die Ausbau- und Finanzwünsche der ETH nur einmal eine Absage: Vom 1974 beschlossenen Personalstopp für die Bundesbehörden war auch die Bundeshochschule betroffen, eine Ausnahmesituation, die bis Mitte der 1980er-Jahre andauerte.

Andrea Westermann

Die Matrix. Zur eigentümlichen Körperlichkeit von Organisationsstrukturen

Die 1987 erfolgte Einführung der Matrixstruktur an der ETH Zürich rief der Hochschule ihre eigene Gestaltbarkeit in Erinnerung. Anders als im gleichnamigen Film von Andy und Larry Wachowsky stand am Ende dieses grossen Experiments an der ETH nicht die Wüste des Realen, sondern die Verhandelbarkeit der Organisationsform.

Was genau eine Matrixstruktur ist, das bleibt bis heute umstritten. «Matrix ist, wenn man mehrere Chefs hat». «Wir wollten etwas kreatives Chaos stiften.» «Matrix – viel zu kompliziert für Professoren.» Matrix ist eine stets schwierig zu fassende Organisationsform, die an der ETH auch noch einigermassen ephemer geblieben ist. Nur fünf Jahre nach ihrer Einführung gab es bereits eine präsidiale Kommission, die sich mit ihrer Abschaffung beschäftigen musste.

Trotz ihrem flüchtigen Auftritt zeichnet sich die Matrix durch eine eigenwillige Körperlichkeit aus. Manche haben sich jedenfalls an ihr die Zähne ausgebissen, andere gestikulieren unwillkürlich mit den Händen, wenn sie erklären sollten, wie das Verhältnis von Abteilungen und Departementen ausgesehen habe. Dritte wiederum denken an die schmerzhafte Sitzungsinflation, die von der Matrix ausging, und schliesslich wird man bis heute nicht müde, die Schuld an der Einführung der Matrix der markanten Figur jenes Unternehmensberaters zuzuschreiben, der diese gar nie vorgeschlagen hat: Nicolas G. Hayek. Viel flüchtiger, matrixhafter war nämlich sein Nachfolger im ETH-Beratungsgeschäft. Von diesem wird daher an der ETH wohl meist im Plural gesprochen. Denn die «Häusermänner» waren 1986 plötzlich überall anzutreffen, sprachen mit allen, publizierten ihre Berichte in mehreren Bänden und schlugen eine ganze Reihe von Matrixstrukturen vor, von denen keine das Wohlgefallen der Auftraggeber fand.

Die Schulleitung kreierte daher eine eigene Variante der Matrix: Die dem Rektor unterstellten Abteilungen sollten die Lehre organisieren, die einem Vizepräsidenten unterstellten Departemente die Forschung. Die Professuren wurden damit im Organigramm immer dort angesiedelt, wo man sie gerade brauchte oder wo sie glaubten, gerade gebraucht zu werden. Nur zwei Stimmen, so wird kolportiert, hätten sich in der Oberbehörde gegen diese Matrixstruktur ausgesprochen, jene des schon immer

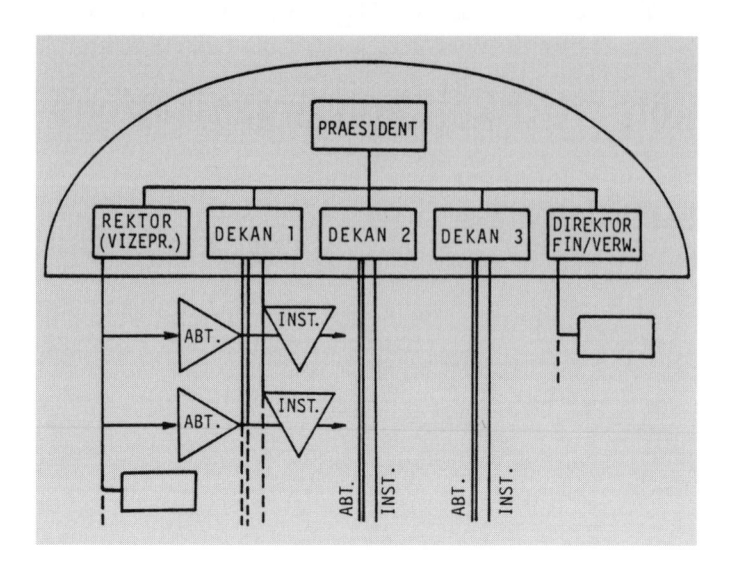

Kreatives Chaos: Die grafische Übersetzung eines Vorschlags der Häusermann AG durch die Abteilung III B für Elektrotechnik, 1986.

demonstrativ autoritären Präsidenten und jene des nicht stimmberechtigten Studentenvertreters, der sich wie eh und je für das Anliegen der Mitsprache und Mitbestimmung einsetzen wollte. Konnte die Matrix demnach weder das eine noch das andere Bedürfnis befriedigen, weder das autoritäre noch das demokratische?

Organisationssoziologen weisen darauf hin, dass die Matrix zwar kein Wundermittel sei und dass sie höhere Kosten zeitige als eine konventionelle Linienorganisation. Dennoch helfe sie all jenen Unternehmen, die wenigstens zwei überlebensnotwendige, sich jedoch widersprechende Zielgrössen erreichen müssten. Die Matrixstruktur ist mit anderen Worten dort ein attraktives organisatorisches Modell, wo Entwicklung und Verkauf oder aber Forschung und Lehre gleichzeitig betrieben werden müssen, die unternehmerische beziehungsweise humboldtsche Verbindung beider Aufgaben auf der Stufe eines Managers oder Professors jedoch längst zur Illusion geworden ist.

Vier heterogene, von ganz unterschiedlichen hochschulpolitischen Parteien vertretene Gründe führten dazu, dass die ETH Zürich Mitte der 1980er-Jahre ein grosses organisatorisches Experiment mit der Matrixstruktur wagte. Hier seien erstens die «New Public Management»-Vorboten in der Bundesverwaltung erwähnt. Spätestens seit 1984 hatten jene Zukunft, die wie Nationalrat Adolf Ogi Reformen ankündigten und Effizienz forderten. Das Evaluationsprogramm EFFI drohte nun allen, der Munitionsfabrik wie der Hochschule. Diese Gleichsetzung war durchaus als Schock gemeint und gab natürlich viel zu reden. Doch die Hochschule wusste schon immer, wie man selbst unter erschwerten Bedingungen Distinktionsgewinne erzielen und eigene Zeichen setzen konnte. Einerseits erwirkte sie deshalb das Privileg, nicht von McKinsey, sondern von der Hayek Engineering AG durchleuchtet zu werden. Andererseits war es nahe liegend, das organisatorische Angebot der Matrix zur Neuordnung der Verhältnisse

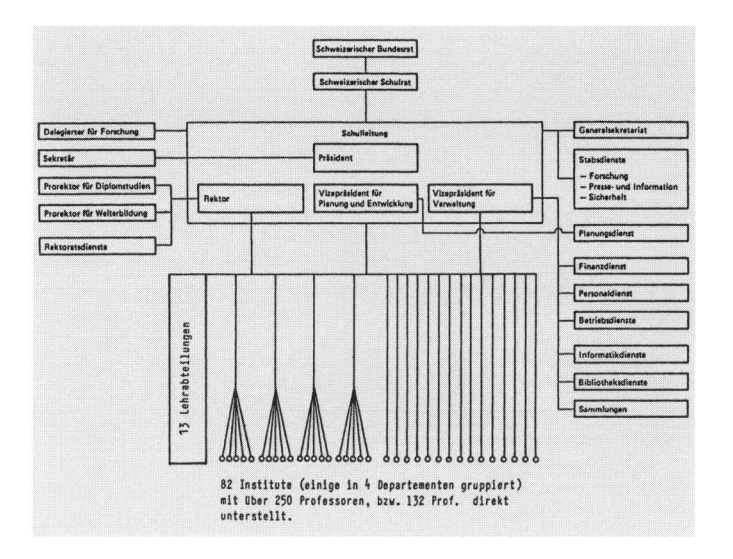

Skizze der Führungsstruktur der ETH Zürich, Oktober 1984.

zu nutzen, denn Matrixstrukturen hatten gerade Konjunktur bei all jenen, welche die öffentliche Verwaltung auf «Veränderungsmanagement und neue Methoden der Verwaltungsführung» umstellen wollten.

Zweitens waren Matrixstrukturen in der Industrie der 1980er-Jahre populär geworden. Sie galten als Flexibilitätsgaranten, und Flexibilität war notwendig, wenn man nicht wusste, wie man das japanische Wunder verkraften, die europäische Integration überstehen und das nordamerikanische Wachstumspotenzial nutzen sollte. Flexibilität war umgekehrt notwendig, wenn die Hochschule mit grossen Firmen kommunizieren musste. Denn die Projekt- und Matrixorganisation der Industrie hatte der Hochschule ihre festen und vertrauten Gesprächspartner geraubt. Mit der Einführung der Matrix liess sich die Hochschule wenigstens organisatorisch wieder äquivalent zur Industrie denken.

Der dritte Grund, der für eine Matrixstruktur der Hochschule sprach, war die steigende Bedeutung der Forschung in den akademischen Distinktionshaushalten sowie im Budget der Hochschule. Dies musste Folgen für die Forschungsorganisation haben. Obwohl die Hochschule in den 1960er-Jahren massiv gewachsen war, blieb ihre Forschung im Wesentlichen auf der Ebene einzelner Professuren oder auf der Ebene relativ kleiner Institute organisiert, die oft nicht mehr als drei oder vier Professuren umfassten. Die Zahl der dem Präsidenten direkt Untergebenen stieg auf über 130 Personen an. Gleichzeitig war eine einzelne Professur für die Organisation von Forschung insbesondere dort zu klein, wo Forschung an grosse Anlagen gebunden war. Die Konjunktur der Forschung zog somit eine neue organisatorische Struktur nach sich – die Schaffung von Forschungsdepartementen unter der Obhut eines Vizepräsidenten für Forschung schien das Problem lösen zu können. Sie wären aber nicht mit der Verwaltungsstruktur für Lehre kompatibel gewesen oder hätten gar die dem Rektor unterstellten Abteilungen in Frage gestellt. Eine Matrixstruktur erlaubte es, die neue Organisation aufzubauen, ohne die alte abschaffen zu müssen.

Viertens stiegen gerade in den 1980er-Jahren die organisatorischen Anforderungen in der Lehre. Nicht weniger als drei neue Studiengänge (Informatik, Materialwissenschaft, Umweltnaturwissenschaft), zahlreiche Nachdiplomstudiengänge und berufsbegleitende Weiterbildungsangebote, eine gründliche Reorganisation der Naturwissenschaftlichen Abteilung, die Versuche mit dem Projektorientierten Studium POST sowie die Reformen an den Normalstudienplänen machten deutlich, dass eine Hochschule damit rechnen musste, sich auch in der Lehre auf change management einzustellen. Die Abteilungen hatten keineswegs völlig ausgedient.

Das kreative Chaos, das Präsident Bühlmann mit der Matrixstruktur stiften wollte, war bereits vorbereitet, als die Vorschläge von Häusermann schulintern diskutiert wurden. Kaum eine Stellungnahme, die sich mit der anderen deckte. Die Einführung der Matrixstruktur hatte eben 1987 grosse Verschiebungen im Machtgefüge der Hochschule zur Folge. Zudem erforderte die grosse Strukturveränderung unzählige weitere organisatorische Anpassungsleistungen. Dies bedeutete weitere Verhandlungsrunden, mit immer neuen Gewinn- und Verlustchancen. Manche Departemente wussten dabei ihre Position dadurch zu verbessern, dass sie sich die Vorteile der Matrixstruktur zu Eigen machten und überraschende Autonomiegewinne verbuchten. Andere hatten weniger Erfolg. Die kollektive organisatorische und taktische Intelligenz war erstaunlich ungleich verteilt. Deshalb hängt der Grad an Faszination und Schrecken, den jene Zeitzeugen bekunden, die an die Matrixstruktur erinnert werden, davon ab, wie virtuos ihre Abteilung oder ihr Departement mit der Herausforderung der Matrixstruktur umging.

David Gugerli

Hochschulstatus und betriebliche Selbstständigkeit

Unter den deutschen Hochschulen des 19. Jahrhunderts wurde die «akademische Freiheit» hoch gehalten. Die Universitäten verstanden sie vor allem als politische Autonomie gegenüber dem Staat. Auf solch eine klare Abgrenzung konnte das Polytechnikum in den ersten fünfzig Jahren seines Bestehens nicht pochen. Dafür war der hoch politische Gründungskontext ebenso verantwortlich wie die bundesstaatliche Vorgabe, die Lehrpläne an den vielfältig artikulierten Praxisbedürfnissen auszurichten: Die ersten Studienpläne der Abteilungen schrieben den Lehr- beziehungsweise Lernstoff für Professoren und Studierende genau vor. Erst mit dem langsamen Aufstieg der Forschung hielt auch die Lehrfreiheit Einzug in die Reglemente.

Der Ausbau der Forschungsinfrastruktur war damit nicht nur eine Prestigeangelegenheit für einzelne Disziplinen, sondern kam dem Polytechnikum insgesamt zugute. Aus der Schule wurde eine Hochschule. Betriebliche Selbstständigkeit und die Qualität der Serviceeinrichtungen flankierten den Statusgewinn. Ziel war es, den Studierenden und Wissenschaftlern rundum komfortable Arbeitsbedingungen zu bieten.

Gefährdeter Hochschulstatus.
Reformbedarf nach 1900

An der Wende vom 19. zum 20. Jahrhundert war der Stern des eidgenössischen Polytechnikums am Sinken. Gerade noch rechtzeitig gelang es, die äusseren Beziehungen und die innere Organisation der Anstalt grundlegend und zukunftsweisend zu reformieren.

«Im Jahre 1903 hatte der Schulrat nicht allein eine aussergewöhnlich grosse Anzahl von laufenden Geschäften aller Art zu erledigen, sondern er musste sich auch mit Fragen beschäftigen, deren Lösung von einschneidendem Einflusse auf den Gang und die zukünftige Entwicklung des eidgenössischen Polytechnikums sein wird. Es sind dies die Frage der Reorganisation der Schule und die wieder aufgenommene Baufrage, bzw. die Aussonderungsangelegenheit mit dem Kanton und der Stadt Zürich.» (ETH-Jahresbericht 1903, 13)

Seit der Gründung der Anstalt 1855 hatte der Schulrat bei jeder passenden Gelegenheit betont, dass das eidgenössische Polytechnikum keine technische Mittelschule, sondern eine richtige Hochschule sei. Dank einem innovativen Schulkonzept und der Berufung ausgezeichneter Lehrkräfte erwarb es sich innerhalb kürzester Zeit einen hervorragenden Ruf und galt den deutschen Polytechnika beziehungsweise technischen Hochschulen während Jahren als vorbildlich. Doch an der Wende vom 19. zum 20. Jahrhundert drohte der alte Glanz zu verblassen, das eidgenössische Polytechnikum musste um seinen Hochschulstatus bangen. Denn die Kriterien, denen eine technische Hochschule zu genügen hatte, hatten sich in den letzten Jahrzehnten des 19. Jahrhunderts stark gewandelt. Nach amerikanischem Vorbild wurden an den technischen Hochschulen grosse Laboratorien eingerichtet. In Europa gab Deutschland den Ton an. Der Aufstieg des deutschen Reiches zur führenden kontinentalen Macht wurde nicht zuletzt dem deutschen Bildungssystem zugeschrieben, die militärische und industrielle Stärke als Erfolg des technischen Hochschulwesens gedeutet.

Die deutschen technischen Hochschulen galten um 1900 als Mass aller Dinge, allen voran die Technische Hochschule Charlottenburg in Berlin. Sie zeichnete sich durch eine gute Laborinfrastruktur aus, hiess «Technische Hochschule», propagierte akademische Lehr- und Lernfreiheit und verfügte seit 1899 über das Promotionsrecht.

1914 zog die Universität Zürich vom Semper-Bau in das neue Hauptgebäude (rechts). «Die alte und die neue Universität», Postkarte, 1914.

Formal war sie damit den Universitäten gleichstellt. Das eidgenössische Polytechnikum trug an der Wende zum 20. Jahrhundert keines dieser Insignien, die für zeitgenössische Begriffe den «Hochschulcharakter» einer Lehranstalt ausmachten. Die technischen Einrichtungen des Polytechnikums waren immer noch erstklassig, aber auch in diesem Bereich standen Schwierigkeiten an. Ein neuerlicher Mehrbedarf an Räumlichkeiten zeichnete sich Ende der 1890er-Jahre klar ab, die vielfältigen Verflechtungen mit der Universität, der Stadt und dem Kanton Zürich machten Baufragen aber zu einem bürokratischen Hindernislauf mit ungewissem Ausgang.

Als die auf zehn Jahre befristeten Verträge über die von Polytechnikum und Universität Zürich gemeinsam verwalteten Sammlungen ausliefen, packte der Schulrat die Gelegenheit beim Schopf. Im Sommer 1898 unterbreitete er den Beteiligten ein Programm, das die allmähliche bauliche Entkoppelung des Polytechnikums mit der Universität Zürich und eine klare Zuteilung der Zuständigkeiten von Bund, Kanton und Stadt Zürich anvisierte. Über die Grundsätze war man sich schnell einig, auch die kantonale Universität litt unter der «Raumnot». Der Formulierung des «Aussonderungsvertrages» ging hingegen ein jahrelanges Tauziehen um die Verteilung der Lasten voran, sodass der Vertrag erst 1908 ratifiziert werden konnte. Auf dieser Grundlage nahmen Polytechnikum und Universität die bis dahin blockierten Ausbaupläne rasch an die Hand, und das Hochschulquartier erhielt innerhalb weniger Jahre ein ganz neues Gesicht. Ebenfalls 1908 revidierte der Schulrat das allgemeine Schulreglement. Der Schulzwang wurde abgeschafft, an die Stelle der obligatorischen Jahreskurse traten so genannte Normalstudienpläne.

Im gleichen Jahr erhielt das Polytechnikum vom Bundesrat das Promotionsrecht zugesprochen. Seit 1909 konnte es den «Dr. der technischen Wissenschaften» sowie den «Dr. der Naturwissenschaften» und den «Dr. der Mathematik» verleihen. Als leicht verspätete Ergänzung folgte 1911 die Änderung des Namens. Fortan hiess das Polytechnikum «Eidgenössische Technische Hochschule», für die bald die Abkürzung E.T.H. gebräuchlich wurde. Der alte Name hielt sich aber bis heute: in der «Polybahn», der «Polyterrasse» oder dem «Polyball», und in der Umgangssprache ist noch oft vom «Poly» die Rede.

Den organisatorischen Reformen waren wie bei der Aussonderung langjährige Diskussionen vorausgegangen. Anders als bei jener waren bei den Schulreformen jedoch lange die Grundsätze umstritten. Starke Kräfte um Präsident Bleuler und aus dem Kreis der Gesellschaft ehemaliger Polytechniker GEP wollten am Altbewährten festhalten. Erst als das Präsidium des Schulrates 1905 von Hermann Bleuler zum Schuldirektor und Chemieprofessor Robert Gnehm wechselte und sich die Interessensorganisationen, die GEP und der Ingenieur- und Architektenverein SIA, eindeutig hinter die insbesondere von der Professorenschaft vertretenen Anliegen stellten, ging der zuvor über Jahre verschleppte Reformprozess voran.

Mit seiner eingangs zitierten Einschätzung lag der Schulrat im Übrigen richtig. Die infrastrukturelle Autonomie und der neu justierte Hochschulstatus waren «von einschneidendem Einflusse auf den Gang und die zukünftige Entwicklung des eidgenössischen Polytechnikums». Dank den zwar spät erfolgten, aber konsequent umgesetzten Reformen konnte es sich unter dem neuen Namen ETH in den folgenden Jahrzehnten als eine führende technische Hochschule international behaupten.

Patrick Kupper

Die Mensa. Grossküche und
Debattierclub

Der Konsolidierung des Hochschulstatus in den 1910er- und 1920er-Jahren folgte die Arbeit an der betrieblichen Selbstständigkeit. Investitionsentscheidungen für eine Mensa um 1930 belegen den Ausbau der ETH-internen Dienstleistungsbetriebe.

Anfang des Jahres 1930 erinnerte Schulratspräsident Arthur Rohn daran, dass der schweizerische Schulrat entschieden hatte, «das 75jährige Jubiläum in nicht allzubescheidenem Rahmen zu feiern, hauptsächlich um die E.T.H. im In- und Ausland bei diesem Anlass gebührend in Erinnerung zu rufen» (Schulratsprotokolle, SR2:1930, Sitzung vom 21.2.1930, 15). Die Technische Hochschule hatte allen Grund zu feiern. Sie expandierte nun schon seit einiger Zeit. Die naturwissenschaftliche Abteilung war 1915 in ein eigenes Gebäude gezogen, der Semper-Bau war renoviert und mit einer Kuppel bedacht worden. Hinzu kam der «geistige Innenausbau» (ETH-Jahresbericht 1929, 8). Mehrere neue Institute hatten ihre Arbeit aufgenommen, 1915 das Institut für Geografie, 1928 das Betriebswissenschaftliche Institut, 1930 die Versuchsanstalt für Wasserbau. Auch der Hintergrundbetrieb wurde erweitert: Ab 1930 wurde die Bibliothek modernisiert, und in der Clausiusstrasse richtete man die erste Mensa ein.

Eine Genossenschaft Studentenheim an der ETH, der auch der Schulratspräsident angehörte, verschrieb sich ab 1927 laut Statuten der «Förderung des Wohles der Studierenden beider Hochschulen durch den Bau und den Betrieb von Studentenheimen in Zürich» (Erb 1937, 572f.). Der Polyball im November 1927 wurde zugunsten eines Studentenheims veranstaltet und bildete den Auftakt für eine erfolgreiche Geldeinwerbung unter den Zürchern und bei der schweizerischen Industrie. Der Bund stellte das Gebäude des ehemaligen Polygraphischen Instituts zur Verfügung und der VSETH investierte mit über 100 000 Franken den grössten Teil seines Vermögens in das Projekt (Schulratsprotokolle, SR2:1939, Sitzung vom 24.3.1939, 94).

So konnte im Rahmen der Feierlichkeiten zum 75-jährigen Bestehen der ETH das Studentenheim eingeweiht werden. Es sollte, so der Festredner Rohn, «den Studierenden eine gesunde preiswerte Verpflegung in einem behaglichen Heim bieten; es soll die

Die Mensa im Studentenheim an der Clausiusstrasse, 1933.

Studierenden beider Hochschulen in Zürich zu freiem fröhlichem Meinungsaustausch zusammenführen» (Rohn 1931, 18). Das Studentenheim war in erster Linie als Mensa mit zunächst 400 Mahlzeiten ausgelegt. Der bürgerliche Frauenverein Schweizerischer Verband Volksdienst hatte den Zuschlag für die Bewirtschaftung erhalten. Bereits im Wintersemester 1932/33 stiegen die Zahlen auf 950 Mahlzeiten am Mittag und 720 Mahlzeiten am Abend.

Von studentischer Seite verbanden sich grosse Hoffnungen mit der Einrichtung. Das Studentenheim wurde als «die reale Basis zur Entwicklung eines neuzeitlichen Studententums» apostrophiert, es war ein Ort politischer Debatten und scheint begeisterte Aufnahme gefunden zu haben (Eisenring 1930/31, 70). Schon kurz nach der Eröffnung wurde eine Kampagne für einen vitaminreichen Eintopf lanciert und um die ausgegebenen Portionen gestritten (Oppenheim 1931/32, 290). Im «Café» lagen 117 Tages- und Wochenblätter auf. Die Zeitung Jüdische Presszentrale baumele «sorglos neben dem Völkischen Beobachter, ohne dass eines der Blätter entflammte», versuchte der Präsident der Studentenschaft der Universität Helmut Suter das liberaltolerante Klima im Dezember 1932 zu veranschaulichen (Suter 1933/34, 74). Sogar der Schweizerische Schulrat gewöhnte es sich an, seine Sitzungen mit einem Essen im Studentenheim zu beschliessen. 1946 war die Mensa bereits nicht mehr aus dem Hochschulquartier wegzudenken: Bei einer Erweiterung der benachbarten Eidgenössischen Materialprüfungsanstalt EMPA, der das Studentenheim zu weichen hätte, müsse «selbstverständlich [...] anderswo ein neues Heim errichtet werden» (Schulratsprotokolle, SR2:1946, Sitzung vom 21.6.1946, 260).

Wachsende Studierendenzahlen führten Anfang der 1960er-Jahre zu kolossalen Engpässen bei der Essensausgabe, was studentische Proteste nach sich zog. Der Mensch lebe zwar nicht nur vom Brot allein, doch der Brotkorb hänge all zu hoch, befand eine

Glosse im Zürcher Student vom Dezember 1962. Endlose Menschenschlangen bis auf die Strasse hinaus, der Kampf um jeden Stuhl, ein völlig verrauchter Lesesaal: «Das ist so ungefähr das tägliche Bild dessen, was in behördlichen Reden ‹Unterkunfts- und Verpflegungsverhältnisse an der eidgenössischen Technischen Hochschule› heisst». Auch Preis-, Geschmacks- und Gesundheitsfragen reizten zu Kritik. 60 Rappen seien für «entwicklungsbedürftige Sandwiches» zu viel, die Mahlzeiten unausgewogen, so war zwei Jahre später im gleichen Blatt zu lesen. Seit Mitte der 1960er-Jahre gab es Pläne für den Ausbau der Polyterrasse. Im Sommer 1976 konnte die neue Mensa mit einer Tageskapazität von 5600 Mittagessen endlich eröffnet werden. Wie zu Beginn der Studentenverpflegung 1930 ging es darum, den Grundbedarf zu decken. «Was indessen unter vollwertiger Nahrung zu verstehen ist, weiss man heute sehr viel besser als damals», referierte die Neue Zürcher Zeitung vom 20. August 1976 das neue Küchencredo. Längst sei nicht mehr nur ein Maximum an Kalorien der Massstab, sondern eine ausgewogene Zusammensetzung der Mahlzeiten auch in Bezug auf Vitamine und Spurenelemente. Attraktive Präsentation, Vielfalt des Angebots und Internationalität der Küche waren Kriterien, denen die Mensa fortan ebenfalls genügen wollte.
Andrea Westermann

Die Kuppel. Aufgesetztes
Die Kuppel über dem Hauptgebäude der ETH diente einst der

Zeichen der Neuorientierung
demonstrativen architektonischen Modernisierung des alten

Semper-Baus. Ohne dass sich ihr Wiedererkennungswert

schmälerte, erlebte sie seit ihrer Fertigstellung 1919 zahlreiche

Renovationen, Umbauten und Umnutzungen.

Wie viele andere Kuppeln – von der Hagia Sophia über die «Cupola del Brunelleschi» bis hin zu Buckminster Fullers geodätischen Domen – war auch der Kuppelbau der ETH bautechnische Herausforderung und politisches Statement zugleich. Als die ETH gegen Ende des Ersten Weltkriegs den Versuch unternahm, mit Hilfe einer Kuppel dem erweiterten Semper-Bau ein Facelifting zu verpassen, war dies durchaus als Referenz an die Vergangenheit und als Zeichen ihres erstarkten Selbstbewusstseins gemeint. Beiden Zielen konnte dieser aussergewöhnliche Gebäudeabschluss gute Dienste leisten.

«When people see the dome rising it will be a sign that we intend the union to go on», soll Abraham Lincolns Begründung dafür gewesen sein, noch während des Bürgerkriegs den Bau der Rotunde des Kapitols in Washington zu vollenden. Was Lincoln recht war, musste dem Schulratspräsidenten Robert Gnehm billig sein: Kuppeln sind zwar aufwändig zu bauen, aber sie liefern den Bauherren einen kaum zu übertreffenden symbolischen «return on investment» – nämlich fast immer ein solides Gemisch aus quasireligiöser Aura, architektonischer Erhabenheit, baustatischer Kühnheit und politischem Zukunftsglauben.

Diese Rechnung ging für Gnehm und seinen Architekten nicht so glatt auf. Anfang Dezember 1920 musste der Schulrat eine Eingabe der Gesellschaft der ehemaligen Polytechniker bearbeiten, die diese dem Eidgenössischen Departement des Innern direkt zugestellt hatte. Darin wurde «das lebhafte Bedauern ausgesprochen» über «die durch die Errichtung der Kuppel am Hauptbau der E.T.H. bewirkte baukünstlerische Schädigung des alten Semper-Baues. Gleichzeitig wird darin Einsprache erhoben gegen weitere Eingriffe in den Architektur-Charakter des Semper-Baues» (Schulratsprotokolle, SR2:1920, Sitzung vom 2.12.1920, Trakt. 146). Gustav Gull, der verantwortliche Architekt, und Schulratspräsident Robert Gnehm verteidigten sich gegen den

Bau der Kuppel mit vorgefertigten Eisenbeton-Elementen, 1920.

(reichlich späten) Einwand mit der künstlerischen Freiheit des Architekten. Dem ästhetischen Argument begegneten sie mit einem ästhetischen Gegenargument.
Dass der konservativen GEP sogar eine konservative Kuppel zum Skandalon werden konnte, war kaum eine Frage des Geschmacks. Man stiess sich auch nicht daran, dass die Kuppel nicht gemauert, sondern ganz modern, mit vorgefertigten Bauteilen (und qualitativ ziemlich schlecht) betoniert wurde, um 1920 bereits mit herkömmlichen Ziegeln überzogen zu werden. Gerade die GEP hätte Verständnis aufbringen sollen für solch schräge Materialkombinationen und das architektonische Oxymoron einer traditionalistisch verkleideten Moderne. Denn die Bewahrung genau dieser Art von Moderne war inzwischen zum Kerngeschäft der GEP avanciert.
Die Eingabe der GEP war also anders motiviert. Eine Pressure-Group mag zwar ästhetische Argumente anführen. Ihre Anliegen haben jedoch stets politische Gründe und Ziele. Dies gilt auch für die Eingabe gegen die «baukünstlerische Schädigung des alten Semper-Baues»: Als Teil der rund 16 Millionen Franken teuren Erweiterung des Hauptgebäudes markierte die Kuppel damals nur den baulichen Schlussstein des institutionellen Übergangs vom eidgenössischen Polytechnikum hin zur Eidgenössischen Technischen Hochschule (1911) und damit zu einer akademischen Stabilisierung. Bereits 1908 hatte die Hochschule das Recht erhalten, Doktorate zu verteilen. Im gleichen Jahr waren die Aussonderungsverträge in Kraft getreten, welche die Institution rechtlich von der Stadt, vom Kanton und von der Universität Zürich unabhängig machten und damit erst die Voraussetzung für Erweiterungsbauten schufen, als deren Vollendung die Kuppel betrachtet werden kann.
Diese Veränderungen des Polytechnikums hin zur Hochschule und damit möglicherweise sogar zur Universität mussten der GEP zumindest deshalb suspekt erscheinen, weil sie – im Unterschied zu früheren Reformen – kaum mehr in die Entscheidungspro-

«Hochschul-Dom» im Morgenlicht, 1919/20.

zesse involviert worden war. Die Kuppel stand damit auch für einen strukturellen Machtverlust der GEP.
Für den Schulrat dagegen war völlig klar, dass man der veränderten Position der ETH auch baulich Ausdruck zu verleihen habe, und sei es nur als Antwort auf den von Robert Curjel und Karl Moser bis 1914 in unmittelbarer Nähe der ETH erstellten Turm der Universität. Die Aufgabe, dem Turmbau der kantonalen Konkurrenz etwas Ebenbürtiges gegenüberzustellen, erfüllte die von einer Kuppel gekrönte Rotunde Gustav Gulls an der Ostseite des Semper-Baus problemlos. Gleichzeitig signalisierte sie als markantes Element des Ehrenhofs die Neuorientierung der ETH insgesamt: weg von der Stadt und hin zum neu gestalteten Hochschulquartier auf der Seite der Rämistrasse. Die Kuppel setzte also zu der Zeit, als sie gebaut wurde, deutliche hochschulpolitische Akzente. Ferner emanzipierte sie die ETH – wenn auch etwas langsam, da das notwendige Armierungseisen 1919 nicht lieferbar war und es an Bauarbeitern mangelte – auf architektonische Weise von jener alten Industrienähe, über welche die GEP schon immer zu wachen versucht hatte. Direkt unter die Kuppel kam nun der grosse Lesesaal der Bibliothek zu liegen. Zuvor hatte allerdings der Schulrat eine entsprechende Beschwerde des Oberbibliothekars abgelehnt, und zwar mit der eher schwachen Begründung, die Kuppel habe das Gefallen von Bundesrat Ador gefunden. Es war demnach schwer, die Kuppel durchzusetzen. Aber dennoch: So niedrig sie manchmal erscheinen mag, so viel symbolisch Überhöhendes leistete sie im Zeitraum zwischen der Eingabe der GEP 1920 und den kuppelgeschmückten PowerPoint-Templates der Corporate Communication zu Beginn des 21. Jahrhunderts. Als mutiger Versuch im modernen Bauen mit Eisenbeton passte sie sich einigermassen flexibel den vielfältigen Ansprüchen an, die an sie herangetragen wurden, und erschien mit der Zeit als ein fast natürlicher Teil des Semper-Baus. So natürlich, dass bei ei-

Virtuelle Experimente unter der Kuppel, 1986.

ner der vielen Renovationen Mitte der 1970er-Jahre «der Kanton Zürich verlangte, dass die Kuppel mit Ziegeln gedeckt wird, während das Projekt die Wiederherstellung der Betonrippen von Gull vorgesehen hatte» (ETH-Jahresbericht 1976, 26).
Das Experimentieren mit der architektonischen Symbolik der Kuppel wich schliesslich einem Experimentieren unter der Kuppel: Erstaunlich spät füllte die ETH das von Gustav Gull erbaute Symboldach und erschloss sich diesen Raum. Genutzt wurde er zunächst als Archiv, später als Ausstellungsraum, in dem nicht nur ein Nachbau von Konrad Zuses Z4 aufgestellt war, sondern auch interdisziplinäre Experimente stattfanden: so beispielsweise eine Wasserplastik des Bildhauers, Plastikers und Landschaftsarchitekten Jürg Altherr, die als Gemeinschaftsarbeit im Rahmen des Lehrauftrages «Plastisches Gestalten» der Abt. XII für Sozial- und Geisteswissenschaften 1979/80 installiert worden war, unter Beteiligung des Professors für Baustatik und Konstruktion Hans Hugi und dessen Assistenten Santiago Calatrava.
Nachdem im Kuppelraum bereits 1985 ein Konstruktionszentrum der Maschinenbauer mit dem Namen CADETH eingerichtet worden war, beherbergt er seit 1998 den VISDOME, in dem «komplexe Objekte, Daten und Strukturen durch modernste Visualisierungstechniken» dargestellt werden und «Simulationen und Anwendungen», wie es bei der Einweihung in einer Pressemitteilung hiess, «durch Einsatz der virtuellen Realität realisiert werden». Es ist denkbar, dass bei dieser Einweihung des VISDOME ein Mitglied der GEP eine jener «dunkelblauen, seidenen Krawatten» trug, die nicht nur vom GEP-Schriftzug, sondern auch und vor allem von einer «eingewobenen ETH-Kuppel» geziert waren (GEP-Bulletin 195/1998).
David Gugerli

Die Ressource Student

Das Polytechnikum hatte sich in die bestehende kantonal organisierte schweizerische Schullandschaft zu integrieren. Die Anschlussstellen an den neuen Bildungsweg sollten sozial durchlässig sein, dabei aber auch das anvisierte Ausbildungsniveau sichern. Die liberale Gestaltung der Zutrittsbedingungen kannte unterschiedliche Begründungen. In den 1880er-Jahren etwa stellte man den elitären französischen Grandes Ecoles eine «republikanische» Gesinnung gegenüber.

Die Öffnung der ETH in den 1950er- und 1960er-Jahren dagegen wurde vor allem ökonomisch gerechtfertigt. Schliesslich stellten – gute! – Studierende beziehungsweise Absolventen eine zentrale Ressource für Hochschulen und Unternehmen dar. Um die Rekrutierungsbasis entscheidend verbreitern zu können, musste die äusserst wirksame Selektion nach Geschlecht als problematisch erkannt werden: Erst jetzt fiel negativ auf, dass Frauen von ingenieurwissenschaftlicher Bildung bisher weitgehend ausgeschlossen geblieben waren.

Die Einbettung des Polytechnikums in die schweizerische Schullandschaft

Um den Betrieb am Polytechnikum in Gang zu bringen, musste man nicht nur schulintern tätig werden. Anpassungen wurden auch von den gymnasialen und technischen Mittelschulen verlangt. Dies brachte Einheit in die kantonalen Bildungssysteme.

Da in den ersten beiden Schuljahren die Zahl der Bewerber stockte, sah sich der Schulrat gezwungen, die Aufnahmebedingungen etwas zu entschärfen. Die verlangte Vorbildung variierte je nach Studienfach und umfasste genau festgelegte Grundkenntnisse in Arithmetik und Algebra, Geometrie, Darstellender Geometrie, Praktischer Geometrie, Mechanik, Zeichnen, Physik, Chemie und Naturgeschichte. Nicht zuletzt musste als Teil der Aufnahmeprüfung ein Aufsatz in der Muttersprache geschrieben werden, eventuell erfolgte darüber eine mündliche Prüfung. Eine Art Test zum Hörverständnis in der obligatorischen Vorlesungssprache schloss sich zumeist für alle Nichtdeutschsprachigen an, denn nur wenige Vorlesungen wurden auf Französisch angeboten.
In diesem Zusammenhang wurde klar, dass das Bildungsniveau der kantonalen Mittelschulen angehoben werden musste, um die Schüler auf eine Hochschule vorzubereiten, deren Pensum sich an internationalen Standards orientierte. Bis die Schulen ihre Lehrpläne umgestellt hätten, würde einige Zeit ins Land gehen. Zur Überbrückung etablierte das Polytechnikum ab dem Schuljahr 1859/60 einen Vorkurs, dessen erfolgreicher Besuch die Aufnahmeprüfungen ersetzte. Postwendend musste sich die Schulleitung gegen den Verdacht wehren, die «technischen Mittelschulen herabdrücken zu wollen» beziehungsweise das kantonale Schulwesen damit hinterrücks zu zentralisieren.
Obwohl die Abgänger der Mittelschulen die erste Zielgruppe darstellten, sollte mit dem Vorkurs auch Praktikern die Aufnahme eines Studiums stets möglich bleiben. «Viele Wege führen nach Rom», wusste Schulratspräsident Karl Kappeler, als er der Öffentlichkeit die Hochschule im Jahr 1873 vorstellte. In den Bau- und Maschinenfächern und der Pharmazie etwa zögen es viele Eltern vor, «den höhern technischen Studien einen praktischen Lehrkurs vorangehen zu lassen». Diese Bewerber bedürften dann einer Auffrischung und Ergänzung «vorzugsweise der elementar-mathema-

Einbettung der Polytechniker in die schweizerische Landschaft. Dritter Kurs der Ingenieurschule, 1862.

tischen Kenntnisse». Und selbstverständlich sollten Gymnasiasten – diese Karriere hatte damals der gesamte Schulrat hinter sich – nicht dafür bestraft werden, dass sie statt einer fundierten mathematisch-naturwissenschaftlichen Ausbildung eine humanistische mitbrachten.

Neben der Einrichtung des Vorkurses wurden Verhandlungen mit einzelnen Gymnasien und technischen Mittelschulen aufgenommen. Deren Maturitätsausweise wollte die Schulleitung als direkte «Eintrittskarte» anerkennen, ihren Abgängern mithin sogar die Aufnahmeprüfung erlassen, falls die Schulen ihre Lehrpläne mit dem Polytechnikum abstimmten. Die Verpflichtungen beider Seiten wurden vertraglich festgelegt. Von «Herabdrückung» konnte also tatsächlich keine Rede sein. Von Homogenisierung der kantonalen Schullandschaft über eine zentrale – und das heisst bundesstaatliche – Einrichtung dagegen schon.

Der Vorkurs wurde auf Anraten der Gesellschaft ehemaliger Polytechniker GEP und entgegen den Empfehlungen des Schulrats mit dem Bundesgesetz vom 23. August 1881 aufgehoben. Obwohl die GEP eine Verfechterin des Praxisbezugs war und einen leichten Wechsel zwischen Beruf und Studium eigentlich befürworten musste, lag ihren Mitgliedern noch mehr daran, die gesellschaftliche Reputation der Polytechniker aufzuwerten. Die ehemaligen Polytechniker hatten nämlich, so leiteten sie eine Petition an den Bundesrat 1877 ein, feststellen müssen, «dass beinahe bei sämmtlichen schweizerischen Administrationen dem Techniker nicht diejenige Stellung eingeräumt wird, die ihm in Folge seiner Competenz auch gebührt». Der Vorkurs war, hier stimmten sie dem Polytechnikumsprofessor Carl Culmann zu, nichts als eine «Schnellbleiche». Was man stattdessen wollte, war bildungsbürgerliches Gepäck. Es sollte den Poly-Anwärtern schon in den nicht humanistisch ausgerichteten Mittelschulen mitgegeben und am Polytechnikum noch aufgestockt werden. Denn «bei an-

erkennungswerther Beherrschung der eigentlichen Fachwissenschaften» fehlte es den Absolventen des Polytechnikums doch an Allgemeinbildung. Dies bedeute, «dass solche Techniker im öffentlichen Leben nie zu höherer Stellung gelangen, noch weniger aber eine hervorragende Thätigkeit im öffentlichen Leben an den Tag legen werden». Mit diesen Forderungen konnte sich die GEP durchsetzen. Die Folge war, dass nach der Schulreglementsrevision 1881 alle bisherigen Maturitätsverträge mit den Schulen durch den Bundesrat gekündigt wurden. Ihre Neuaushandlung brachte eine weitgehende Angleichung der kantonalen Bildungsinhalte und Schulabschlüsse.
Andrea Westermann

Heilmethoden für Intellektuelle.
Das Sanatorium universitaire in
Leysin und seine «Nootherapie»

Die Ressource Student wollte gepflegt sein: 1922 eröffnete in Leysin ein Tuberkulose-Sanatorium, dessen laufender Betrieb sich aus jährlichen Beiträgen aller schweizerischen Studierenden, Privatdozenten und Professoren finanzierte.

«Le 2 octobre 1922, nous arrivait, porté sur une civière, notre premier malade, élève de l'Ecole polytechnique fédérale.» Für den Arzt Louis Vauthier, Initiator und Spiritus Rector des Projektes, war die Ankunft des ersten Patienten ein bewegender Moment. Das in Form einer Stiftung organisierte Sanatorium wurde von ihm als «rapprochement national», als nationale Annäherung zwischen den deutsch- und westschweizerischen Universitäten begrüsst (Schulrat Varia SR 4:11:1924, Le sanatorium universitaire 1923, 1). In der Schweiz waren in den ersten dreissig Jahren des 20. Jahrhunderts immer noch zwischen zwölf und fünfzehn Prozent aller Todesfälle durch Tuberkulose verursacht (Senti/Pfister 1946, 139). Die Idee der von allen Hochschulen gemeinsam getragenen Stiftung war es, Hochschulangehörigen mit heilbarer Tuberkulose einen verbilligten Kuraufenthalt zu ermöglichen. Alle Studierenden und Privatdozenten zahlten obligatorisch 10 Franken, die Professoren 20 Franken im Jahr in den Stiftungsfonds ein. So konnte der Tagessatz für Kost, Logis und Behandlung mit 6.50 Franken sehr günstig angeboten werden. Mit dem Sanatorium für «Geistesarbeiter», das auf 1450 Metern Höhe in den waadtländischen Alpen lag, verband sich eine weitere Absicht. Den Studenten und Professoren sollte die Teilnahme am akademischen Alltag auch während ihres Kuraufenthalts möglich sein, handelte es sich in der Regel doch um sehr lange Absenzzeiten von den regulären Lehr- und Studienorten.

Thomas Mann beschrieb in seinem Roman «Der Zauberberg» von 1924 eindrücklich, was offenbar allgemein bekannt war: Im Kurbetrieb der Bergstationen herrschte zuweilen eine seltsam unwirkliche Atmosphäre. Die Patientinnen und Patienten liefen Gefahr, sich in medizinische Selbstbeobachtung zu vertiefen und darüber pflichtvergessen der Zeitlosigkeit zu verfallen. «Man ändert seine Begriffe», warnte der lungenkranke Joachim Ziemssen im Roman seinen Vetter Hans Castorp, den angehen-

SANATORIUM UNIVERSITAIRE

Postkarte des Sanatoriums, um 1930.

den Ingenieur und berühmtesten aller Gäste in Schweizer Sanatorien, bei dessen Ankunft in Davos. Diesem Wirklichkeitsverlust wollte das Universitätssanatorium vorbeugen. Um die Verbindung zu der im Zauberberg «Flachland» genannten Arbeits- und Lebenswelt nicht zu verlieren, hatten die Kranken vor der Abreise nach Leysin einige Vorkehrungen zu treffen.
«Unterlassen Sie es nicht, Ihre Studien- und Wörterbücher mitzubringen (wenn Sie sie nicht alle brauchen, können Ihre Kameraden Nutzen davon haben), ebenso wie Ihr Mikroskop und ihre Sammlungen mikroskopischer Präparate, falls Sie Studierender der Naturwissenschaften oder der Medizin sind. Falls Sie sich mit Malerei, Musik oder Photografie beschäftigen, so bringen Sie ja das Nötige mit, um diese Künste, welche (Ausnahmefall vorbehalten) gestattet werden, pflegen zu können. Falls Sie einer studentischen Verbindung angehören, bringen Sie ja Ihre Mützen und Abzeichen mit. Fragen Sie die Professoren, auf die Sie in der gegenwärtigen Periode Ihrer Studien besonders angewiesen sind, wie Sie am zweckmässigsten Ihren Aufenthalt im Sanatorium gestalten können. Bitten Sie einen oder zwei unter ihnen, während Ihres Fernseins von der Hochschule Ihr steter Begleiter zu sein.» (ETH-Bibliothek, Archive, Hs 562:25, Sanatorium Universitaire International de Leysin, Anleitung)
Der Sanatoriumsleiter Vauthier wollte den Genesungsprozess so produktiv wie möglich gestalten. Das Stiftungsratsmitglied Francis de Quervain aus Bern, ebenfalls Mediziner, sah in dem Konzept «eine Wohltat für den während seiner Studien tuberkulös erkrankten akademischen Bürger» (de Quervain 1927). Natürlich solle die Kur, so de Quervain, Hauptzweck sein und das Studium ein fakultativer, allerdings «für das geistige Gesundbleiben» wichtiger Nebenzweck. Vauthier hatte freilich eine echte «thérapie par l'intelligence», «une sorte de noothérapie» im Sinn (Schulrat Varia SR 4:11:1924, Le sanatorium universitaire 1923, 15). Er verteilte die Studienzeiten in-

Ernst Meissner, ETH-Professor für technische Mechanik, 1931 bei einer Vorlesung in Leysin.

dividuell dosiert, weil er meinte, damit eine zugleich stärkende und beruhigende Wirkung zu erzielen. Sogar ruhelose Neurastheniker und notorische Faulpelze liessen sich nach Vauthiers Bericht vom arbeitsamen Rhythmus des Sanatoriums anstecken. Vauthier hatte es geschafft, einen interbibliothekarischen Leihverkehr mit allen Universitätsbibliotheken zu etablieren, und organisierte immer wieder Vortragsreihen und Seminare mit Wissenschaftlern, Professoren, Künstlern oder Schriftstellern. Auf der geräumigen Sanatoriumsgalerie wurden Diskussionsnachmittage und Vorlesungen veranstaltet, und das Verfassen von Abschlussarbeiten oder das Vorbereiten von Prüfungen waren ausdrücklich erwünscht: Im ersten Jahr wurden drei Dissertationen geschrieben sowie fünf Dissertationen und drei Prüfungen vorbereitet. Vauthier pflegte das Klischee der besonderen Sensibilität von Intellektuellen: besonders anfällig für Neurasthenie – «la neurasthénie qui guette si souvent les représentants de la classe intellectuelle» – aber durch die doppelte Schwächung nach einer TBC-Infektion mit einem umso empfänglicheren und kreativeren Geist gesegnet. So glaubte er wohl daran, dass ein entsprechend ausgestattetes Sanatorium ein privilegierter Ort des Lernens und Schaffens werden könnte.

Die Hausordnung verbot im Wissen um die Tröpfcheninfektion den Kranken strengstens, «in ihre Taschentücher, in die closets und die Wascheinrichtungen oder auf den Boden zu spucken» (ETH-Bibliothek, Archive, Hs 562:23, Sanatorium Universitaire International de Leysin, Hausordnung). Die Spucknäpfe wurden jeden Abend sterilisiert und die Bücher vor Rückgabe desinfiziert. Auch Kochs Heilmittel, das Tuberkulin, kam zur Anwendung, doch wagte Vauthier ein Jahr nach der Eröffnung noch keine Bilanz – therapeutisch sollte Tuberkulin ohne grosse Wirkung bleiben.

Im ersten Betriebsjahr nahm das Sanatorium 32 Patienten auf. Ende der 1920er-Jahre waren ein Ausbau von 40 auf über 200 Betten und die Internationalisierung des An-

gebots geplant, ökonomisch erwiesen sich diese Pläne aber als Illusion. Während sich Studentenschaft und Stiftungsrat anfangs für Vauthier begeisterten, schlug die Stimmung Ende der 1930er-Jahre um. Vauthier wurde die medizinische und wirtschaftliche Leitung des Hauses entzogen. Er blieb jedoch der ideelle Mentor des stark mit seiner Person verknüpften Projektes. Der Ruf des Hauses hatte indes gelitten, trotz grossen finanziellen Vergünstigungen liessen sich 1954 nur knapp die Hälfte der an Tuberkulose erkrankten Studierenden im universitätseigenen Sanatorium behandeln. Auch der allgemeine Rückgang an Tuberkulosefällen brachte es mit sich, dass Betten immer häufiger leer standen. 1961 wurde das Sanatorium endgültig geschlossen.
Andrea Westermann

Studentinnen. Geschlechter-

An Frauenfiguren und Bildern von Weiblichkeit fehlte es

diskurs und Bildungspolitik

im Polytechnikum nie. Nur Studentinnen und Professorinnen

sah man hundert Jahre so gut wie gar nicht.

Frauen gab es am Polytechnikum traditionell sehr viele. Sie schmückten als Allegorien die Wände der Aula und die Nordfassade. Die vier klassischen Fakultäten waren ebenso wie die drei Grazien als Symbole des Schönen vertreten. Ab 1896 wachten die von Natale Albisetti geschaffenen Allegorien der Wissenschaft, Technik, des Handels und der Landwirtschaft in den Nischen an der Westfassade, später rückten sie auf den der Stadt zugewandten Platz, die heutige Polyterrasse, vor. Und Frauen standen gleich reihenweise als makellos weisse Statuen in der archäologischen Sammlung, die lange den hinteren Bereich der Eingangshalle ausfüllte und den Architekturstudierenden zum Modellzeichnen diente.

Studentinnen, Dozentinnen oder gar Professorinnen hingegen suchte man lange vergeblich. Bis Mitte der 1960er-Jahre waren weniger als fünf Prozent der Studierenden Frauen. Zwischen 1935 und 1965 vergab die ETH Zürich an 265 Frauen Ingenieurdiplome. Dies entsprach ungefähr der Gesamtzahl an Diplomen, die man seit den 1920er-Jahren jährlich ausstellte. Nach 1945 wurde die Diskrepanz noch grösser: Nun waren die knapp 300 Bildungspatente, die Frauen in über 30 Jahre angesammelt hatten, schon der normale Halbjahresschnitt der ETH. Die meisten Ingenieurdiplome gingen an Architektinnen und Chemikerinnen, die Diplome für Maschinenbauerinnen oder Elektrotechnikerinnen sowie Landwirtinnen oder Försterinnen lagen alle im einstelligen Bereich. Jacqueline Juillard, Chemikerin mit Ausbildung an der EPUL in Lausanne, legte diese Bilanz 1964 als Vertreterin des Schweizerischen Ingenieur- und Architektenverbands SIA auf der ersten internationalen Konferenz für Ingenieurinnen und Wissenschaftlerinnen in New York vor. Sie präsentierte die Zahlen in einer Sondernummer der jungen Zeitschrift «Nachwuchsförderung. Promotion», die ihre April-Ausgabe 1965 «ausschliesslich dem Problem der Leistungsreserven in unserer weiblichen Bevölkerung» widmete, nochmals dem schweizerischen Publikum.

Archäologische Sammlung im Erdgeschoss des Semper-Baus, um 1900.

Offenbar setzte die Verwendung von Bildern der Weiblichkeit im 19. Jahrhundert, als der Semper-Bau erstellt wurde, den «Ausschluss von Frauen aus Bereichen, zu deren Repräsentation ihr Bild dient», voraus (Wenk 1996, 62). Nur indem sie unbeschriebene, geschichtslose, mithin unwahrscheinliche Figuren blieben, konnte das ästhetische Ideal von Weiblichkeit den ebenso idealen Status der versinnbildlichten Prinzipien unterstützen. Den männlichen Protagonisten wiederum boten die ausgestellten Prinzipien nicht nur Rückversicherung darüber, welche Werte sie als Mitglieder der Wissenschaftsgemeinde anstrebten beziehungsweise sich zuschreiben durften. Auch komplexere gesellschaftliche Ordnungen, etwa die soziale Position von Wissenschaftlern und die unhinterfragten Geschlechterasymmetrien, waren als Selbstverständlichkeit täglich erfahrbar (Saxer 1999).

Das Bild, das sich der Wissenschaftsbetrieb von Frauen machte, und das öffentliche Bild von Frauen waren demnach höchst kompatibel. Sie ergänzten und bestärkten einander. Grundsätzlich war der Bildungsauftrag des Polytechnikums auf junge Männer ausgerichtet, denn nur sie galten als politik- und wirtschaftsfähig. Frauen war die politische Teilhabe verwehrt, ihre höhere Bildung war folglich nicht direkt mit dem Gemeinwohl des Landes verknüpft, nicht staatstragend und insofern viel begründungsbedürftiger. Diese Vorstellungen blieben unter den männlichen Politikern, Wirtschaftsvertretern und Hochschulpolitikern auch dann virulent, als das Frauenstudium Ende der 1950er-Jahre als ökonomische Notwendigkeit ins Gespräch kam. Man machte sich daran, «der Schwierigkeiten Herr zu werden», wie der Redaktor der Sondernummer zur akademischen Nachwuchsförderung für Frauen so einschlägig wie unglücklich formulierte. Seine weiteren Überlegungen legen davon Zeugnis ab.

«Im Durchschnitt heiraten heute unsere jungen Frauen mit 25; das Ruhestandalter liegt bei 65 Jahren. Folglich hat eine Schweizerin, wenn sie heiratet, 40 Jahre vor sich, in denen sie voll arbeitsfähig ist. Während diesen 40 Jahren sind in der Schweiz ungefähr 80% aller verheirateten Frauen nicht erwerbstätig. Es stehen also im Durchschnitt aller verheirateten Frauen 10 Berufsjahren dreissig Ehejahre gegenüber. Nun kann man annehmen, dass die Mutterschaft und Erziehung der Kinder im Leben der heutigen Familie (mit 2 bis 3 Kindern) höchstens 20 Jahre beansprucht. Somit könnte theoretisch die Zahl der erwerbstätigen Frauen schon jetzt verdoppelt werden, ohne die fundamentale Rolle der Mutter in der Familie im geringsten in Zweifel zu ziehen.»

Die wenigen Akademikerinnen der Schweiz sahen in den strukturellen Blindstellen und Mustern, die solche Rechnungen und die damit einhergehenden Reden über das «Wesen der Frau» oder ihre «fundamentale Rolle» bestimmten, das Hauptproblem. Sie wurden über Generationen hinweg immer wieder wirksam und zementierten ganz natürlich den Status quo. Zu wenig Rollenmuster für Frauen seien gesellschaftlich akzeptiert und der Begriff «weiblich» nur eindimensional mit Bedeutung belegt, monierte die promovierte Berner Gymnasiallehrerin und Philologin Elsbeth Pulver 1964. Die Selbstbestätigung, die junge Männer aus den akademischen Ikonografien bezogen, musste bei Maturandinnen und Studentinnen in dauernde «Verunsicherung» umschlagen.

So zeigten die Rekrutierungsanstrengungen erst dann vermehrt Wirkung, als sich im Zuge der europäischen und US-amerikanischen Studenten- und Jugendbewegungen auch in der Schweiz Lebensformen und Rollenbilder zu liberalisieren begannen. Heute beträgt der Frauenanteil an den ETH-Studierenden zirka dreissig Prozent. Frauen haben sieben Prozent aller Professuren inne.

Andrea Westermann

Datenverwaltung und Informationsflüsse

Das 1980 beschlossene «Computer-Konzept 80er Jahre» formulierte als Zielvision, was sich seit Mitte der 1960er-Jahre anbahnte: die Elektronisierung der Hochschule. 1984 waren die PCs oder «Arbeitsplatz-Rechner» in den Laboratorien und Büros angekommen. Rund um das Rechenzentrum entwickelten sich Projekte, die den Alltag in Verwaltung, Forschung und Lehre gleichermassen erfassten und revolutionierten. Das Netzwerkprojekt KOMETH verkabelte ab 1981 die Hochschulräume, hatte 1984 bereits 3200 Büros erreicht und den Anschluss an das europäische Forschungsnetz EARN geschaffen: «Von dort über ARPANET oder BITNET können die elektronischen Briefkästen vieler Kollegen in den USA erreicht werden», hiess es im ETH-Jahresbericht 1985.
ETHICS bot ab Mitte der 1980er-Jahre einen interaktiven Bibliothekskatalog. Der Schlachtruf IDA «Informatik dient allen» holte zwischen 1986 und 1991 die Computer auch in die Lehre und erhöhte laut Umfragen die von Studierenden wöchentlich am Computer verbrachte Zeit von zwei auf acht Stunden.

Das Rechenzentrum. Mit kompe-

Das Rechenzentrum und die Rechenkapazitäten hatten innerhalb der

tenten Nutzern wird gerechnet

ETH wohl einen der markantesten Wachstumsschübe zu verzeichnen:

Der erhöhte Rechenzeitbedarf erforderte einen dezentralen Zugriff

auf die Rechenanlage. Zudem stieg die Nachfrage nach Beratung

sprunghaft an.

1964 wurde das Rechenzentrum als eine selbstständige «Service-Stelle» aus dem Institut für angewandte Mathematik ausgegliedert. Es verfügte über eine CDC-1604-Anlage und diente vor allem den Instituten und Annexanstalten «für automatische Rechenoperationen verschiedenster Art». Ausserdem erledigte es manche Verwaltungsaufgaben des Rektorats, etwa das Aufstellen von Prüfungsplänen. 1967 war das Rechenzentrum in den Räumen des Hauptgebäudes untergebracht, zählte 15 fest angestellte Mitarbeiter, und der Umzug in einen Neubau an der Clausiusstrasse stand bevor.

Die Inbetriebnahme der Computer Control Data CDC-1604-Anlage hatte gegenüber dem selbst gebauten alten ERMETH-Computer eine Steigerung der Rechenkapazität um das Vierhundertfache bedeutet. Das Rechenzentrum konnte diese Kapazitäten aber aus personellen Gründen nicht voll ausnutzen: Die Vorbereitungs- und Eingabearbeiten produzierten ebenso Engpässe wie die «Personaldotierungs- und Rekrutierungsschwierigkeiten». Idealerweise hätte ein Dreischichtbetrieb organisiert werden müssen, was im traditionellen Büroalltag sehr ungewöhnlich war.

Über kurz oder lang würde sich aber der tatsächliche Rechenzeitbedarf trotzdem stark erhöhen (Schulratsprotokolle, SR2:1967, Sitzung vom 4.2.1967, 75). Angesichts der bevorstehenden Veränderungen schickte man eine Delegation auf Studienreise in die USA, um die nahe Zukunft bereits einmal vor Ort zu besichtigen. Die Gruppe suchte «an namhaften amerikanischen Hochschulen» Antworten auf Fragen nach dem Umfang und der Organisation der Lehre auf dem Gebiet der Datenverarbeitung. Auch die Organisation des Rechenservicebetriebs und dessen Eingliederung in die Hochschule sollten genauer erkundet werden. Der personelle und finanzielle Aufwand interessierten ebenso wie Entscheidungshilfen betreffend eine zentrale oder dezentrale Aufstellung der Rechenmaschinen. Auch der Stand der Technik und der Betriebssys-

ETH-Rechenzentrum Clausiusstrasse, 1975.

teme sollten in Erfahrung gebracht werden. «Time Sharing» galt, so ein wichtiges Ergebnis, als Schlüsselprinzip für die Computerisierung der Wissenschaft. «Dieses Prinzip der Computer-Benützung wird als der eigentliche Sprung nach vorn bezeichnet und es wird der Erwartung Ausdruck gegeben, dass die durch Time Sharing gewährleistete Benützung des Computers als Diskussionspartner bei der Ausarbeitung von wissenschaftlichen Theorien und technischen Entwürfen von grösstem Einfluss auf Wissenschaft und Technik sein wird. Das Prinzip besteht, einfach ausgedrückt, darin, dass an einen zentralen Computer die Benützer dezentralisiert, durch Telefon- oder Drahtleitungen, verbunden sind. Jeder Benützer hat praktisch sofortigen Zugang zur Anlage und die Resultate werden ihm praktisch ohne jeden Zeitverlust geliefert.» (Schulratsprotokolle, SR2:1967, Sitzung vom 4. 2. 1967, 78).
Die Einführung dezentraler Zugänge und damit die intensivere Nutzung der Grossrechenanlage brachten Folgekosten mit sich: Grosse technische Systeme funktionieren nur, wenn die dauerhafte Wartung der Maschinen sichergestellt und die Beratung der Nutzer jederzeit gewährleistet ist. Um die wartungstechnischen Anforderungen zu meistern, verbrachten zwei ETH-Absolventen das Studienjahr 1967/68 am MIT, um sich in die Time-Sharing-Technik einzuarbeiten und «als Verbindungs- und Informationsstelle» zu dienen.
Mit den Computern werde sich «das Bild des ETH-Absolventen der Zukunft» stark verändern, lautete die Vorhersage der Arbeitsgruppe. Noch aber waren Computer praktisch für alle Wissenschaftler Neuland: Tatsächlich stellte für viele Schweizer Bauingenieure das vom MIT mitgebrachte Programm STRESS – ein Finite-Element-Programm zur Berechnung von Stabtragwerken – den ersten Kontakt überhaupt mit Computern dar: Der «STRuctural Engineering Systems Solver» war auf die CDC-Anlage des neuen Rechenzentrums portiert worden (RZ-Bulletin 4. Juli 1970, 10). Beratungsleistun-

gen hatten für das Rechenzentrum deswegen ebenfalls ganz oben im Pflichtenheft zu stehen, zumal die RZ-Mitarbeiter den missionarischen Vorsatz gefasst hatten, die Rechner möglichst schnell in die Wissenschaftsdisziplinen hineinzuschleusen. Dabei hingen sie einer Philosophie des informierten, selbstverantwortlichen Kunden an. Mit dem «RZ-Bulletin», das seit November 1969 erschien, wurde für beide Strategien eine Plattform geschaffen. Die im Eigenverlag herausgegebenen 16 Seiten besassen den ästhetischen Charme von selbst geschriebenen Samiszdat-Zeitungen, wie sie unter Dissidenten in ost- und mitteleuropäischen Staaten klandestin zirkulierten, um der staatssozialistischen Zensur zu entgehen: Der vergemeinschaftende Aspekt des Bulletins war ihnen schon von weitem anzusehen. Besonders jene, «welche zum elektronischen Rechnen nur eine periphere Beziehung haben», so der Informatikprofessor Carl August Zehnder in der ersten Ausgabe des Bulletins, sollten mit Hilfe des Rechenzentrums am «unzweckmässigen Einsatz der (falschen) Mittel und damit schlechten Computergebrauch» gehindert werden. Allerdings: «Niemand hat die Illusion, mit diesem bescheidenen RZ-Bulletin jetzt gleich alle schlechten Programme zu eliminieren». Zehnder schwebte vielmehr eine «RZETH-Gemeinschaft» vor, die sich im neuen Blatt artikulieren und über den regelmässigen Austausch langsam festigen würde. Optimistisch forderte das Rechenzentrum gleich in der zweiten Nummer zur Gründung einer selbst organisierten «Nutzer-Kommission» auf, eine Idee, die allerdings nur eine Leserreaktion provozierte und dann versandete. Weit durchsetzungsfähiger erwiesen sich Rubriken wie «Unsinn für Fortgeschrittene» oder «Vorschlagswesen». Hier wurden einschlägige Fehler und ihre Korrektur abgedruckt, und ETH-Angehörige diskutierten lebhaft die Schwächen von Programmen, Compilern und Maschinen sowie Taktiken der Überlistung und Detailverbesserungen.
Andrea Westermann

Die allmähliche Automatisierung
Mitte der 1960er-Jahre begann man an der ETH Verwaltungsaufgaben
der Verwaltungsaufgaben
zu automatisieren. Anfänglich war man auf die Rechenmaschinen

des Rechenzentrums angewiesen, Ende der 1980er-Jahre wurde eine

DATA GENERAL MV 10 000 eigens für Verwaltungsaufgaben angeschafft.

Seit 1964 wurden an der ETH Teile der Studentenadministration automatisiert. Dabei griff man auf bereits vorhandene maschinelle Ressourcen zurück: Die CDC-1604-Anlage des Rechenzentrums wurde nun nicht mehr nur für Forschungszwecke, sondern auch für administrative Aufgaben genutzt. Zunächst erfolgte die Automatisierung der Prüfungspläne. Drei Jahre später kam die elektronische Verarbeitung der Lohnabrechnung dazu. Bis 1967 bewältigten ein Mathematikassistent und studentische Aushilfen diese Arbeiten. Es folgte die Einsetzung einer Datenverarbeitungsgruppe, da die anfallenden Arbeiten nicht mehr auf der Basis von Assistenten- und Aushilfsstellen zu bewältigen waren und man die Kontinuität wahren wollte.

Was den Stundenplan und das Dozentenverzeichnis angeht, war auch der Zufall am Werk und beschleunigte die Automatisierung. Das neue Einschreibungs- und Zahlungswesen verlangte eine computergerechte Verarbeitung aller anfallenden Informationen, zudem hatte die Druckerei aus Versehen den Stehsatz von Stundenplan und Dozentenverzeichnis vernichtet. Daraufhin wurde entschieden, «anstelle eines zeitraubenden und kostspieligen Neusatzes im traditionellen Setzverfahren die im Computer gespeicherte Informationen» auszudrucken (Schulratsprotokolle, SR2:1968, Sitzung vom 15.6.1968, 518).

Von 1967 bis 1971 wurde die elektronische Datenverarbeitung in der Studentenadministration weiter ausgebaut. Während dieser Zeitspanne erfuhren das Immatrikulationsverfahren und die Fächereinschreibung eine Verbesserung. Die Studiengeldrechnungen waren mittels vorgelochter Karten für den Posteinzahlungsverkehr zu begleichen. Für das Programm der ETH wurden eine neue Fächer- und Dozentennummerierung eingeführt und maschinenlesbare Files aller Dozenten und Fächer hergestellt. Nach anfänglichen Schwierigkeiten konnte das Kanzlei- und Schalterpersonal tatsächlich einen geringeren Aufwand verbuchen. Auch die Studierenden profitier-

Gruppenbild mit Computer. Mitarbeiterinnen und Mitarbeiter posieren hinter der CDC-1604 kurz vor dem Transport des Rechners zum SIN in Villigen, 1971.

ten, mussten sie doch nun nicht mehr zu Beginn jedes Semesters mehrere Male bei der Rektoratskanzlei und an der Kasse anstehen, um sich anzumelden und ihre Rechnungen zu bezahlen.

Die computergestützte Administration der Verwaltungsaufgaben brachte viele Vorteile. Immer wieder schien aber der Computer auch Anpassungsleistungen zu verlangen. Allen Wünschen könnte nicht entsprochen werden, so Rektor Leibundgut 1966 im Schulrat: «Da und dort wurde der Wunsch geäussert, zwischen zwei Prüfungen sollten zwei prüfungsfreie Tage eingeschoben werden, was jedoch nach der neuen Regelung weniger leicht realisierbar ist als früher, bei Aufstellung der Prüfungspläne durch den Computer kann nicht allen Wünschen entsprochen werden.» (Schulratsprotokolle, SR2:1966, Sitzung vom 8./9. 7. 1966, 551)

Manchmal wurde auch aus «psychologischen» Gründen auf die Technik verzichtet. Wie aus einem Beitrag einer Studientagung zum Computereinsatz in der Hochschulverwaltung zu erfahren ist, wurden Auditorien noch 1969 «von Hand» zugeteilt, obwohl bereits ein Programm zur automatischen Zuteilung von Stunden und Auditorien existierte (Koordinationsgruppe für Datenverarbeitung 1970, 20). Inwiefern die manuelle Zuteilung psychologisch verträglicher war, bleibt dahingestellt. Zumindest scheinen die Entwicklungsarbeiten 1970–1974 an ELSBETH, dem Elektronischen Administrationssystem für den Lehr- und Studienbetrieb der ETH Zürich, nicht unter psychologischen Handicaps gelitten zu haben. Die Wechselwirkung Mensch–Maschine war aber auch bei der Entwicklung von ELSBETH ein Thema.

Im Bericht zu ELSBETH wurde explizit darauf hingewiesen, dass «ein System danach beurteilt werden sollte, ob es im Zusammenspiel zwischen Mensch und Maschine die [...] Aufgaben überhaupt übernehmen kann» (Ugron/Lüthi 1974, 10). Ziel von ELSBETH war also nicht die Automatisierung um jeden Preis. Vielmehr sollte eine rea-

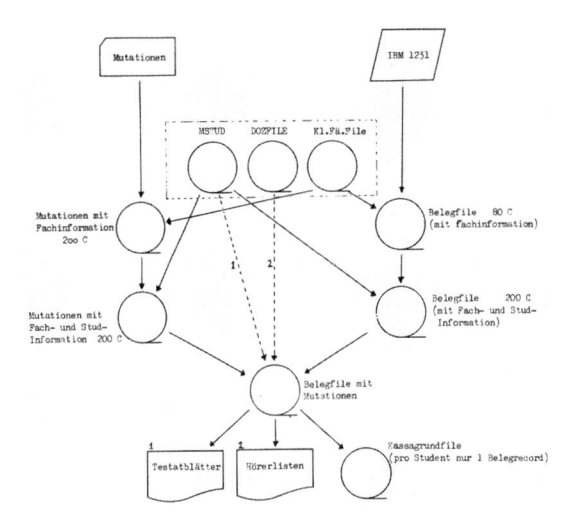

Datenfluss der Einschreibung, 1970.

listische Aufgabenteilung zwischen Mensch und Maschine verwirklicht werden. ELSBETH ermöglichte eine beträchtliche Rationalisierung der Administration. Die Hoffnung, durch Informationen Entscheidungs- und Planungsprozesse zu unterstützen, konnte jedoch nicht realisiert werden.

Was sich bereits Mitte der 1960er-Jahre herauszukristallisieren begann, wurde erst zwanzig Jahre später institutionalisiert, als man die Informatikdienstleistungen reorganisierte. 1986 schied ein Teil der EDV-Dienste aus der Abteilung «Rechenzentrum» aus und wurde in einer neuen Abteilung namens «Administrative Informatik» mit erweitertem Aufgabenbereich untergebracht. Die direkt dem Direktor der Informatikdienste unterstellte Abteilung nahm im selben Jahr den Verwaltungscomputer DATA GENERAL MV 10 000 in Betrieb, was zugleich einen ersten Schritt in Richtung Hardwareunabhängigkeit der Verwaltung bedeutete. Absprachen mit dem Rechenzentrum bezüglich der Benutzung der Rechenanlage, wie zuvor bei der CDC-Anlage, waren nun überflüssig.

Zur gleichen Zeit begannen die Arbeiten an einem Personalinformationssystem (PERETH) und einem Informationssystem für das Studienwesen (LISETH), beides Eigenentwicklungen, die 1988/89 eingeführt wurden. Zusammen mit dem Rechnungswesen sollten LISETH und PERETH Teildateien eines vernetzten, integrierten Hochschulinformations-Systems bilden, das den Verantwortlichen aller Ebenen der ETH die nötigen Führungsinformationen lieferte. Ebenfalls in den 1980er-Jahren wurde die Textverarbeitung zum Thema. Im Informatik Bulletin wurde Skepsis beobachtet: «Daneben wurden jedoch auch manchmal kritische Stimmen laut, die der Meinung waren, eine gute Sekretärin und eine gute Schreibmaschine seien viel wertvoller als irgendwelche Luxus-Textverarbeitungssysteme.» (Informatik Bulletin Nr. 40, April 1983, 1)

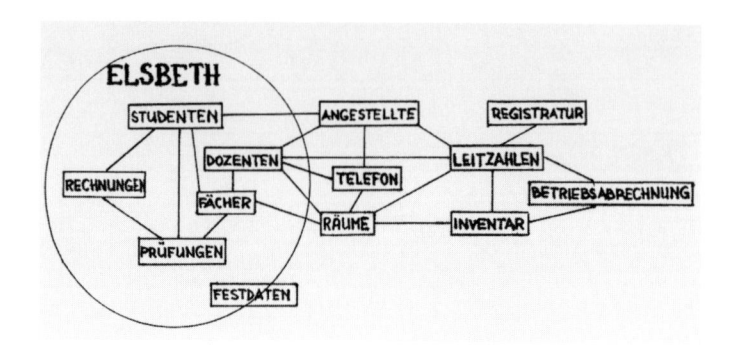

Begriffe der Hochschuladministration, die 1974 für die elektronische Datenverarbeitung als geeignet befunden wurden.

Einerseits waren also Ängste vorhanden, dass die Maschine dem Menschen vorgezogen und der Computer Mitarbeiter ersetzen würde. Andererseits kämpfte man immer wieder mit dem Problem, im Bereich der Informatik kompetente Mitarbeiterinnen und Mitarbeiter zu finden. Dass dies trotzdem immer wieder gelang, lag «primär wohl [daran, dass] die Hochschule zwar nicht ein besonders grosszügiger, aber ein technisch sehr interessanter Arbeitgeber ist» (ETH-Jahresbericht 1987, 70). Ganz ähnlich argumentierte bereits 1970 Carl August Zehnder, der eine Kombination aus finanzieller Vergütung und wissenschaftlichem Kapital, wie Dissertationen, Diplom- und Semesterarbeiten, als ein Mittel sah, trotz den im Vergleich zur EDV-Branche tieferen «Verwaltungslöhnen» fähige Leute zu verpflichten (Koordinationsgruppe der Datenverarbeitung der ETH Zürich 1970, 10).

Seit 1999 wird SAP als zentrales Verwaltungssystem für die Prozesse im Finanzwesen, Personalwesen und in der Logistik eingesetzt. Mittlerweile kann per nethz-Login und -Passwort fast die gesamte Administration online erledigt werden. Das Kürzel «nethz» steht für die zentrale Authentisierungs- und Autorisierungsinfrastruktur der ETH, die den Zugriff zu den Informatik-Basisdienstleistungen der ETH regelt. Die Studierenden immatrikulieren sich mittels elektronischen Formularen, und die Dozierenden verteilen per «eDoz» Testate und Noten via Internet. Die Raumanfrage zeigt Ausstattung und Belegung von Unterrichtsräumen an und ermöglicht deren Reservation über ein Web-Formular. Seit dem Wintersemester 2003/04 erscheint das Vorlesungsverzeichnis der ETH Zürich nur noch online. Zusammen bilden diese Applikationen und Datenbanken das operative Informationssystem der ETH. Diese Generation des Systems ist seit 1997 im Aufbau und basiert auf einem relationalen Datenbanksystem (Oracle).

Kristina Isacson

Die Legitimationskarte. Ein multifunktionales Dokument

Ursprünglich ein Papier, das den Aufenthalt in der Universitätsstadt Zürich regelte, entwickelte sich die «Legi» bald zu einer Verwaltungskategorie des Sozialstaats. Sie wurde zum Ausweis des studentischen Lebens schlechthin und steht mittlerweile selbst als inneruniversitäre Kreditkarte zur Verfügung.

Um die Aufenthaltsbedingungen der neu nach Zürich kommenden polytechnischen Schüler zu regeln, führte der Schweizerische Schulrat am 15. Mai 1855 «Legitimationskarten» ein, die in Zusammenarbeit mit den Zürcher Polizeibehörden und dem Bezirksstatthalteramt erarbeitet worden waren. Die Zugehörigkeit zur Schule wurde über folgende Variablen dokumentiert: «Herr [...], wohnhaft bei [...] N° [...], wird in Folge seiner Aufnahme (dd) [...] als [...] am eidg. Polytechnikum anerkannt. Der Direktor: [...] Der Bezirksstatthalter: [...]» (Schulratsverfügungen, SR2:1855, Verfügung des Präsidenten vom 15.5.1855, 38)
Der Ausweis berechtigte nicht nur zum dauerhaften Aufenthalt in Zürich, sondern ermöglichte bald auch spezielle Vergünstigungen. Die wichtigste vertragliche Festschreibung einer gesonderten Behandlung war die im Oktober 1857 eingeführte Krankenkasse für Polytechniker. Sie machte den studentischen Status zu einer eigenen Kategorie in den privaten und später auch staatlichen Systemen der sozialen Sicherung.
In Anlehnung an den Vertrag, den die Universität Zürich für «immatrikulierte Studenten» mit dem Kantonsspital abgeschlossen hatte, wurde beschlossen, «von jedem Studenten für jedes halbe Jahr eine Geldleistung von 1.46 Fr.» einzusammeln, die Summe zu bewirtschaften und nach dem Solidarprinzip aus diesem Topf alle anfallenden Kosten für Spitalbehandlungen zu zahlen. Die Spitalpflege verpflichtete sich im Gegenzug, «fortwährend ein Kostgängerzimmer im neuen Krankenhaus zur Aufnahme erkrankter Schüler des Polytechnikums in Bereitschaft zu halten». Bei einem mehr als sechswöchigen Aufenthalt des Patienten war vom Polytechnikum zusätzlich ein Tagessatz von 2.40 Franken zu entrichten. Falls die Studenten Mobiliar beschädigten, «z.B. im Delirium», hätten sie dafür selbst zu haften (Schulratsprotokolle SR 2: 1857, Sitzungen vom 5.3.1857, 14).

Legitimationskarte von 1910.

Bald wurde der Gültigkeitsbereich der «Legi» weiter ausgebaut. Sie übernahm ausserhalb der Universität in immer grösseren Kontexten die Funktion, ihren Inhabern die Teilnahme am öffentlichen Leben zu günstigen Konditionen zu gestatten. Stillschweigend wurde damit vorausgesetzt, dass Studieren – ungeachtet der verschiedenen familiären Hintergründe – mit einer vorübergehend finanziell prekären Situation einherging. Die heute völlig selbstverständlichen Theater-, Kino- und Zeitungsaboermässigungen etwa wurden für die Polytechnikumsstudierenden mit einer vergünstigten Reise zur Pariser Weltausstellung 1878 eingeläutet, ein Erfolg, den sich der Vorstand des Vereins der Polytechniker anrechnete: «Es gelang in der Tat dem Vorstande, nicht nur 125 Teilnehmer für die Fahrt zu gewinnen, sondern auch eine Reduktion der Fahrpreise auf der französischen Ostbahn um 50 Prozent, sowie freien Eintritt in die Ausstellung zu erwirken» (Verband der Studierenden an der ETH 1913, 14). Der Schulrat hatte dazu einige Muster der Legitimationskarten an den Adjunkten des schweizerischen Generalkommissärs in Paris zu senden, denn ebenso wie beim Spitalvertrag wurde nicht individuell, sondern nach Status vergünstigt. Die Ostbahn «ne réclame pas la liste nominative des élèves qui profiteront de cette mesure mais elle désire recevoir le plus tôt possible quelques specimens du certificat dont ils seront porteurs, afin de pouvoir donner les instructions» (Schulratsakten, SR3:1878, Nr. 279, M. Lardy an den Schulratspräsidenten, 26. 6. 1878).

Der Allgemeine Delegierten-Konvent II der Zürcher Universität und der Verband der Polytechniker arbeiteten in der Folge daran, der städtischen Studierendenschaft die Vorteile einer «Konsumvereinigung» zu verschaffen. Zum Wintersemester 1905/06 gaben sie erstmals die Broschüre «Willkommener Führer» heraus, welche die «Anstalten und Firmen» verzeichnete, die den Studenten bei «Vorweisung der Legitimationskarte und Barzahlung» Rabatt gewährten.

An den datenverwalterischen Aspekt, den die Meldebehörden mit der «Legi» ursprünglich verbanden, wurde dagegen jahrzehntelang nicht weiter angeknüpft. Erst im Rahmen des auf weitere Integration der Verwaltungs-, Betriebs- und Dienstleistungseinheiten abzielenden «Projekts Q», wobei «Q» für das berühmt-berüchtigte Credo «Qualitätsmanagement» steht, kam man auf die Idee, die «Legi» zur Grundlage aller relevanten Hochschuldaten und -zugänge zu machen. Zu Beginn des Jahres 1998 wurde die elektronische «Legi» eingeführt, die nun, was das Format anbelangt, mit dem Personalausweis der ETH-Beschäftigen zusammenfiel. Auf dem Ausweis sind die «wichtigsten persönlichen Daten» sowie Art der Anstellung beziehungsweise Studienrichtung und Semesterzahl gespeichert. «Ausserdem eignet sie sich als Zutritts-Badge für entsprechend ausgerüstete Gebäude» (ETH-Jahresbericht 1998, 16). Die Bibliotheken druckten ihren Barcode auf die ETH-Karte, und man könnte, wenn man wollte, eine cash-Funktion aktivieren.

Datenschutzfragen wurden Ende der 1990er-Jahre kaum gestellt. Hingegen waren sie bereits bei der Umstellung der Administration des Rektorats vom Lochkartensystem auf Computer um das Jahr 1970 relevant gewesen: Den Studierenden wurden ihre Daten zur allfälligen Korrektur zugeschickt, bevor man sie in die Datenbank einspeiste. Dieser – wohl vor allem symbolisch – transparente Anfang habe offenbar ein Grundvertrauen geschaffen, so der emeritierte Professor für Informatik Carl August Zehnder. Er war damals als Leiter der neu eingerichteten Koordinationsgruppe für Datenverarbeitung KDV für die elektronische Studierendenerfassung verantwortlich (ETHistory-Interview mit Carl August Zehnder vom 7. 7. 2004).

Andrea Westermann

Hochschulautonomie

In den 1990er-Jahren nahm die Rede von der Hochschulautonomie einen neuen Aufschwung. Sie kennt allerdings im Vergleich zum klassischen Konzept der akademischen Freiheit signifikante Verschiebungen. Heute wird unter dem Begriff eine Verbetriebswissenschaftlichung der Universität diskutiert. Auf Instituts- und Professorenebene erscheint dies nicht völlig abwegig: Der Gedanke der leistungsbezogenen Mittelzuweisung bei gleichzeitiger Budgetautonomie und die Aufforderung zum «Selbstmanagement» beruhen auf den Ideen von Eigenverantwortlichkeit und Erfindungsreichtum. Beide Eigenschaften waren im traditionellen bürgerlichen Wertesystem weit oben angesiedelt. Und sie hatte es auch schon gebraucht, um die akademische Freiheit auf der individuellen Ebene als Forschungsfreiheit positiv zu begreifen und wertzuschätzen.

Management an der Hochschule.
Management is everywhere – die neue Präsenz der ETH-Verwaltung

Zum Bedeutungszuwachs univer-
ist unübersehbar. Sie geht einher mit einer zunehmenden Markt-

sitärer Verwaltung
förmigkeit des Wissenschaftsbetriebs und verwandelt universitäre

Praxis in eine Sonderform von Ressourcenmanagement.

Als Alfred D. Chandler Jr. in seinem berühmten Buch «The Visible Hand» vor vier Jahrzehnten die Managerrevolution des frühen 20. Jahrhunderts beschrieb, liess sich noch kaum voraussahnen, dass sich innerhalb weniger Jahrzehnte die Vorstellung von Management selbst im universitären Alltag durchgesetzt haben würde. Tatsächlich findet inzwischen auf allen Ebenen akademischer Praxis, von der Lehre über die Forschung bis zur Verwaltung, von den Leitungsgremien über die Fachdepartemente und Institute bis zu den Professuren und den Studiengängen, ein zunehmend ausgefeiltes Zeit-, Ressourcen-, Projekt-, Personal-, Qualitäts- und Selbstmanagement statt. Sogar der Wandel der Hochschule wird inzwischen als change management von den Technologien des Managements erfasst.

Die zeitlichen, hierarchischen, personellen und finanziellen Rahmenbedingungen dieser verschiedenen Managementaktivitäten mögen bisweilen grosse Unterschiede aufweisen. Sie betreffen manchmal eine ganze Budgetperiode, einen Vierjahresplan, manchmal auch nur ein Semester oder einfach ein Studium, und sie können sich auf Stundenpläne, Forschungsprojekte, Institutskredite, eine akademische Feier oder auf die Einführung eines neuen Formulars für den Jahresbericht beziehen.

Trotz diesen riesigen Unterschieden hinsichtlich der Zuständigkeit, der Wirkung und des Gegenstandes wird der Umgang mit Ressourcen an der gesamten Hochschule ganz allgemein und inzwischen fast überall als «Management von Ressourcen» begriffen und modelliert. Dies ist viel mehr als eine blosse sprachliche Vereinheitlichung und Simplifizierung. Die Karriere des Management-Begriffs an der Hochschule zeigt einen profunden Wandel der universitären Sozialbeziehungen an. Hochschulen erlebten im letzten Viertel des 20. Jahrhunderts eine tief greifende managerial revolution.

Auch die universitäre managerial revolution lässt sich wie ihre industrielle Vorläuferin erstens auf schieres Wachstum und zweitens auf Prozesse funktionaler Differen-

«How to introduce a large system into a large organization», aus dem Fotoarchiv der Pressestelle von SAP, 2005.

zierung zurückführen. In beiden Fällen hatte dies eine markante Steigerung der institutionellen Komplexität zur Folge und machte deshalb raffiniertere Instrumente der Koordination des Unternehmens beziehungsweise der Universität erforderlich. Es mussten Verfahren entwickelt werden, die professioneller und technischer zugleich waren, Verfahren, die sich schliesslich als effizienter erweisen würden als die herkömmlichen Formen des Familienunternehmens im einen Fall beziehungsweise der Ordinarienuniversität im anderen Fall. Im historischen Vergleich könnte man deshalb die Trennung von Eigentum und Unternehmensführung in der managerial revolution des frühen 20. Jahrhunderts und die Trennung von wissenschaftlicher Praxis und universitärem Management in der forschungsorientierten Universität des 21. Jahrhunderts als funktionale Äquivalente bezeichnen.

Der Vergleich kann durchaus weitergeführt werden. Auch die managerial revolution der Hochschule ging, wie jene der Industrie, mit einer zunehmenden Professionalisierung und Technisierung der Verwaltung einher. Gleichzeitig zeichnete sie sich durch die Emergenz neuer Funktionen auf der Führungsebene der Hochschule aus. An der ETH fand seit den 1970er-Jahren nicht nur eine Ausdifferenzierung der Schulleitung, sondern auch ein markanter Ausbau des Präsidialstabs sowie der Stäbe für Forschung, Planung und Controlling statt. Ebenfalls stärker ausdifferenziert wurden jene Stellen, die dem Management spezialisierter Aussenverbindungen der Universität dienten, so etwa die Abteilung für Öffentlichkeitsarbeit beziehungsweise Corporate Communication, ETH-Transfer, Fundraisingstelle, Akkreditierungsstelle, Eurosearch und das Prorektorat internationale Beziehungen.

Auffällig bleibt jedoch, dass es mit der Professionalisierung zentraler Dienste und der Erweiterung der Stabsfunktionen in der Gesamtleitung der Schule nicht sein Bewenden hatte, sondern dass das Wachstum der Verwaltung seit den 1990er-Jahren auch an der Peripherie stattfand. Die herkömmlichen Formen zentraler Kontrolle werden dabei zusehends durch die Instrumente eines informationstechnologisch aufgerüsteten Controllings ersetzt, das Flexibilitäten auf allen Verwaltungsebenen schon immer eingebaut weiss. Alle Departemente sind inzwischen dazu übergegangen, das Management ihrer personellen, finanziellen, kommunikativen und apparativen Ressourcen an professionelle Koordinatoren zu delegieren, und die Professuren sind bemüht, ihre eigenen Ressourcen ähnlich flexibel und virtuos zu verwalten, wie es ihnen die Koordinatoren ihres Departements nahe legen. Management is everywhere. Dabei hat an der gesamten Hochschule eine Rekonfiguration der Beziehungs- und Kommunikationsformen stattgefunden. Management steht, wie man weiss, synonym für Transparenz, Kompetenz und Effizienz. Und diese Prinzipien werden nun auch auf die Universität angewendet. Eine der unübersichtlichsten Institutionen der Moderne, deren Unübersichtlichkeit wohlverstanden systembedingt und notwendig ist, wird dem Transparenzgebot der Managementkultur unterworfen. Was auch immer auf dem wachsenden und ausdifferenzierten universitären Binnenmarkt angeboten oder nachgefragt wird – es muss marktförmig erscheinen und sich als marktförmige Ressource effizient und mit professioneller Kompetenz, am liebsten über SAP oder über eine Webapplikation «managen» lassen: Lehrveranstaltungen, Prüfungen, Papers, Evaluationen, Forschungsprojekte, Kreditpunkte und Kredite, Stellen, Räume, Instrumente, Bücher, Fahrzeuge, Sportanlässe, Verpflegungsmöglichkeiten, Telefone, Rechner, Reinigungsdienste, Drucksachen. Die Liste ist endlos.

Das geht nur deswegen nicht immer schief, weil an die Hoffnungen auf Transparenz, Kompetenz und Effizienz auch die grossen Verheissungen der Flexibilität gekoppelt wurden. Eben hier lässt sich nun die entscheidende Wende beobachten. Statt die Unübersichtlichkeiten und Kontingenzen des Lehr- und Forschungsprozesses im her-

kömmlichen Sinn verwaltungstechnisch-bürokratisch zu reduzieren, werden sie in der Universität des beginnenden 21. Jahrhunderts durch das Management gezielt angesteuert und gepflegt. Denn sie werden als Quellen institutioneller, ja sogar akademischer Kreativität wahrgenommen und angepriesen. «Ungewissheit erscheint nicht mehr ausschliesslich als Bedrohung, die mittels rationaler Planung, minutiöser Reglementierung und umfassender Kontrolle des Verhaltens auszuschalten ist, sondern als Freiheitsspielraum und damit als Ressource, die es zu erschliessen gilt.» (Bröckling 2000, 133)
Dies macht die Attraktivität der managerial revolution an den Universitäten aus, sie erlaubt eine hochflexible und kreative Rekombination von Ressourcen, in dem sie Offenheit, Disposition, Talent und institutionelle Perfektibilität miteinander verbindet. Zwei Gründe scheinen dies im Moment zu bedrohen: Erstens folgt aus der Managementkultur ein Zwang zur Formalisierung, der Inhalte oft zu einer zweitrangigen Sache werden lässt oder sogar die Wirkung von negativen Anreizen hat. Zweitens beschleicht manche der universitären Manager angesichts der neuen Unübersichtlichkeiten der Hochschule und ihrer kreativen Konsequenzen eine veritable Nervosität. Sie suchen daher nach Ersatzsicherheiten und finden diese in einer nochmals gesteigerten Formalisierung, das heisst in der detaillierten Ausarbeitung von Strategiepapieren, Verfahren, Berichten, Anträgen, Reglementen und den zugehörigen, immer gleich mitgelieferten Evaluationsformularen. Der paradoxe Formalisierungsdruck, den die Flexibilisierung der Verhältnisse erzeugt hat, reduziert damit die Aussichten auf Kreativität und auf erhöhte Entscheidungseffizienz.
David Gugerli

Bibliografie

Abteilung für Industrielle Forschung: 40 Jahre Abteilung für Industrielle Forschung (AFIF) am Institut für Technische Physik an der ETH Zürich. Zürich 1977.

Allgemeiner Delegierten-Konvent II der Universität Zürich und Verband der Polytechniker (Hg.): Willkommener Führer. Zürich 1905.

Anonymus: Kundenberatung. In: RZ-Bulletin. Rechenzentrum der ETH Zürich 5 (Oktober 1970), 6f.

Bachmann, Heini et al.: «Göhnerswil», Wohnungsbau im Kapitalismus. Eine Untersuchung über die Bedingungen und Auswirkungen der privatwirtschaftlichen Wohnungsproduktion am Beispiel der Vorstadtsiedlung «Sunnebüel» in Volketswil bei Zürich und der Generalunternehmung Ernst Göhner AG. Zürich 1972.

Baumann, Ernst: Der Eidophor. Eine schweizerische Entwicklung der Fernseh-Grossprojektion. Zürich 1961.

Benninghoff, Martin; Leresche, Jean-Philippe: La recherche, affaire d'État. Enjeux et luttes d'une politique fédérale des sciences. Lausanne 2003.

Blattmann, Lynn: Entgrenzungs- und Verbindungsrituale in schweizerischen Studentenverbindungen, 1870–1914. In: Jaun, Rudolf; Studer, Brigitte (Hg.): weiblich – männlich. Geschlechterverhältnisse in der Schweiz. Rechtsprechung, Diskurs, Praktiken. Zürich 1995, 145–157.

Bluntschli, Friedrich; Lunge; Georg; Lasius, Georg: Die chemischen Laboratorien des Eidgenössischen Polytechnikums in Zürich. Zürich 1889.

Bolley, Pompeius Alexander: L'École Polytechnique Fédérale. Extrait de la Bibliotheque universelle et Revue Suisse. In: ETH-Bibliothek (Hg.): Künstlicher Sammelband Schweizerische Schulen 3 (1842–1868). Lausanne 1867.

Bolley, P.; Pestalozzi, K.; Kundt, A.: Untersuchungen zur Ermittlung der Gefährlichkeit des Dynamit beim Transport. In: Polytechnisches Journal. Mechanisch-technische Mittheilungen, Bd. 14 (1869), 91–94.

Bridel, Georges: Jakob Ackeret (1898–1981). In: Renati, Anne-Marie et. al.: Schweizer Wegbereiter des Luftverkehrs. Meilen 1998, 73–90.

Brockmann-Jerosch, Marie; Heim, Arnold und Helene: Albert Heim. Leben und Forschung. Basel 1952.

Bröckling, Ulrich: Totale Mobilmachung. Menschenführung im Qualitäts- und Selbstmangement. In: Bröckling, Ulrich et al. (Hg.): Gouvernementalität der Gegenwart. Studien zur Ökonomisierung des Sozialen. Frankfurt a. M. 2000, 131–167.

Burri, Monika: Von der Mobilität soziotechnischer Artefakte. Nach Vorbild der Rigibahn gebaute Bergbahnen in Europa und Übersee. In: Burri, Monika; Elsasser, Kilian; Gugerli, David (Hg.): Die Internationalität der Eisenbahn 1850–1970. Zürich 2003, 111–129.

Cahan, David: The Young Einstein's Physics Education. H. F. Weber, Hermann von Helmholtz, and the Zurich Polytechnic Physics Institute. In: Howard, Don; Stachel, John (Hg.): Einstein. The Formative Years, 1879–1909 (Einstein Studies 8). Boston 2000, 43–82.

Chandler, Alfred D.: The Visible Hand. The Managerial Revolution in American Business. Cambridge/London 1977.

de Quervain, Francis: Zur Fürsorge für tuberkulöse Studierende. In: Schweizerische Hochschul-Zeitung 1/4 (1927), o. S.

De Sanctis, Francesco: Lettere da Zurigo a Dimede Marvasi 1856–1860. Pubblicate da Elisabetta Marvasi. Neapel 1913.

Dietler, Hermann: Nach zehn Jahren Praxis. In: Gesellschaft Ehemaliger Polytechniker (Hg.): 2. Adressverzeichnis der Mitglieder der Gesellschaft ehemaliger Studierender der Eidg. polytechnischen Schule in Zürich (Wissenschaftliche Beilagen). Zürich 1871, 1–8.

Dölemeyer, Barbara: Wissenschaftliche Kommunikation im 19. Jahrhundert. Karl Josef Mittermaiers juristisch-politische Korrespondenz. In: Ius Commune 24 (1997), 285–298.

Einstein, Albert: Erinnerungen – Souvenirs. In: Schweizerische Hochschulzeitung 28 (1955), Sonderheft 100 Jahre ETH, 145–153.

Eisenring, M.: Das Studentenheim an der E. T. H. In: Zürcher Student 8 (1930/31), 59–72.

Erb, Hans: Geschichte der Studentenschaft an der Universität Zürich 1833–1936. Zürich 1937.

Feuchte, Martin: Praxisorientierte Technikwissenschaften. Zur Gründung des Maschinenlaboratoriums am Zürcher Polytechnikum und dem Werk Aurel Stodolas (Technikgeschichte in Einzeldarstellungen). Düsseldorf 2000.

Fleury, Antoine; Joye, Frédéric: Die Anfänge der Forschungspolitik in der Schweiz. Gründungsgeschichte des Schweizerischen Nationalfonds zur Förderung der wissenschaftlichen Forschung 1934–1952. Baden 2002.

Frei, Günther; Stammbach, Urs: Die Mathematiker an den Zürcher Hochschulen. Basel 1994.

Gagliardi, Ernst; Nabholz, Hans; Strohl, Jean: Die Universität Zürich 1833–1933 und ihre Vorläufer. Festschrift zur Jahrhundertfeier, hg. vom Erziehungsrate des Kantons Zürich. Zürich 1938.

Gellinek, Christian: Der Hörsaal im Hochschulbau. Berlin 1933.

Gesellschaft Ehemaliger Studierender des Polytechnikums: Petition an den Bundesrath betreffend die Organisation des Polytechnikums vom 26. August 1877. In: o. A.: Brochuren. Unterrichtswesen (Künstliches Sammelwerk 1873–1877). O. O., o. J.

Giese, Hans; Schmidt, Gunter: Studentensexualität. Verhalten und Einstellung. Eine Umfrage an 12 westdeutschen Universitäten. Reinbek bei Hamburg 1968.

Gimmi, Karin: Von der Kunst, mit Architektur Staat zu machen. Armin Meili und die LA '39. In: Kohler, Georg; von Moos, Stanislaus (Hg.): Expo-Syndrom? Materialien zur Landesausstellung 1883–2002. Zürich 2002, 157–178.

Gugerli, David: Redeströme. Zur Elektrifizierung der Schweiz 1880–1914. Zürich 1996.

Gugerli, David: Die wissenschaftlich-technische Landschaft des jungen Bundesstaates. In: Ruch, Alexander (Hg.): 1848/1998 – 150 Jahre schweizerischer Bundesstaat. Referate der Veranstaltung vom 5. November 1998. Zürich 1999, 21–41.

Gugerli, David; Speich, Daniel: Topografien der Nation. Politik, kartografische Ordnung und Landschaft im 19. Jahrhundert. Zürich 2002.

Gugerli, David; Kupper, Patrick; Speich, Daniel: Die Zukunftsmaschine. Konjunkturen der Eidgenössischen Technischen Hochschule Zürich 1855–2005. Zürich 2005.

Guldimann, Werner: Eduard Amstutz (1903–1985). In: Renati, Anne-Marie et al.: Schweizer Wegbereiter des Luftverkehrs. Meilen 1998, 39–48.

Gull, Gustav: Baubericht. In: Rohn, A. et. al.: Festschrift zum 75jährigen Bestehen der Eidgenössischen Technischen Hochschule in Zürich. Zürich 1930, 58–95.

Günthard, Hans-Heinrich: Eidgenössische Technische Hochschule Zürich. Zur Entwicklung der physikalischen Chemie in den letzten 25 Jahren. In: Swiss Chem 3, 10 (1981), 37–49.

Gyr, Peter: Josef Wolfgang von Deschwanden (1819–1866). Erster Direktor des Eidgenössischen Polytechnikums in Zürich (Schriftenreihe der Bibliothek 20). Zürich 1981.

Haering, Barbara: Hochschule im Wandel. Tonaufzeichnung der Ansprache Vertreterin des VSETH am ETH Tag im November 1977 (ETH-Tag [Tonaufzeichnung]). Zürich 1977.

Heintz, Bettina; Merz, Martina; Schumacher, Christina: Wissenschaft, die Grenzen schafft. Geschlechterkonstellationen im disziplinären Vergleich. Bielefeld 2004.

Hensel, Susann: Die Auseinandersetzungen um die mathematische Ausbildung der Ingenieure an den Technischen Hochschulen in Deutschland Ende des 19. Jahrhunderts. In: Hensel, Susann et al. (Hg.): Mathematik und Technik im 19. Jahrhundert in Deutschland. Soziale Auseinandersetzung und philosophische Problematik (Studien zur Wissenschafts-, Sozial- und Bildungsgeschichte der Mathematik 6). Göttingen 1989, 1–110.

Hummler, Fritz: Bemerkungen zum Problem des wissenschaftlichen und technischen Nachwuchses. In: Mitteilungsblatt des Delegierten für Arbeitsbeschaffung 11/3 (1955), 55–61.

Hürlimann, Martin (Hg.): Die Eidgenössische Technische Hochschule in Zürich. Ein Bericht. In: Atlantis 17/9 (1945).

Jaun, Rudolf: Management und Arbeiterschaft. Verwissenschaftlichung, Amerikanisierung und Rationalisierung der Arbeitsverhältnisse in der Schweiz 1873–1959. Zürich 1986.

Jaun, Rudolf: Preussen vor Augen. Das schweizerische Offizierskorps im militärischen und gesellschaftlichen Wandel des Fin de siècle. Zürich 1999.

Jelowik, Lieselotte (Hg.): Briefe deutscher und Schweizer Germanisten an Karl Josef Anton Mittermaier. Frankfurt a. M. 2001.

Jobmann, Anke: Die Diziplinierung der chemischen Körper. Der Umgang mit gefährlichen Stoffen zwischen Chemie, Industrie und Gewerbehygiene (1860–1925). Diss., Universität Bielefeld 2001.

Joerges, Bernward; Shinn, Terry (Hg.): Instrumentation between Science, State and Industry (Sociology of the Sciences 22). Dordrecht/Boston/London 2001.

Johannes, Heinrich: The History of the Eidophor Large Screen Television Projector. Regensdorf 1989.

Keller, Gottfried: Gesammelte Briefe in vier Bänden. Bern 1951.

Kern, Johann Konrad: Rede des Präsidenten des schweizerischen Schulrathes, Herrn Dr. Kern, bei der Eröffnung der eidgn. polytechnischen Schule in Zürich, 13. Oktober 1855. In: Neue Zürcher Zeitung, Beilage, 15. 10. 1855.

Klein, Felix: Zur Frage des höheren mathematischen Unterrichts. In: Rudio, Ferdinand (Hg.): Verhandlungen des ersten internationalen Mathematiker-Kongresses in Zürich vom 9. bis 11. August 1897. Leipzig 1898, 300–306.

König, Mario; Siegrist, Hannes; Vetterli, Rudolf: Warten und Aufrücken. Die Angestellten in der Schweiz 1870–1950. Zürich 1985.

König, Wolfgang: Künstler und Strichezieher. Konstruktions- und Technikkulturen im deutschen, britischen, amerikanischen und französischen Maschinenbau zwischen 1850 und 1939. Frankfurt a. M. 1999.

Koordinationsgruppe für Datenverarbeitung der ETH Zürich (Hg.): Computereinsatz in der Hochschulverwaltung. Referate und Beiträge einer Studientagung am 2. und 3. Oktober 1969 an der Eidgenössischen Technischen Hochschule (ETH) Zürich. Zürich 1970.

Koristka, Carl: Der höhere polytechnische Unterricht in Deutschland, in der Schweiz, in Frankreich, Belgien und England. Gotha 1863.

Krige, J.: The Politics of European Scientific Collaboration. In: Krige, John; Pestre, Dominique (Hg.): Science in the Twentieth Century. Amsterdam 1997, 897–918.

Labhardt, André: Bericht der Eidgenössischen Expertenkommission für Fragen der Hochschulförderung vom 29. Juni 1964 (Präsident der Kommission: Prof. André Labhardt). Bern 1964.

Leemann, Lars; Speich, Daniel: Erteilte Diplome an der ETH Zürich 1855–2002. In: Statistischer Überblick Nr. 8 (2005), www.ethistory.ethz.ch.

Leemann, Lars; Speich, Daniel: Weibliche Studierende an der ETH Zürich 1917–2002. In: Statistischer Überblick Nr. 4 (2005), www.ethistory.ethz.ch.

Lenoir, Timothy; Lécuyer, Christophe: Instrument Makers and Discipline Builders. The Case of Nuclear Magnetic Resonance. In: Perspectives on Science 3 (1995), 276–345.

Lunge, Georg: Die Columbische Weltausstellung in Chicago. In: Weltausstellung in Chicago, 1893. Berichte der schweizerischen Delegierten. Berlin 1894.

Maurer, Bertram: Karl Culmann und die graphische Statik. Bericht (Institut für Baustatik der Universität Stuttgart 26). Stuttgart 1998.

Medicus, Heinrich A.: Heinrich Zangger und die Berufung Einsteins an die ETH. Sein Einfluss auf die Besetzung weiterer Physik-Lehrstühle in Zürich. In: Gesnerus 53 (1996), 217–235.

Meier, C. A. (Hg.): Wolfgang Pauli und C. G. Jung – ein Briefwechsel, 1932–1985. Berlin 1992.

Müller, Renate: Ideal und Leidenschaft. Sexuelle Sozialisation der akademischen Jugend im Biedermeier. Hamburg 1999.

Neidhart, Leonhard: Plebiszit und pluralitäre Demokratie. Eine Analyse der Funktion des schweizerischen Gesetzesreferendums. Bern 1970.

Nussbaum, Robert Walter: Der Einsatz der Datenverarbeitung in der Hochschulverwaltung, insbesondere bei der Organisation und administrativen Durchführung des Studienbetriebes. Diss. ETH. Zürich 1970.

Oechsli, Wilhelm; Schweizerischer Schulrat: Geschichte der Gründung des Eidg. Polytechnikums mit einer Übersicht seiner Entwicklung 1855–1905. Zur Feier des fünfzigjährigen Bestehens der Anstalt. Frauenfeld 1905.

Oppenheim, O: Bemerkungen zum Studentenheim. In: Zürcher Student 9/7 (1931/32), 288–292.

Picard, Jacques: Die Schweiz und die Juden, 1933–1945. Schweizerischer Antisemitismus, jüdische Abwehr und internationale Migrations- und Flüchtlingspolitik. Zürich 1994.

Pulver-Spring, Elsbeth: Innere und äussere Widerstände gegen das Frauenstudium. In: Berufsberatung und Berufsbildung 49/1–2 (1964), 15–25.

Raphael, Lutz: Die Verwissenschaftlichung des Sozialen als methodische und konzeptionelle Herausforderung für eine Sozialgeschichte des 20. Jahrhunderts. In: Geschichte und Gesellschaft 22/2 (1996), 165–193.

Rasmussen, Nicolas: Picture Control. The Electron Microscope and the Transformation of Biology in America, 1940–1960. Stanford 1997.

Raths, Roland: Zwischen Theorie und Praxis. Die Akademisierung des Ingenieurwesens in der Schweiz 1850–1914. Lizentiatsarbeit Universität Zürich, Zürich 1996.

Riedler, Alois: Das Maschinen-Ingenieurwesen. In: Lexis, Wilhelm, unter Mitwirkung zahlreicher Hochschullehrer (Hg.): Die Technischen Hochschulen im Deutschen Reich, Das Unterrichtswesen im Deutschen Reich. IV. Band: Das Technische Unterrichtswesen, 1. Teil. Berlin 1904, 125–136.

Ritter, Wilhelm; Tetmajer, Ludwig: Bericht über die Mönchensteiner Brücken-Katastrophe, dem Vorsteher des schweiz. Post- und Eisenbahndepartements erstattet. Zürich 1891.

Rohn, Arthur: Festrede. In: Niggli, Paul (Hg.): Reden zur Feier des 75jährigen Bestehens der Eidgenössischen Technischen Hochschule gehalten am Festakt vom 7. November 1930, Zürich: Eidgenössische Technische Hochschule. Kultur und Staatswissenschaftliche Schriften, 1. Zürich 1931.

Rudio, Ferdinand (Hg.): Verhandlungen des ersten internationalen Mathematiker-Kongresses in Zürich vom 9. bis 11. August 1897. Leipzig 1898.

Rudwick, Martin J.: Minerals, Strata and Fossils. In: Jardine, Nicholas et al. (Hg.): Cultures of Natural History. Cambridge 1996, 266–286.

Rutschmann, Werner: Die Schweizer Flieger- und Fliegerabwehrtruppen. Aufträge und Einsatz 1939–1945. Thun 1989.

Saxer, Daniela: Zur wissenschaftlichen Praxis von Hochschullehrern der Geschichte und der Nationalökonomie in Zürich (1870–1914). Gesellschaftliche Orientierungsangebote, institutionelles Handeln und epistemische Praktiken im Vergleich. Lizentiatsarbeit Universität Zürich, Zürich 1999.

Schlatter, Arnold Heinrich: J. C. Kern. Sein Wirken in der Schweiz (1832–1856). Frauenfeld 1938.

Schönenberger, W.; Schaerer, A.: Möglichkeiten studentischen Wohnens. In: VSETH (Hg.): studentisches wohnen. dokumentation, Zürich 1970, 5–20.

Schweizerische Bankgesellschaft SBG: Wie die Polybahn entstand und für die Zukunft erhalten werden konnte. Zürich 1977.

Schweizerischer Schulrath: Bericht des Schweizerischen Schulrathes an den hohen Schweizerischen Bundesrath über die Fragen der Reorganisation der polytechnischen Schule. Zürich 1879.

Senti, A.; Pfister, H. O.: Tuberkulosesterblichkeit in Zürich. In: Zürcher Statistische Nachrichten 23/3 (1946), 133–180.

Staudinger, Hermann: Arbeitserinnerungen. Heidelberg 1961.

Stichweh, Rudolf: Wissenschaft, Universität, Professionen. Soziologische Analysen. Frankfurt a. M. 1994.

Stodola, Aurel: Über die Beziehungen der Technik zur Mathematik. Vortrag geh. am ersten internat. Math. Kongress 1897 zu Zürich. Zürich 1897.

Strasser, Bruno J.: Les sciences de la vie à l'age atomique. Identités, pratiques et alliances dans la construction de la biologie moléculaire à Genève (1945–1970). Diss., Université de Genève/Université de Paris 7, Paris 2002.

Straumann, Tobias: Die Schöpfung im Reagenzglas. Eine Geschichte der Basler Chemie (1850–1920). Basel/Frankfurt a. M. 1995.

Suter, H.: Wir und das Studentenheim. In: Zürcher Student 11/1 (1933/34), 66–74.

Tate, William Knox: Some Suggestive Features of the Swiss School System (Spezialausgabe des United States Bureau of Education Bulletin 56). Washington 1913.

te Heesen, Anke; Spary, E.: Sammeln als Wissen. In: Dies. (Hg.): Sammeln als Wissen. Das Sammeln und seine wissenschaftsgeschichtliche Bedeutung. Göttingen 2001, 7–21.

Tetmajer, Ludwig: Bericht über den Neubau, die Einrichtung und die Betriebsverhältnisse des schweiz. Festigkeitsinstituts. Zürich 1893.

Ugron, Gabor I.; Lüthi, Friedrich R.: Das Informations-System ELSBETH. In: Berichte des Instituts für Informatik 11 (1974).

Verband der Studierenden an der Eidg. Technischen Hochschule: Historischer Rückblick bei der Feier des Fünfzigjährigen Bestandes 1863–1913. Zürich 1913.

VSETH (Hg.): Der VSETH. Entwicklung und Perspektiven der Politik einer offiziellen Studentenschaft. Von Peter Angele u. a. Zürich 1970.

Wäffler, Hermann: Kernphysik an der ETH Zürich zu Zeiten Paul Scherrers. In: Vierteljahresschrift der Naturforschenden Gesellschaft in Zürich 137/3 (1992), 143–176.

Weingart, Peter: Die Stunde der Wahrheit? Zum Verhältnis der Wissenschaft zu Politik, Wirtschaft und Medien in der Wissensgesellschaft. Weilerswist 2001.

Wenk, Silke: Versteinerte Weiblichkeit. Allegorien in der Skulptur der Moderne. Köln/Wien 1996.

Wildi, Tobias: Der Traum vom eigenen Reaktor. Die schweizerische Atomtechnologieentwicklung 1945–1969 (Interferenzen. Studien zur Kulturgeschichte der Technik 4). Zürich 2003.

Wokaun, Alexander: Mehrdimensionale Kernresonanz-Spektroskopie. In: Neue Zürcher Zeitung, 27. 11. 1991.

Wyckoff, Ralph: Elektronenmikroskop. In: Du. Schweizerische Monatszeitschrift 9 (1949), 48.

Zielinski, Jan: Ludwig von Tetmajer Przerwa (1850–1905). Gründer der eidgenössischen Materialprüfungs- und Forschungsanstalt EMPA. Meilen 1995.

Zöller, Egon: Die Universitäten und technischen Hochschulen. Berlin 1891.

Bildnachweis

16–19	Bildarchiv ETH-Bibliothek, Zürich.	
21	ETH-Bibliothek Zürich, Archive, Hs 489:51-1-2.	
22	Bildarchiv ETH-Bibliothek, Zürich.	
25	Küper, Wilfried (Hg.): Carl Joseph Anton Mittermaier. Symposium 1987 in Heidelberg. Heidelberg 1988, 125.	
28–29	Bildarchiv ETH-Bibliothek, Zürich.	
31	Professur für Technikgeschichte, ETH Zürich.	
32	ETH-Bibliothek, Archive, Hs 976:8.	
36	Bildarchiv ETH-Bibliothek, Zürich.	
40	Angst, Kenneth; Cattani, Alfred (Hg.): Die Landi. Vor 50 Jahren in Zürich. Erinnerungen – Dokumente – Betrachtungen. Stäfa 1989, 83.	
44–46	Fleury, Antoine; Joye, Frédéric: Die Anfänge der Forschungspolitik in der Schweiz. Gründungsgeschichte des Schweizerischen Nationalfonds zur Förderung der wissenschaftlichen Forschung 1934–1952. Baden 2002, 69 und 185.	
50–51	Bildarchiv ETH-Bibliothek, Zürich.	
53	Norbert Staub, ETH Life, Webzeitung der ETH Zürich.	
54	Tages-Anzeiger Magazin, 10.2.2001, 1.	
58	Fotoarchiv der Corporate Communications, ETH Zürich.	
62	Bildarchiv ETH-Bibliothek, Zürich.	
68	Ritter, Karl Wilhelm; Tetmajer, Ludwig: Bericht über die Mönchensteiner Brücken-Katastrophe, dem Vorsteher des schweiz. Post- und Eisenbahndepartments erstattet von den technischen Experten, Zürich 1891.	
71	Tetmajer, Ludwig: Bericht über den Neubau, die Einrichtung und die Betriebsverhältnisse des schweizer. Festigkeitsinstitutes. Zürich 1893, Tafel 1.	
73	Bildarchiv ETH-Bibliothek, Zürich.	
74	Schweizerische Bankgesellschaft (Hg.): Wie die Polybahn entstand und für die Zukunft erhalten werden konnte. Zürich 1977, 5.	
78–81	Bildarchiv ETH-Bibliothek, Zürich.	
82	Mark, Herman F.: From Small Organic Molecules to Large. A Century of Progress. Washington 1993, 57.	
85	Bildarchiv ETH-Bibliothek, Zürich.	
86	ETH-Bibliothek Zürich, Archive, ARK-BDV-Bfe 2.3.	
90–91	Schnitter, Niklaus: Die Geschichte des Wasserbaus in der Schweiz. Oberbözberg 1992, 169 und 172.	
94–100	Bildarchiv ETH-Bibliothek, Zürich.	
104	Fotoarchiv der Corporate Communications, ETH Zürich.	
108–109	Fotograf: Sebastian Derungs, 2002.	
114–117	Bildarchiv ETH-Bibliothek, Zürich.	
118	ETH-Bibliothek Zürich, Archive, Hs 498:65.	
120	ETH Bibliothek Zürich, Archive, Hs 450a:17.	
124–127	Bildarchiv ETH-Bibliothek, Zürich.	
131	ETH-Bibliothek Zürich, Archive, Hs 489:68.	

132	Professur für Technikgeschichte, ETH Zürich.
135–160	Bildarchiv ETH-Bibliothek, Zürich.
163	ETH-Bibliothek Zürich, Archive, Hs 1368:9.
166–168	Bachmann, Heini et al.: «Göhnerswil», Wohnungsbau im Kapitalismus. Eine Untersuchung über die Bedingungen und Auswirkungen der privatwirtschaftlichen Wohnungsproduktion am Beispiel der Vorstadtsiedlung «Sunnebüel» in Volketswil bei Zürich und der Generalunternehmung Ernst Göhner AG. Zürich 1972, 1, 3 und 5.
172–176	Bildarchiv ETH-Bibliothek, Zürich.
179	Villiger, Werner: The Instrumental Contribution of Switzerland to the Development of Electron Microscopy. A Historical Review. In: Günter, John R. (Hg.): History of Electron Microscopy in Switzerland. Basel 1990, 4.
180	Bildarchiv ETH-Bibliothek, Zürich.
186	Rudio, Ferdinand (Hg.): Verhandlungen des ersten internationalen Mathematiker-Kongresses in Zürich vom 9. bis 11. August 1897. Leipzig 1898, Titelblatt.
189–190	Bildarchiv ETH-Bibliothek, Zürich.
194	Käfer, Peter; Eidgenössische Technische Hochschule (Hg.): ETH Zürich heute. Eidgenössische Technische Hochschule Zürich. Zürich 1972, 170.
199	Richard Ernst (zvg).
200	Ernst Martin, Kinderspital der Universität Zürich (zvg).
204	Berliner Illustrirte Zeitung, 14.12.1919, 1.
205–208	Bildarchiv ETH-Bibliothek, Zürich.
209	Polya, George: The Polya picture album. Encounters of a Mathematician, Boston/Basel 1987, 119.
216–220	Bildarchiv ETH-Bibliothek, Zürich.
224	ETH Zürich: Struktur der ETH Zürich: Projekt AVANTI 1.1. Vernehmlassung über Struktur 21.7.–22.11.1986: Stellungnahmen zu den Varianten 1 bis 3 der Firma Häusermann+Co AG und zur Variante 4 der Schulleitung der ETHZ. Brief vom 12.9.1986 der Abteilung IIIB für Elektrotechnik.
225	Hayek Engineering AG: Grobanalyse mit Optimierungs- und Konzeptstudie der Eidg. Technischen Hochschulen und ihrer Annexanstalten für den Schweizerischen Schulrat. Berichtband. Zürich 1985, 11.
229	Bildarchiv ETH-Bibliothek, Zürich.
232	Zürcher Student. Offizielles Organ der Studentenschaft der Universität Zürich und des Verbandes der Studierenden an der eidg. techn. Hochschule Nr. 1 (1933/34), 72.
235–236	Bildarchiv ETH-Bibliothek, Zürich.
237	Fotoarchiv der Corporate Communications, ETH Zürich.
240	Bildarchiv ETH-Bibliothek, Zürich.
243	ETH-Bibliothek Zürich, Archive, SR4:11 SUJ.
244	Vauthier, Louis: Société d'encouragement pour l'Industrie Nationale. Du Sanatorium Universitaire Suisse au Sanatorium Universitaire International. Extrait du bulletin, juillet-aout-septembre 1931.

247–251	Bildarchiv ETH-Bibliothek, Zürich.
254	RZ Bulletin 34/April (1979), 4.
255	Nussbaum, Robert Walter: Der Einsatz der Datenverarbeitung in der Hochschulverwaltung, insbesondere bei der Organisation und administrativen Durchführung des Studienbetriebs. Zürich 1970, 108.
256	Ugron, Gabor I.; Lüthi, Friedrich R.: Das Informations-System ELSBETH. In: Berichte des Instituts für Informatik, Oktober (1974), 16.
258	ETH-Bibliothek Zürich, Archive, Hs 1454:1.
262	Fotoarchiv der Pressestelle SAP Deutschland.

Die Web-Ausstellung «ETHistory 1855–2005. Zeitreisen durch 150 Jahre Hochschulgeschichte» und das vorliegende Buch dazu wurden am Institut für Geschichte der ETH Zürich erarbeitet. Die Autorinnen und Autoren des vorliegenden Buches sind alle Mitarbeitende der Professur für Technikgeschichte: Weitere Informationen auf www.tg.ethz.ch.

Von links: Andrea Westermann, Daniel Speich, Monika Burri, Patrick Kupper, Kristina Isacson, David Gugerli und Daniela Zetti.

Publiziert mit Unterstützung der ETH Zürich.

Dieses Buch ist nach den neuen Rechtschreiberegeln verfasst. Quellenzitate werden jedoch in originaler Schreibweise wiedergegeben.

Gestaltung und Satz: Christine Hirzel, hier+jetzt, Baden
Lektorat: Anke Hees, wort für wort, Zürich
Bildbearbeitung: Humm dtp, Matzingen

© 2005 hier+jetzt, Verlag für Kultur und Geschichte GmbH, Baden
ISBN 3-03919-016-4